Colin J. Ihrig

Pro Node.js para Desenvolvedores

Tradução:
Angelo Giuseppe Meira Costa (angico)

Do original:
Pro Node.js for Developers

Original English language edition published by Apress, Copyright © 2013 by Apress, Inc. Portuguese-language edition for Brazil copyright © 2014 by Editora Ciência Moderna. All rights reserved.

Nenhuma parte deste livro poderá ser reproduzida, transmitida e gravada, por qualquer meio eletrônico, mecânico, por fotocópia e outros, sem a prévia autorização, por escrito, da Editora.

Editor: Paulo André P. Marques
Produção Editorial: Aline Vieira Marques
Assistente Editorial: Dilene Sandes Pessanha
Capa: Equipe Ciência Moderna (baseada no original)
Tradução: Ângelo Giuseppe Meira Costa (angico)
Diagramação: Daniel Jara

Várias **Marcas Registradas** aparecem no decorrer deste livro. Mais do que simplesmente listar esses nomes e informar quem possui seus direitos de exploração, ou ainda imprimir os logotipos das mesmas, o editor declara estar utilizando tais nomes apenas para fins editoriais, em benefício exclusivo do dono da Marca Registrada, sem intenção de infringir as regras de sua utilização. Qualquer semelhança em nomes próprios e acontecimentos será mera coincidência.

FICHA CATALOGRÁFICA

IHRIG, Colin J.

Pro Node.js para Desenvolvedores

Rio de Janeiro: Editora Ciência Moderna Ltda., 2014.

1. Linguagem de programação
I — Título

ISBN: 978-85-399-0552-2   CDD 001642

Editora Ciência Moderna Ltda.
R. Alice Figueiredo, 46 – Riachuelo
Rio de Janeiro, RJ – Brasil   CEP: 20.950-150
Tel: (21) 2201-6662/ Fax: (21) 2201-6896
E-MAIL: LCM@LCM.COM.BR
WWW.LCM.COM.BR

Sobre o Autor

Colin Ihrig tem feito experimentos com o JavaScript por prazer e por dinheiro por mais de 15 anos. Atualmente, ele é engenheiro em tempo integral com o Node.js, bem como escritor e evangelista do JavaScript, nas horas vagas. Colin recebeu seu bacharelado em Engenharia e mestrado em Engenharia da Computação da Universidade de Pittsburgh, em 2005 e 2008, respectivamente. Colin pode ser alcançado através de sua página web pessoal, em http://www.cjihrig.com.

Sobre o Revisor Técnico

Andy Olsen é consultor/treinador freelance residente no Reino Unido, e tem trabalhado em sistemas distribuídos há 20 anos. Andy começou a trabalhar em C, em meados da década de 1980, mas pode muito bem ter sido em meados da década de 1880, pois parece há muito tempo. Andy migrou para o C++, para o Java, e para o .NET conforme os tempos e as modas mudavam, e é atualmente mantido ocupado (demais?) em sistemas baseados na web, tanto do lado cliente quanto do lado servidor. Andy mora no litoral de Swansea e curte correr, cafeterias e observar os cisnes.

Agradecimentos

Eu gostaria de agradecer a todos os que ajudaram a tornar este livro possível. Agradecimentos especiais a Mark Powers e Ewan Buckingham, da equipe editorial da Apress. Também gostaria de agradecer ao revisor técnico, Andy Olsen, por seu valioso feedback. É claro que muitos agradecimentos vão para meus amigos e minha família.

Introdução

Desde sua criação, em 2009, o Node.js evoluiu até a poderosa e crescentemente popular estrutura de desenvolvimento assíncrono, usada para a criação de aplicativos JavaScript altamente escalonáveis. Empresas respeitadas como a Dow Jones, a LinkedIn e a Walmart estão entre as muitas organizações que têm visto o potencial do Node e o tem adotado em seus negócios.

O Pro Node.js para Desenvolvedores oferece um guia abrangente para essa excitante e jovem tecnologia. Você vai ser apresentado ao Node num nível alto, antes de mergulhar profundamente nos conceitos chaves e APIs que são o lastro de sua operação. Montando em cima de suas habilidades de JavaScript existentes, você vai aprender a usar o Node.js para construir aplicativos baseados tanto em web quanto em rede, para lidar com várias fontes de dados, capturar e gerar eventos, gerar e controlar processos filhos e muito mais.

Depois que tiver dominado essas habilidades, você vai receber conhecimentos mais avançados de engenharia de software, que vão dar ao seu código um nível profissional. Você vai aprender a criar facilmente módulos de código reutilizáveis, a depurar e testar seus aplicativos rápida e eficientemente e a escalonar seu código desde um único segmento até a nuvem, conforme aumente a demanda pelo seu aplicativo.

Sumário

Capítulo 1

Começando 1

   O Modelo de Execução do Node 2

   Instalando o Node 3
      Instalando Através de Gerenciadores de Pacotes 4
      Construindo a Partir do Fonte 4
      Passos Finais da Instalação 5

   O Laço Ler-Avaliar-Imprimir 6
      Funcionalidades do REPL 7
      Comandos do REPL 7

   Executando Programas Node 10

   Resumo 10

Capítulo 2

O Sistema de Módulos de Node 11
   Instalando Pacotes 11
      Instalando de URLs 13
      Localizações de Pacotes 14
      Pacotes Globais 14
      Ligando Pacotes 15
      Removendo Ligações de Pacotes 15
      Atualizando Pacotes 16
      Desinstalando Pacotes 16

   A função require() 16

Módulos Centrais 17
Módulos de Arquivos...17
Processamento de Extensões de Arquivo 18
Resolvendo a Localização de um Módulo 19
Cacheamento de Módulos 20

O arquivo package.json 20
Descrição e Palavras-Chave..21
Autor e Contribuintes 22
O Ponto de Entrada Principal..22
O Ajuste preferGlobal 23
Dependências..23
Dependências de Desenvolvimento 24
Dependências Opcionais 24
Engines...25
Scripts..25
Campos Adicionais..26
Gerando um Arquivo package.json...27

Um exemplo completo 29

Autoria de Módulos 31
O Objeto module 31
Publicando no npm 33

Resumo 33

Capítulo 3

O Modelo de Programação do Node 35

Programação Assíncrona 36
O Inferno da Rechamada..37

Tratamento de Exceções.. 39
Domínios 41
Conexão Explícita 42

O módulo async.. 44
Executando em Série 44
Tratando Erros...47
Execução em Paralelo..48
Limitando o Paralelismo...49
O Modelo Cascata..50

O Modelo de Fila 51
Métodos e Propriedades Adicionais de Filas 52
Métodos de Repetição 53
Variações de Repetição 53
Funcionalidades Adicionais de async 54

Resumo 54

Capítulo 4

Eventos e Temporizadores 55

Emissores de Eventos 55
Escutando Eventos 56
Escutadores de Eventos de Instante 57
Inspecionando Escutadores de Eventos 57
O evento newListener 59
Removendo Tratadores de Eventos 60
Detectando Potenciais Vazamentos de Memória 61
Herdando de Emissores de Eventos 61
Usando Eventos para Evitar o Inferno da Rechamada 63

Temporizadores e Agendamento 65
Intervalos 65
Os Métodos ref() e unref() 66
Imediatas 66
Dividindo Tarefas de Execução Demorada 67
Agendamento com process.nextTick() 68
Implementando Funções Assíncronas de Rechamada 69
Mantendo Comportamento Consistente 70

Resumo 72

Capítulo 5

A Interface de Linha de Comandos 73

Argumentos de Linha de Comandos 73
Processando Valores de Argumentos 74
Argumentos de Linha de Comandos no Commander 76
Ajuda Gerada Automaticamente 77

Os Fluxos Padrões 78
   A Entrada Padrão 78
   A Saída Padrão 82
   Outras Funções de Impressão 85
   O Erro Padrão 88
   A Interface TTY 90
   Determinando o Tamanho do Terminal 91
   Eventos de Sinais 92
   Variáveis Ambientais do Usuário 93

Resumo 94

Capítulo 6

O sistema de arquivos 95

Caminhos Relevantes 95
   O Diretório Atual de Trabalho 96
   Mudando o Diretório Atual de Trabalho 96
   Localizando o Executável `Node` 97

O Módulo `path` 97
   Diferenças Entre Plataformas 97
   Extraindo Componentes do Caminho 99
   Normalização de Caminhos 100
   Resolvendo um Caminho Relativo entre Diretórios 101

O módulo `fs` 101
   Determinando se um Arquivo Existe 102
   Recuperando Estatísticas de Arquivos 102
   Outras Variações de `stat()` 105
   Abrindo Arquivos 105
   Lendo Dados de Arquivos 106
   Os Métodos `readfile()` e `readfilesync()` 107
   Escrevendo Dados Em Arquivos 108
   Os Métodos `writefile()` e `writefilesync()` 109
   Fechando Arquivos 109
   Renomeando Arquivos 110
   Excluindo Arquivos 111
   Criando Diretórios 111
   Lendo o Conteúdo de um Diretório 112
   Removendo Diretórios 112
   Vigiando Arquivos 115

Resumo 116

Sumário ■ XV

Capítulo 7

Fluxos 117
   Que são Fluxos?..117
   Trabalhando com Fluxos 117
   Fluxos de Leitura 118
      Eventos `data`..118
      O Evento `end`..118
      O Evento `close`..119
      Eventos `error` 120
      Controlando Fluxos de Leitura 120
      Fluxos de Escrita...120
      O Método `write()` 120
      O Método `end()` 121
      O Evento `drain` 122
      O Evento `finish` 122
      Os Eventos `close` e `error`..122
      Um Exemplo de Fluxo de Escrita..122
   Pipes 123
      O Método `pipe()` 124
      De Volta ao Exemplo do Fluxo de Escrita 125
   Fluxos de Arquivos 125
      `createReadStream()` 126
      O Evento `open` de `ReadStream`..127
      O Argumento `options`..128
      `createWriteStream()` 129
      O Evento `open` de `WriteStream`..130
      A Propriedade `bytesWritten`..131
   Compressão usando o Módulo `zlib`..131
      Deflate/Inflate e DeflateRaw/InflateRaw...133
      Métodos de Conveniência 133
   Resumo 134

Capítulo 8

Dados binários **135**

Visão Geral de Dados Binários 135
    Terminação 137
    Determinando a Terminação 138
    A Especificação de Matriz Tipificada 138
    Arraybuffers 139
    Vistas de `arraybuffer` 142
    Observação Sobre Dimensionamento de Vistas 145
    Informação do Construtor 145
    Criando uma Vista Vazia 146
    Criando uma Vista a Partir de Valores de Dados 146
    Criando uma Vista a Partir de Outra 146
    Propriedades das Vistas 147
    Os Buffers de Node 150
    O Construtor de `buffer` 151
    Métodos de Transformação em String 152
    Escrevendo Dados Numéricos 155
    Lendo Dados Numéricos 156
    Compatibilidade com Matrizes Tipificadas 158

Resumo 159

Capítulo 9

Executando código **161**

O módulo `child_process` 161
    `exec()` 161
    `execFile()` 163
    `spawn()` 165
        A Opção `stdio` 166
        A Classe `ChildProcess` 167
        O Evento `error` 168
        O Evento `exit` 168
        O Evento `close` 169
        A Propriedade `pid` 169
    `kill()` 169
    `fork()` 170
    `send()` 171
    `disconnect()` 173

O Módulo vm 173
runInThisContext() 174
runInNewContext() 176
runInContext() 178
createScript() 179

Resumo 180

Capítulo 10

Programação para Redes 181
Soquetes 181

Programação Cliente-Servidor 183

O Protocolo de Controle de Transmissão 184
Criando um Servidor TCP 185
Escutando Conexões 185
address() 187
Variações de listen() 187
Tratando Conexões 189
Encerrando o Servidor 189
ref()e unref() 190
Eventos error 190
Criando um Cliente TCP 191
A Classe net.Socket 193
Endereços Locais e Remotos 194
Fechando um Soquete 194
Expiração 195
Soquetes, Servidores e Processos Filhos 196

O Protocolo de Datagrama de Usuário 197
Criando Soquetes UDP 197
Ligando-se a uma Porta 198
Recebendo Dados 198
Enviando Dados 199

O Sistema de Nomes de Domínio 200
Fazendo Buscas 200
resolve() 201
Buscas Inversas 203
Detectando um Endereço IP Válido 203

Resumo 204

Capítulo 11

HTTP **205**
   Um Servidor Básico 205

   Anatomia de uma requisição HTTP 206
      Métodos de Requisição 207
      Cabeçalhos de Requisição 208
      Códigos de Resposta 209
      Cabeçalhos de Resposta 211

   Trabalhando com cookies 214

   Middleware 216

   Connect 217

   Emitindo requisições HTTP 219
      Dados de Formulários 222
      Objetos Aninhados 224
      O módulo `request` 225
      Cookies em `request` 227

   HTTPS 228

   Resumo 231

Capítulo 12

A estrutura Express **233**

   Rotas do Express 233
      Parâmetros de Rota 235

   Criando um Aplicativo Express 237
      Examinando o Aplicativo Esqueleto 238

   Gabaritagem 242

   O Express-Validator 244
   REST 246

Uma API RESTful de Exemplo 246
Testando a API 250

Resumo 252

Capítulo 13

A Web em Tempo Real..253

A API de WebSockets..254
Abrindo um WebSocket 254
Fechando WebSockets 255
Verificando o Estado de um WebSocket...256
O evento `open`..257
O evento `message` 257
O evento `close`..258
O evento `error`..258
Enviando Dados 259

WebSockets no Node..259
Um cliente de WebSockets 260
Um cliente HTML...261
Examinando a Conexão WebSocket..263

Socket.IO 263
Criando um Servidor `Socket.IO`..264
Criando um Cliente `Socket.IO`..265
`Socket.IO` e Express..266

Resumo 266

Capítulo 14

Bases de dados...267

Bases de Dados Relacionais 267

O MySQL 270
Conectando-se ao MySQL 270
Agrupamento de Conexões..271
Fechando uma Conexão 273
Executando Consultas 274

Bases de Dados NoSQL 276
   O MongoDB 277
   Conectando-se com o MongoDB 277
   Esquemas 278
   Modelos 279
   Inserindo Dados 280
   Consultando Dados 281
   Métodos Construtores de Consultas 282
   Atualizando Dados 284
   Excluindo Dados 285
Resumo 286

Capítulo 15

Registrando, Depurando e Testando 287

Registrando 287
   O Módulo `winston` 288
   Transportes 289
   Criando Novos Registradores 291

Depurando 292
   O módulo `node-inspector` 294

Testando 296
   O Módulo `assert` 296
   O Método `throws()` 298
   O Método `doesNotThrow()` 299
   O Método `ifError()` 300
   A Estrutura de Testes Mocha 300
   Rodando o Mocha 300
   Criando Testes 301
   Criando Suítes de Testes 301
   Testando Código Assíncrono 302
   Definindo uma Falha 302
   Ganchos de Testes 303
   Desativando Testes 305
   Rodando uma única Suíte de Testes 305
Resumo 306

Capítulo 16

Escalonamento de aplicativos 307
    O Módulo `cluster` 308
    O Método `fork()` 309
    Mudando o Comportamento Omissivo de `fork()` 310
    O Método `disconnect()` 311
    O Objeto `workers` 313
    A Classe `Worker` 314

Escalonando entre Máquinas 315
    O `http-proxy` 315
O nginx 317

Escalonando na Nuvem 321
    A Nodejitsu 321
    A Heroku 323
Resumo 324

Apêndice A

A Notação de Objeto JavaScript 325

Tipos de Dados Suportados 325
    Números 326
    Strings 326
    Booleanos 327
    Matrizes 327
    Objetos 327
    null 328
    Tipos de Dados não Suportados 328

Funções para o Trabalho com JSON 328
    JSON.stringify() 328
    O Método `toJSON()` 328
    O Argumento `replacer` 329
    A Forma de Matriz de `replacer` 331
    O Argumento `space` 331

JSON.parse() 332
    O Argumento `reviver()` 333
Resumo 334

Índice 335

CAPÍTULO 1

■ ■ ■

Começando

O JavaScript foi chamado, inicialmente, de Mocha, quando foi desenvolvido na Netscape, em 1995, por Brendan Eich. Em setembro de 1995, liberações beta do Netscape Navigator 2.0 saíram com o Mocha, que foi rebatizado como LiveScript. Por volta de dezembro de 1995, o LiveScript, depois de ser novamente rebatizado, tornou-se o JavaScript, seu nome atual. Ainda por esse tempo, a Netscape estava trabalhando com a Sun, a empresa responsável pela criação da linguagem de programação Java. A escolha do nome JavaScript causou muita especulação. Muitas pessoas pensaram que a Netscape estava tentando pegar carona no nome Java, uma palavra quente, na época. Infelizmente, a escolha do nome causou muita confusão, já que muitos supuseram que as duas linguagens estavam de alguma forma relacionadas. Na realidade, elas tinham muito pouco em comum.

A despeito da confusão, o JavaScript se tornou uma linguagem de script do lado cliente de muito sucesso. Em resposta ao sucesso do JavaScript, a Microsoft criou sua própria implementação chamada JScript e a liberou com o Internet Explorer 3.0 em agosto de 1996. Em novembro de 1996, a Netscape submeteu o JavaScript para padronização pela Ecma International, uma organização internacional de padrões. Em junho de 1997, o JavaScript se tornou o padrão ECMA-262.

Ao longo dos anos, o JavaScript permaneceu o verdadeiro padrão para desenvolvimento do lado cliente. No entanto, no espaço do servidor, a história foi completamente diferente. Em sua maior parte, o âmbito do servidor pertencia a linguagens como o PHP e o Java. Uma série de projetos implementou o JavaScript como linguagem de servidor, mas nenhum deles teve sucesso, em particular. Dois obstáculos principais impediram a ampla adoção do JavaScript no servidor. O primeiro foi a reputação do JavaScript que era muito visto como linguagem de brincadeira, conveniente apenas para amadores. O segundo foi o precário desempenho do JavaScript, em comparação com o de algumas outras linguagens.

Contudo, o JavaScript tinha um grande trunfo em seu favor. A Web estava passando por um crescimento sem precedentes e a guerra dos navegadores estava se acirrando. Como única linguagem suportada por todos os principais navegadores, os engenhos de JavaScript começaram a receber a atenção do Google, da Apple e de outras empresas. Toda aquela atenção levou a melhoramentos imensos no desempenho do JavaScript. De repente, o JavaScript não era mais o retardatário.

A comunidade de desenvolvimento percebeu o recente poder do JavaScript e começou a criar aplicações interessantes. Em 2009, Ryan Dahl criou o Node.js, uma estrutura primariamente usada para criar servidores altamente escalonáveis para aplicações web. O Node.js, ou simplesmente Node, é escrito em C++ e em JavaScript. Para impulsionar o Node, Dahl conectou a força do motor V8 de JavaScript do Google (V8 é o engenho dentro do Google Chrome, o navegador mais popular existente). Usando o V8, os desenvolvedores podem escrever aplicativos completamente maduros – aplicativos que normalmente seriam escritos numa linguagem como o C ou o Java. Assim, com a invenção do Node, o JavaScript enfim se tornou uma linguagem de confiança do lado servidor.

O Modelo de Execução do Node

Além da velocidade, o Node apresenta um modelo de execução não convencional. Para entender como o Node é diferente, devemos compará-lo com o Apache, o popular servidor web da pilha de software Linux, Apache, MySQL e PHP (LAMP). Primeiro, o Apache processa apenas requisições HTTP, deixando que a lógica do aplicativo seja implementada numa linguagem tal como o PHP ou o Java. O Node remove uma camada da complexidade, combinando a lógica do servidor e do aplicativo num só lugar. Alguns desenvolvedores criticaram esse modelo, por eliminar a tradicional separação de foco empregada na pilha LAMP. Porém, essa abordagem também enseja ao Node uma flexibilidade sem precedentes como servidor.

O Node também difere de muitos outros servidores no uso de concorrência. Um servidor como o Apache mantém um grupo de segmentos para tratamento de conexões de clientes. Essa abordagem carece de escalabilidade, porque segmentos são bastante intensivos no uso de recursos. Além disso, um servidor ocupado, rapidamente consome todos os segmentos disponíveis; como resultado, mais segmentos, que são dispendiosos para se criar e eliminar, são iniciados. O Node, por outro lado, é executado num único segmento. Embora isso possa parecer uma má ideia, na prática, funciona bem, por causa da maneira como a maioria dos aplicativos de servidor funciona. Normalmente, um servidor recebe a requisição de um cliente, e depois realiza alguma operação de E/S de alta latência, como a leitura de um arquivo ou uma consulta à base de dados. Durante esse período, o servidor fica bloqueado, esperando que a operação de E/S seja completada. Em vez de ficar desocupado, o servidor poderia estar tratando mais requisições ou fazendo outra tarefa útil.

Em servidores tradicionais, é aceitável que um segmento não faça nada durante o bloqueio de uma operação de E/S. Entretanto, o Node só tem um segmento, e bloqueá-lo faz com que todo o servidor pare. Para minorar este problema, o Node usa quase que exclusivamente E/S sem bloqueio. Por exemplo, se o Node precisar realizar uma consulta a uma base de dados, ele simplesmente emite a consulta e passa a processar alguma outra coisa. Quando a consulta finalmente retorna, ela dispara uma função de rechamada assíncrona que é responsável por processar o resultado dessa consulta. Um exemplo desse processo em pseudocódigo é mostrado na listagem 1-1.

Listagem 1-1. Exemplo em pseudocódigo de consulta não bloqueadora a uma base de dados

```
var sql = "SELECT * FROM table";

database.query(sql, function(results) {
    // processa o resultado
});
// faz alguma outra coisa, em vez de esperar
```

O modelo de execução assíncrono e não bloqueador do Node oferece soluções de servidor extremamente escalonáveis, com o mínimo de sobrecarga. Muitas empresas importantes, incluindo a Microsoft, o LinkedIn, o Yahoo! e a gigante de vendas Walmart, tomaram conhecimento do Node e começaram a implementar projetos com ele. Por exemplo, o LinkedIn migrou toda sua pilha móvel para o Node e "passou de 15 servidores rodando com 15 instâncias (servidores virtuais) em cada máquina física, para apenas quatro instâncias que podem tratar o dobro do tráfego". O Node também recebeu significativo reconhecimento da mídia, tal como a conquista do Prêmio de Tecnologia do Ano 2012, da InfoWorld.

Instalando o Node

O primeiro passo para começar com o Node é a instalação. Esta seção vai ajudar você a aprontar o Node em sua máquina Ubuntu, OS X ou Windows. A maneira mais simples de instalar o Node é através do botão Install (*instalar*) na página base do Node, http://nodejs.org, mostrada na figura 1-1. Isso vai baixar os binários ou o instalador apropriado para seu sistema operacional.

Figura 1-1. *Instalando o Node a partir da página base do projeto*

Você também pode navegar pelos binários, instaladores e pelo código fonte de todas as plataformas em http://nodejs.org/download. Usuários do Windows muito provavelmente vão querer baixar o Windows Installer (arquivo .msi), enquanto os usuários do Mac devem optar pelo Mac OS X Installer (arquivo .pkg). Usuários do Linux e do SunOS podem baixar binários, mas provavelmente é mais simples usar um gerenciador de pacotes.

Instalando Através de Gerenciadores de Pacotes

Para instruções sobre a instalação do Node através do gerenciador de pacotes do seu sistema operacional, vá para a página https://github.com/joyent/node/wiki/Installing-Node.js-via-package-manager. Essa página contém instruções para o Windows, o OS X e o Linux. Mais uma vez, os usuários do Windows e do Mac devem usar os instaladores discutidos anteriormente. No que diz respeito ao Linux, há instruções disponíveis para Gentoo, Debian, Linux Mint, Ubuntu, openSUSE, SLE, Red Hat, Fedora, Arch Linux, FreeBSD e OpenBSD.

Usuários do Ubuntu podem instalar o Node e todo o software necessário usando os comandos do Advanced Packaging Tool (APT) mostrados na listagem 1-2. Esses passos também instalam o npm, o software de gerenciamento de pacotes do Node (visto no capítulo 2).

Listagem 1-2. Instalando o Node com o gerenciador de pacotes do Ubuntu.
```
$ sudo apt-get install python-software-properties python g++ make
$ sudo add-apt-repository ppa:chris-lea/node.js
$ sudo apt-get update
$ sudo apt-get install nodejs npm
```

Se o comando `add-apt-repository` falhar, instale o pacote `software-properties-common` usando o comando mostrado na listagem 1-3.

Listagem 1-3. Instalando o pacote `software-properties-common`
```
$ sudo apt-get install software-properties-common
```

Construindo a Partir do Fonte

Se você quiser contribuir com o núcleo C++ do Node, ou simplesmente experimentar sua funcionalidade, vai precisar compilar o código fonte do projeto. Você pode obter esse código fonte a partir da página de download ou do repositório do projeto no GitHub, https://github.com/joyent/node. Uma vez que o código tenha sido baixado, extraia-o do arquivo, se for o caso. Antes de construir o Node, usuários do Ubuntu precisam instalar o Python e outras ferramentas de construção; use o comando mostrado na listagem 1-4. Quando da instalação do Python, certifique-se de instalar a versão 2.7, não a mais nova, Python 3.

Listagem 1-4. Instalando pacotes de software de pré-requisito, no Ubuntu
```
$ sudo apt-get install python-software-properties python g++ make
```

Usuários do Ubuntu e do OS X podem construir o Node emitindo os comandos mostrados na listagem 1-5, a partir do diretório do código fonte. Note que o caminho completo para o diretório do código fonte não deve conter nenhum espaço.

Listagem 1-5. Instalando o Node a partir do fonte no Ubuntu e no OS X
```
./configure
make
sudo make install
```

No Windows, você precisa instalar o Visual C++ e o Python 2.7 para construir o Node. O Visual C++ pode ser baixado gratuitamente da Microsoft com o Visual Studio Express. O Python também está disponível de graça, em www.python.org/. Para compilar o Node, emita o comando mostrado na listagem 1-6.

Listagem 1-6. Instalando o Node a partir do fonte no Windows
```
> vcbuild.bat release
```

Passos Finais da Instalação

A despeito da rota de instalação de sua escolha, a esta altura o Node já deve estar pronto para o uso. Para verificar se tudo está corretamente configurado, abra uma nova janela de terminal e rode o executável node (veja a listagem 1-7). O sinalizador -v faz com que o Node apresente a versão instalada e depois termine. Neste exemplo, a versão 0.10.18 do Node está instalada.

Listagem 1-7. Verificando a versão do Node a partir da linha de comandos
```
$ node -v
v0.10.18
```

Você também deve verificar se o npm está instalado (veja a listagem 1-8).

Listagem 1-8. Verificando a versão do npm a partir da linha de comandos
```
$ npm -v
1.3.8
```

Uma última nota a respeito da instalação: é provável que você precise instalar o Python e um compilador C++ em sua máquina, mesmo que não tenha instalado o Node a partir do fonte. Fazer isso assegura que módulos nativos escritos em C++ podem ser compilados e executados com sua instalação do Node. No Windows, isso envolve a instalação do compilador Visual C++ da Microsoft (veja a seção anterior, "Construindo a partir do fonte"). Para qualquer outro sistema operacional, a base da construção deve incluir o compilador necessário.

O Laço Ler-Avaliar-Imprimir

O Node oferece um shell interativo, conhecido como *laço Ler-Avaliar-Imprimir*, ou REPL (da sigla em inglês, *Read-Eval-Print-Loop*). O REPL lê entrada do usuário, avalia essa entrada como código JavaScript, imprime o resultado e depois espera por mais entradas. O REPL é útil para depuração e para experimentação de pequenos fragmentos de código JavaScript. Para iniciar o REPL, inicie o Node sem nenhum argumento de linha de comando. Daí, você vê o prompt de comandos do REPL, o caractere >. A partir do prompt, comece a entrar código JavaScript arbitrário.

A listagem 1-9 mostra como iniciar o REPL e entrar código. Neste exemplo, uma variável chamada foo é criada com o valor string "Olá, mundo!". Na terceira linha o REPL imprime "undefined", porque a sentença de declaração da variável não retorna nenhum valor. Em seguida, a sentença foo; faz com que o valor de foo seja inspecionado. Como era de se esperar, o REPL retorna a string "Olá, mundo!". Por fim, o valor de foo é impresso no terminal usando-se a função console.log(). Depois de foo ser impresso, o REPL exibe novamente "undefined", porque console.log() não retorna nenhum valor.

Listagem 1-9. Iniciando o REPL e entrando código JavaScript

```
$ node
> var foo = "Olá, mundo!";
undefined
> foo;
'Olá, mundo!'
> console.log(foo);
Olá, mundo!
undefined
```

Você também pode inserir expressões multilinhas no REPL. Por exemplo, um laço for introduzido no REPL na listagem 1-10. As reticências (...) são usadas pelo REPL para indicar uma expressão multilinhas em andamento. Note que ... são exibidas pelo REPL e não digitadas pelo usuário.

Listagem 1-10. Um exemplo de execução de uma expressão multilinhas no REPL

```
> for (var i = 0; i < 3; i++) {
... console.log(i);
... }
0
1
2
undefined
```

Funcionalidades do REPL

O REPL tem uma série de funcionalidades que aumenta a usabilidade, das quais a mais útil é a capacidade de se navegar pelos comandos previamente emitidos, usando-se as teclas de setas para cima e para baixo. Para finalizar qualquer comando e voltar ao prompt em branco, digite Control+C. Pressionar Control+C duas vezes a partir de uma linha em branco faz com que o REPL seja encerrado. Você pode sair do REPL a qualquer momento, pressionando Control+D. Você pode usar a tecla Tab para ver uma lista de possíveis completamentos para o comando atual. Se só houver uma opção possível, o Node a insere automaticamente. A lista inclui palavras-chave, funções e variáveis. Por exemplo, a listagem 1-11 mostra as opções de completamento quando um t é introduzido no prompt.

Listagem 1-11. Opções de autocompletamento mostradas pela digitação de um t seguido de um Tab

```
> t
this            throw           true            try
typeof          tls             tty             toLocaleString
toString
```

O REPL também oferece uma variável especial, _ (sublinha), que sempre contém o resultado da última expressão. A listagem 1-12 mostra vários exemplos de uso de _. Primeiro, uma matriz de strings é criada, fazendo com que _ referencie a matriz. O método pop() é então usado para remover o último elemento da matriz baz. Por fim, o comprimento de baz é acessado, fazendo com que _ se torne 3.

Listagem 1-12. Exemplos de uso da variável _

```
> ["foo", "bar", "baz"]
[ 'foo', 'bar', 'baz' ]
> _.pop();
'baz'
> _.length
3
> _
3
```

Comandos do REPL

.help

O comando .help exibe todos os comandos disponíveis no REPL. A listagem 1-13 mostra a saída da execução do comando .help.

Listagem 1-13. Saída do comando .help do REPL

```
> .help
.break Sometimes you get stuck, this gets you out
```

```
.clear   Alias for .break
.exit    Exit the repl
.help    Show repl options
.load    Load JS from a file into the REPL session
.save    Save all evaluated commands in this REPL session to a file
```

.exit

O comando `.exit` termina o REPL. Este comando é equivalente ao pressionamento de `Control+D`.

.break

O comando `.break`, usado para abortar uma expressão multilinhas, é útil se você cometer um erro ou simplesmente optar por não completar a expressão. A listagem 1-14 mostra um exemplo de uso do comando `.break` para terminar um laço `for` antes de completá-lo. Note que o prompt normal > é mostrado após o comando `.break`.

Listagem 1-14. Terminando uma expressão multilinhas usando o comando `.break`

```
> for (var i = 0; i < 10; i++) {
... .break
>
```

.save nome_do_arquivo

O comando `.save` salva a sessão atual do REPL no arquivo especificado em `nome_do_arquivo`. Se o arquivo não existir, ele é criado. Se ele existir, ele é sobreposto. Os comandos do REPL e as saídas não são salvos. A listagem 1-15 mostra um exemplo de uso do comando `.save`. Nesse exemplo, a sessão atual é salva no arquivo `repl-test.js`. O conteúdo resultante de `repl-test.js` é mostrado na listagem 1-16. Note que o arquivo não contém o prompt do REPL, nem saídas, nem o comando `.save`.

Listagem 1-15. Salvando a sessão atual do REPL usando o comando `.save`

```
> var foo = [1, 2, 3];
undefined
> foo.forEach(function(value) {
... console.log(value);
... });
1
2
3
undefined
```

```
> .save repl-test.js
Session saved to:repl-test.js
```

Listagem 1-16. O conteúdo de `repl-test.js` gerado pelo comando `.save`
```
var foo = [1, 2, 3];
foo.forEach(function(value) {
console.log(value);
});
```

.load nome_do_arquivo

O comando `.load` executa o arquivo JavaScript especificado em `nome_do_arquivo`. O arquivo é executado como se cada linha fosse digitada diretamente no REPL. A listagem 1-17 mostra a saída do carregamento do arquivo `repl-test.js` da listagem 1-16.

Listagem 1-17. O resultado da execução de `repl-test.js`, usando-se o comando `.load`
```
> .load repl-test.js
> var foo = [1, 2, 3];
undefined
> foo.forEach(function(value) {
... console.log(value);
... });
1
2
3
undefined
```

.clear

Similar a `.break`, `.clear` pode ser usado para encerrar expressões multilinhas. `.clear` também é usado para reiniciar o objeto de contexto do REPL. Neste momento, você não precisa entender os detalhes, mas a listagem 1-18 mostra um programa Node que incorpora um REPL. Em outras palavras, ao rodar esse programa, invoca-se, na verdade, uma instância do REPL. Além disso, você pode definir um ambiente de execução personalizado para o REPL. Nesse caso, o REPL incorporado tem uma variável definida, `foo`, que guarda a string "Olá, REPL". Chamar `.clear` de dentro do REPL incorporado reseta o contexto e exclui `foo`.

Listagem 1-18. Embutindo um REPL dentro de outro programa Node
```
var repl = require("repl");

repl.start({}).context.foo = "Olá, REPL";
```

Executando Programas Node

Embora o ambiente REPL seja útil, ele raramente é usado em sistemas de produção. Em vez disso, os programas são escritos como um ou mais arquivos JavaScript e depois interpretados pelo Node. O programa Node mais simples é mostrado na listagem 1-19. O exemplo simplesmente imprime a string "Olá, mundo!" no console.

Listagem 1-19. Código fonte para o programa Node Olá, mundo!
```
console.log(«Olá, mundo!»);
```

Copie o código da listagem 1-19 para um novo arquivo e salve-o como ola.js. Em seguida, abra uma janela de terminal e execute-o (veja a listagem 1-20). Note que o Node não exige que você especifique a extensão .js. Se o arquivo de entrada não for encontrado e nenhuma extensão for fornecida, o Node tenta adicionar as extensões .js, .json, e .node. O Node interpreta arquivos .js como código fonte JavaScript e arquivos com extensão .json como arquivos de Notação de Objeto JavaScript (JSON, na sigla em inglês). Arquivos com extensão .node são tratados como módulos complementares compilados.

Listagem 1-20. Executando um programa Node a partir da linha de comandos
```
$ node ola.js
```

■ **Nota** O JSON é um texto plano padrão para intercâmbio de dados. Este livro considera que o leitor está familiarizado com o JSON. No entanto, se você precisar de uma introdução ou de uma revisão, o JSON é abordado no apêndice A.

Resumo

Parabéns! Você deu os primeiros passos em direção ao desenvolvimento de aplicativos Node. Esse capítulo ofereceu uma introdução de alto nível do Node, e guiou você pelo processo de instalação. Você até escreveu algum código Node usando o REPL. O resto deste livro se ergue sobre esse capítulo, cobrindo os aspectos mais importantes do desenvolvimento em Node. O Node é melhor conhecido pela criação de servidores web escalonáveis. Então, é claro que essa funcionalidade é abordada. Porém, você também vai aprender muito mais, incluindo a programação para sistema de arquivos, o fluxo de dados, o escalonamento de aplicativos e o sistema de módulos do Node.

Capítulo 2

O Sistema de Módulos de Node

Como desenvolvedor, você pode resolver muitos problemas complexos usando a funcionalidade central do Node. Contudo, um dos reais pontos fortes do Node é sua comunidade de desenvolvedores e a abundância de módulos de terceiros. Cuidar de todos esses módulos é o papel do gerenciador de pacotes do Node, o npm. A página de FAQ do npm afirma, com bom humor, que o npm não é um acrônimo para "Node package manager" (em inglês, *gerenciador de pacotes do Node*), mas que, ao invés, é uma abreviação recursiva invertida para "npm is not an acronym" (em inglês, *npm não é um acrônimo*). Independente de seu significado, o npm é uma ferramenta de linha de comando que, desde a versão 0.6.3 do Node, acompanha o ambiente do Node.

O que o npm faz – e muito bem – é gerenciar módulos do Node e suas dependências. Quando da escrita deste livro, havia mais de 47.000 pacotes no registro oficial. Você pode navegar por todos os pacotes disponíveis no site do registro, https://npmjs.org/. Além de cada módulo individual, o site mostra várias avaliações, incluindo os módulos que são mais populares e dos quais outros dependem mais. Se você prefere arregaçar as mangas na linha de comandos, você pode varrer o registro usando o comando search do npm, que permite que você procure por pacotes com base em uma ou mais palavras-chave. Por exemplo, o search do npm pode ser usado para localizar todos os módulos contendo a palavra database no nome ou na descrição (veja a listagem 2-1). Na primeira vez que rodar este comando, você vai experimentar um breve retardo, enquanto o npm monta seu índice local.

Listagem 2-1. Usando o search do npm para localizar módulos no registro do npm

```
$ npm search database
```

Instalando Pacotes

Para usar um módulo, você deve instalá-lo em sua máquina. Isso normalmente é tão simples quanto baixar alguns arquivos fonte JavaScript (alguns módulos precisam baixar ou compilar binários, também). Para instalar um pacote, digite npm install, seguido do nome do pacote. Por exemplo, o módulo commander fornece métodos para implementação de interfaces de linha de comandos. Para instalar a versão mais recente do commander, emita o comando mostrado na listagem 2-2.

Listagem 2-2. Instalando a versão mais recente do pacote `commander` usando o npm
```
$ npm install commander
```

Se você não estiver interessado em instalar a versão mais recente de um pacote, pode especificar um número de versão. Os módulos do Node seguem um esquema de versionamento *maior.menor.emenda*. Por exemplo, para instalar a versão 1.0.0 do `commander`, use o comando mostrado na listagem 2-3. O caractere @ é usado para separar o nome do pacote de sua versão.

Listagem 2-3. Instalando a versão 1.0.0 de `commander`
```
$ npm install commander@1.0.0
```

Alterações no número maior de versão podem indicar que um módulo foi modificado de uma maneira não compatível retroativamente (o que é conhecido como modificação interruptiva). Mesmo alterações na versão menor podem, acidentalmente, introduzir modificações interruptivas. Portanto, você normalmente vai querer instalar a emenda mais recente de uma certa liberação – cenário que o npm suporta com a máscara x. O comando mostrado na listagem 2-4 instala a emenda mais recente da versão 1.0 de `commander` (note que a máscara x também pode ser usada em vez das revisões maior e menor).

Listagem 2-4. Instalando a emenda mais recente do `commander` 1.0
```
$ npm install commander@1.0.x
```

Você também pode selecionar versões usando descritores relacionais de faixas de versão. Esses descritores selecionam a versão mais recente que corresponde a um dado conjunto de critérios. Os vários descritores relacionais de faixas de versão suportados pelo npm são listados na tabela 2-1.

Tabela 2-1. *Descritores relacionais de faixas de versão*

Descritor relacional de faixas de versão	Critérios de versão
=versão	Relaciona versão com exatidão.
>versão	Maior que versão.
>=versão	Maior ou igual a versão.
<versão	Menor que versão.
<=versão	Menor ou igual a versão.
~versão	Maior ou igual a versão, mas, menor que a próxima versão maior.
*	Versão mais nova disponível.
""	Versão mais nova disponível.

versão$_1$ – versão$_2$	Maior ou igual a versão$_1$, e menor ou igual a versão$_2$.
faixa$_1$ || faixa$_2$	Relaciona versões especificadas tanto por faixa$_1$ quanto por faixa$_2$.

Com base na tabela 2-1, todos os comandos da listagem 2-5 são comandos npm válidos.

Listagem 2-5. Vários comandos `npm install` usando descritores relacionais de faixas de versão

```
$ npm install commander@"=1.1.0"
$ npm install commander@">1.0.0"
$ npm install commander@"~1.1.0"
$ npm install commander@"*"
$ npm install commander@""
$ npm install commander@">=1.0.0 <1.1.0"
$ npm install commander@"1.0.0 - 1.1.0"
$ npm install commander@"<=1.0.0 || >=1.1.0"
```

Instalando de URLs

Além do já referido, o npm permite que pacotes sejam instalados diretamente de URLs git. Esses URLs devem assumir uma das formas mostradas na listagem 2-6. Nessa listagem, commit-ish representa uma marca, SHA, ou ramo que pode ser fornecido como argumento para git checkout. Note que os links no exemplo não apontam para nenhum projeto git específico.

■ **Nota** Você não precisa entender de git nem do GitHub para usar o Node. Entretanto, a maioria dos módulos do Node usa o ecossistema GitHub para controle de fontes e rastreamento de bugs. Embora o GitHub e seu uso estejam muito de fora do escopo deste livro, é altamente aconselhável que você se familiarize com ele.

Listagem 2-6. Formatos de URL git suportados pelo npm

```
git://github.com/user/project.git#commit-ish
git+ssh://user@hostname:project.git#commit-ish
git+ssh://user@hostname/project.git#commit-ish
git+http://user@hostname/project/blah.git#commit-ish
git+https://user@hostname/project/blah.git#commit-ish
```

Pacotes também podem ser instalados a partir de URLs de tarball[1]. Por exemplo, para instalar o ramo mestre de um repositório GitHub, use a sintaxe mostrada na listagem 2-7. Embora esse URL não aponte para um repositório real,

---
1 [*] tarball – nome genérico de pacotes *tar*, normalmente compactados com gzip. (N. do T.)

você pode experimentar baixando o módulo `commander`: `https://github.com/visionmedia/commander.js/tarball/master`.

Listagem 2-7. Instalando um tarball a partir de um repositório GitHub

```
$ npm install https://github.com/user/project/tarball/master
```

Localizações de Pacotes

Quando pacotes são instalados, eles são salvos em alguma parte de sua máquina local. Normalmente, essa localização é um subdiretório chamado `node_modules` subordinado ao seu diretório atual. Para determinar a localização, use o comando `npm root`. Você também pode visualizar todos os módulos instalados, usando o comando `npm ls`. Depois de instalar o módulo `commander`, você pode verificar que ele existe usando `npm ls`. Para os fins deste exemplo, instale a versão 1.3.2. A listagem 2-8 mostra que a versão 1.3.2 do `commander` está instalada. Além disso, note que um módulo chamado `keypress` está instalado. A estrutura em árvore indica que o módulo `commander` depende do módulo `keypress`. Como o `npm` é capaz de reconhecer essa dependência, ele automaticamente instala quaisquer módulos necessários.

Listagem 2-8. Listando todos os pacotes atualmente instalados usando o `npm ls`

```
$ npm ls
/home/colin/npm-test
└─┬ commander@1.3.2
  └── keypress@0.1.0
```

Você também pode ver os módulos instalados navegando pelo subdiretório `node_modules`. Neste exemplo, `commander` está instalado no `node_modules/commander` e `keypress` está instalado no `node_modules/commander/node_modules/keypress`. Se `keypress` tivesse quaisquer dependências, elas seriam instaladas em outro subdiretório de `node_modules`, abaixo do diretório `keypress`.

Pacotes Globais

Os pacotes, como descritos até aqui, são bibliotecas que são incluídas em seu programa. Referidas como pacotes locais, elas devem ser instaladas em todos os projetos que as usem. Outro tipo de pacote, conhecido como pacote global, só precisa ser instalado em um local. Embora os pacotes globais normalmente não incluam bibliotecas de código, eles podem incluí-las. Como regra básica, os pacotes globais normalmente contêm ferramentas de linha de comandos, que devem ser incluídas na variável ambiental `PATH`.

Para instalar globalmente um pacote, simplesmente emita o `npm install` com a opção `-g` ou `--global`. Na verdade, você pode processar pacotes globais adicionando a opção `-g` à maioria dos comandos `npm`. Por exemplo, você pode visualizar os pacotes globais instalados emitindo o comando `npm ls -g`. Você também pode localizar a pasta global `node_modules` usando o comando `npm root -g command`.

Ligando Pacotes

Usando o npm, você pode criar ligações para pacotes locais. Quando você faz uma ligação a um pacote, ele pode ser referenciado como se fosse global. Isso é especialmente útil se você estiver desenvolvendo um módulo e quiser que outro projeto referencie sua cópia local desse módulo. Ligações também são úteis se você quiser distribuir seu módulo sem publicá-lo no registro público do npm.

A ligação de pacotes é um processo em duas fases. A primeira delas, a criação da ligação, é feita mudando-se para o diretório do projeto que você quer tornar ligável. A listagem 2-9 mostra como criar uma ligação para seu módulo, supondo que ele esteja localizado em foo-module. Depois de executar o comando npm link, verifique se a ligação foi criada, usando npm ls -g.

Listagem 2-9. Criando uma ligação usando npm link

```
$ cd foo-module
$ npm link
```

A segunda fase da ligação de módulos, referenciar realmente a ligação, é muito similar à instalação de um pacote. Primeiro, mude para o diretório do projeto que vai importar o módulo ligado. Em seguida, emita outro comando npm link. Porém, desta vez você deve especificar também o nome do módulo ligado. Um exemplo desse procedimento é mostrado na listagem 2-10. No exemplo, a ligação foo-module da listagem 2-9 é referenciada a partir de um segundo módulo, bar-module.

Listagem 2-10. Referenciando uma ligação existente usando npm link

```
$ cd bar-module
$ npm link foo-module
```

Removendo Ligações de Pacotes

O processo para remoção de módulos ligados é muito similar ao da criação deles. Para remover de um aplicativo um módulo ligado, use o comando npm unlink, seguido do nome. A listagem 2-11 mostra o comando para remoção da ligação a foo-module do bar-module.

Listagem 2-11. Removendo uma referência a uma ligação usando npm unlink

```
$ cd bar-module
$ npm unlink foo-module
```

Similarmente, para remover uma ligação de seu sistema, mude para o diretório do módulo ligado e emita o comando npm unlink. A listagem 2-12 mostra como remover a ligação a foo-module.

Listagem 2-12. Removendo um módulo ligado usando `npm unlink`
```
$ cd foo-module
$ npm unlink
```

Atualizando Pacotes

Uma vez que qualquer pacote que esteja em desenvolvimento ativo eventualmente libera uma nova versão, sua cópia vai se tornar desatualizada. Para determinar se sua cópia está obsoleta, rode `npm outdated` no diretório de seu projeto (veja a listagem 2-13). No exemplo, que pressupõe que uma versão desatualizada 1.0.0 de `commander` está instalada, o `npm` indica que a versão mais recente é 2.0.0, mas que sua cópia é apenas 1.0.0. A listagem 2-13 verifica todos os pacotes locais. Você pode verificar pacotes individuais especificando seus nomes, e pode processar pacotes globais especificando a opção `-g`.

Listagem 2-13. Exibindo pacotes desatualizados usando `npm outdated`
```
$ npm outdated
npm http GET https://registry.npmjs.org/commander
npm http 304 https://registry.npmjs.org/commander
commander@2.0.0 node_modules/commander current=1.0.0
```

Para atualizar quaisquer pacotes locais obsoletos, use o comando `npm update`. Tal como `outdated`, `update` funciona com todos os pacotes locais, por omissão. Mais uma vez, você pode determinar módulos individuais especificando seus nomes. Você também pode atualizar pacotes globais usando a opção `-g`. Na listagem 2-14, o `npm` se atualiza, usando a opção `-g`.

Listagem 2-14. Atualizando o `npm` usando `npm update`
```
$ npm update npm -g
```

Desinstalando Pacotes

Para remover um pacote, use um dos comandos `npm uninstall` ou `npm rm` (ambos podem ser usados indiferentemente), e especifique um ou mais pacotes a serem removidos. Você também pode remover pacotes globais, fornecendo a opção `-g`. A listagem 2-15 mostra como remover o módulo `commander` usando `npm rm`.

Listagem 2-15. Desinstalando o `commander` usando `npm rm`
```
$ npm rm commander
```

A função `require()`

Como mostrado na seção anterior, os pacotes do Node são gerenciados usando-se o `npm`. Contudo, para importar módulos para seus programas, a função `require()` é usada. `require()` aceita um único argumento, uma string especificando o módulo a ser carregado. Se o caminho para o módulo especificado existir, `require()` retorna um objeto que pode ser usado para interfacear com o módulo. Se o módulo não puder ser localizado, uma exceção é emitida. A listagem 2-16 mostra como o módulo `commander` é importado para um programa, usando-se a função `require()`.

Listagem 2-16. Usando a função `require()`
```
var commander = require("commander")
```

Módulos Centrais

Módulos centrais são módulos compilados no binário do Node. Eles recebem a mais alta precedência fornecida por `require()`, o que significa que, na eventualidade de um conflito de nomes de módulos, o módulo central é carregado. Por exemplo, Node contém um módulo central chamado `http`, que, como o nome indica, fornece funcionalidades para trabalhar com o Protocolo de Transferência de Hipertexto (HTTP). Em qualquer situação, uma chamada a `require("http")` vai sempre carregar o módulo central `http`. A título de curiosidade, os módulos centrais estão localizados no diretório `lib` do código fonte do Node.

Módulos de Arquivos

Módulos de arquivos são módulos não centrais carregados a partir do sistema de arquivos. Eles podem ser especificados usando-se caminhos absolutos, caminhos relativos, ou a partir do diretório `node_modules`. Os nomes de módulos que começam com uma barra (/) são tratados como caminhos absolutos. Por exemplo, na listagem 2-17, um módulo de arquivo, `foo`, é carregado usando-se um caminho absoluto.

Listagem 2-17. A importação de um módulo de arquivo usando um caminho absoluto
```
require("/some/path/foo");
```

> ■ **Cuidado**   Alguns sistemas operacionais, tal como o Windows, usa um sistema de arquivos insensível ao caso[2]. Isso permite que você escreva `require("commander")`, `require("COMMANDER")`, ou `require("CoMmAnDeR")`. No entanto, num sistema de arquivo sensível ao caso, tal como no Linux, as duas últimas chamadas vão falhar. Portanto, você deve considerar a sensibilidade ao caso, a despeito do sistema operacional que estiver usando.

O Node também suporta caminhos de arquivo no estilo do Windows. No Windows, o Node permite que os caracteres de barra normal e barra invertida (/ e

---

[2] [*] A expressão *sensibilidade ao caso* refere-se à diferenciação entre maiúsculas e minúsculas. (N. do T.)

\) sejam usados indiferentemente. Para fins de consistência e para evitar escapar o caractere de barra invertida, este livro usa primariamente caminhos no estilo do Unix. Ainda assim, esteja ciente de que todos os caminhos mostrados na listagem 2-18 são válidos no Windows.

Listagem 2-18. Exemplos de caminhos de módulo válidos no Windows
```
require("/some/path/foo");
require("C:/some/path/foo");
require("C:\\some\\path\\foo");
require("\\some/path\\foo");
```

Caminhos de módulos que começam com um ou dois pontos (. ou ..) são interpretados como relativos – isto é, são considerados em relação ao arquivo que chamou `require()`. A listagem 2-19 mostra três exemplos de caminhos relativos de módulos. No primeiro exemplo, `foo` é carregado do mesmo diretório que o script chamador. No segundo, `foo` está localizado no diretório pai daquele em que se encontra o script chamador. No terceiro, `foo` está localizado num subdiretório, `sub`, do diretório do script chamador.

Listagem 2-19. Exemplo de importações de módulos usando caminhos relativos
```
require("./foo");
require("../foo");
require("./sub/foo");
```

Se o caminho de um módulo não corresponder a um módulo central, a um caminho absoluto ou a um caminho relativo, então o Node começa a buscar nas pastas de `node_modules`. O Node começa com o diretório pai daquele do script chamador e apensa `/node_modules`. Se o módulo não for encontrado, o Node move um nível para cima, na árvore de diretórios, apensa `/node_modules`, e procura novamente. Este padrão é repetido até que o módulo seja localizado ou que a raiz da estrutura de diretórios seja alcançada. O exemplo da listagem 2-20 considera que um projeto está localizado em `/algum/caminho` e mostra os vários diretórios `node_modules` que seriam varridos, na ordem.

Listagem 2-20. Exemplo da ordem de busca de diretório `node_modules`
```
/algum/caminho/node_modules
/algum/node_modules
/node_modules
```

Processamento de Extensões de Arquivo

Se `require()` não encontrar uma correspondência exata, ele tenta adicionar as extensões `.js`, `.json`, e `.node`. Como mencionado no capítulo 1, arquivos `.js` são interpretados como código fonte. JavaScript, arquivos `.json` são processados como fonte JSON, e arquivos `.node` são tratados como módulos complementares compilados. Se o Node ainda não for capaz de encontrar uma correspondência, um erro é emitido.

Também é possível adicionar, programaticamente, suporte para extensões de arquivo adicionais, usando o objeto embutido `require.extensions`. Inicialmente, esse objeto contém três chaves: `.js`, `.json` e `.node`. Cada chave é mapeada para uma função que define como `require()` importa arquivos daquele tipo. Ao estender `require.extensions`, você pode personalizar o comportamento de `require()`. Por exemplo, a listagem 2-21 estende `require.extensions` de modo que arquivos `.javascript` sejam tratados como arquivos `.js`.

Listagem 2-21. Estendendo o objeto `require.extensions` para suportar tipos adicionais de arquivo

```
require.extensions[".javascript"] = require.extensions[".js"];
```

Você pode até adicionar tratadores personalizados. Na listagem 2-22, arquivos `.javascript` fazem com que `require()` imprima dados no console, sobre o arquivo importado.

Listagem 2-22. Adicionando um tratador personalizado ao objeto `require.extensions`

```
require.extensions[".javascript"] = function() {
    console.log(arguments);
};
```

> ■ **Cuidado** Embora essa funcionalidade tenha sido recentemente depreciada, a API do sistema de módulos é travada, de forma que require.extensions provavelmente jamais vai desaparecer por completo. A documentação oficial recomenda empacotar módulos que não sejam JavaScript em outro programa Node, ou compilá-los para JavaScript antecipadamente.

Resolvendo a Localização de um Módulo

Se você estiver interessado apenas em saber onde um pacote está localizado, use a função `require.resolve()`, que usa o mesmo mecanismo que `require()` para localizar módulos. No entanto, em vez de carregar mesmo o módulo, `resolve()` apenas retorna o caminho até ele. Se o nome passado a `resolve()` for o de um módulo central, esse nome é retornado. Se o módulo for um módulo de arquivo, `resolve()` retorna o nome do arquivo do módulo. Se o Node não puder localizar o módulo especificado, um erro é emitido. O exemplo da listagem 2-23 mostra o uso de `resolve()` no ambiente REPL.

Listagem 2-23. Localizando o módulo `http` usando `require.resolve()`

```
> require.resolve("http");
'http'
```

Cacheamento de Módulos

Um módulo de arquivo que é carregado com sucesso é cacheado no objeto `require.cache`. Importações subsequentes do mesmo módulo retornam o objeto cacheado. Um detalhe a ser observado é que o caminho de módulo resolvido deve ser exatamente o mesmo. Isso porque um módulo é cacheado por seu caminho resolvido. Assim, o cacheamento se dá em função tanto do módulo importado quanto do script chamador. Digamos que seu programa depende de dois módulos: `foo` e `bar`. O primeiro, `foo`, não tem dependências, mas `bar` depende de `foo`. A hierarquia de dependências resultante é mostrada na listagem 2-24. Supondo que `foo` reside no diretório `node_modules`, ele é carregado duas vezes. A primeira carga ocorre quando `foo` é resolvido para o diretório `seu-projeto/node_modules/foo`. A segunda carga ocorre quando `foo` é referenciado por `bar` e é resolvido para `seu-projeto/node_modules/foo/node_modules`.

Listagem 2-24. Uma hierarquia de dependências em que `foo` é referenciado múltiplas vezes

```
seu-projeto
├── foo@1.0.0
└─┬ bar@2.0.0
  └── foo@1.0.0
```

O arquivo `package.json`

Numa seção anterior, você viu que o npm reconhece dependências entre pacotes e instala módulos em concordância. Mas, como é que o `npm` entende o conceito de dependência de módulo? Como se pode perceber, toda a informação relevante é armazenada num arquivo de configuração chamado `package.json`, que deve estar localizado no diretório raiz de seu projeto. Como a extensão do arquivo indica, ele deve conter dados JSON válidos. Tecnicamente, você não precisa fornecer um `package.json`, mas, sem um, seu código vai ficar essencialmente inacessível ao `npm`.

Os dados JSON no `package.json` devem aderir a um certo esquema. Minimamente, você *deve* especificar um nome e uma versão para seu pacote. Sem esses campos, o `npm` não vai ser capaz de processar seu pacote. O arquivo `package.json` mais simples possível é mostrado na listagem 2-25. O nome do pacote é especificado pelo campo `name`. O nome deve identificar seu pacote unicamente no registro do npm. Ao usar o `npm`, o nome se torna parte de um URL, um argumento de linha de comandos e um nome de diretório. Desta forma, os nomes não podem começar com um ponto ou com uma sublinha e não podem incluir espaços ou qualquer outro caractere não seguro para URLs. As melhores práticas também determinam que os nomes sejam curtos e descritivos e não contenham "`js`" ou "`node`", já que esses são implícitos. Além disso, se você planeja liberar seu pacote para o público em geral, verifique se o nome está disponível no registro do `npm`.

Listagem 2-25. Um arquivo `package.json` mínimo

```
{
    "name": "package-name",
    "version": "0.0.0"
}
```

A versão de um pacote é especificada no campo `version`. Quando combinada com o nome, ela fornece um identificador realmente único para um pacote. O número de versão especifica a liberação maior, a liberação menor e o número de emenda, separados por pontos (o `npm` permite que versões comecem com um caractere v). Você também pode especificar um número de construção apensando uma marca ao número de emenda. Há dois tipos de marcas: pré-liberação e pós-liberação. Marcas de pós-liberação aumentam o número de versão, enquanto marcas de pré-liberação o diminuem. Uma marca de pós-liberação é um hífen seguido de um número. Todas as outras marcas são de pré-liberação. O exemplo da listagem 2-26 mostra a marcação de versão em ação. Várias versões marcadas e uma não marcada (0.1.2) são listadas em ordem decrescente.

Listagem 2-26. Várias versões marcadas e uma não marcada listadas em ordem decrescente

```
0.1.2-7
0.1.2-7-beta
0.1.2-6
0.1.2
0.1.2beta
```

Descrição e Palavras-Chave

O campo `description` é usado para fornecer uma descrição textual de seu pacote. Da mesma forma, use o campo `keywords` para fornecer uma matriz de palavras-chave para melhor descrever seu pacote. Palavras-chave e uma descrição ajudam as pessoas a descobrir seu pacote, porque elas são buscadas pelo comando `search` do `npm`. A listagem 2-27 mostra um excerto de um `package.json` contendo os campos `description` e `keywords`.

Listagem 2-27. Especificando uma descrição e palavras-chave no arquivo `package.json`

```
"description": "This is a description of the module",
"keywords": [
    "foo",
    "bar",
    "baz"
]
```

Autor e Contribuintes

O autor primário de um projeto é especificado no campo `author`. Esse campo só pode conter uma entrada. No entanto, um segundo campo, `contributors`, pode conter uma matriz de pessoas que contribuíram com o projeto. Há duas maneiras de especificar uma pessoa. A primeira é como um objeto contendo campos `name`, `email` e `url`. Um exemplo dessa sintaxe é mostrada na listagem 2-28. O exemplo especifica um único autor primário e dois contribuintes adicionais.

Listagem 2-28. Especificando um autor e contribuintes no arquivo `package.json`

```
"author": {
    "name": "Colin Ihrig",
    "email": "colin@domain.com",
    "url": "http://www.cjihrig.com"
},
"contributors": [
    {
        "name": "Jim Contributor",
        "email": "jim@domain.com",
        "url": "http://www.domain.com"
    },
    {
        "name": "Sue Contributor",
        "email": "sue@domain.com",
        "url": "http://www.domain.com"
    }
]
```

Alternativamente, os objetos que representam pessoas podem ser escritos como strings. Numa string, uma pessoa é especificada pelo nome, depois por um endereço de e-mail entre os sinais de menor que e maior que (< e >) e, em seguida, um URL entre parênteses. A sintaxe dos objetos mostrada na listagem 2-28 foi reescrita na listagem 2-29 usando-se strings.

Listagem 2-29. Especificando um autor e contribuintes como strings, em vez de objetos

```
"author": "Colin Ihrig <colin@domain.com> (http://www.cjihrig.com)",
"contributors": [
    "Jim Contributor <jim@domain.com> (http://www.domain.com)",
    "Sue Contributor <sue@domain.com> (http://www.domain.com)"
]
```

O Ponto de Entrada Principal

Como os pacotes podem consistir de muitos arquivos, o Node precisa de uma maneira de identificar seu ponto de entrada principal. Tal como a maioria das opções de configuração, isso é tratado no arquivo `package.json`. No campo `main` você pode informar ao Node qual arquivo carregar, quando seu módulo for importado com `require()`. Vamos supor que seu módulo seja chamado `foo`, mas seu ponto de entrada principal esteja localizado num arquivo chamado `bar.js`, que está localizado no subdiretório `src`. Seu arquivo `package.json` deve conter o campo `main` mostrado na listagem 2-30.

Listagem 2-30. Especificando o ponto de entrada principal do pacote

```
"main": "./src/bar.js"
```

O Ajuste `preferGlobal`

Alguns pacotes devem ser instalados globalmente, mas não há como se impor realmente essa intenção. Porém, você pode ao menos gerar uma advertência, se o usuário instalar seu módulo localmente, pela inclusão do campo `preferGlobal` e ajustá-lo para `true`. Novamente, isso **não** vai impedir realmente que o usuário realize uma instalação local.

Dependências

As dependências de pacotes são especificadas no campo `dependencies` do arquivo `package.json`. Esse campo é um objeto que mapeia nomes de pacotes para strings de versão. A string de versão pode ser qualquer expressão de versão entendida pelo npm, incluindo URLs de git e de tarball. A listagem 2-31 mostra um exemplo de campo `dependencies` para um pacote que depende apenas de `commander`.

Listagem 2-31. Um campo `dependencies` simples

```
"dependencies": {
    "commander": "1.1.x"
}
```

Note que a string de versão de `commander` usa a máscara `x`, nessa listagem. Geralmente, considera-se melhor prática o uso dessa sintaxe, quando da especificação de dependências de módulos, porque atualizações de versão maiores e menores podem significar alterações incompatíveis, enquanto alterações de emenda normalmente representam apenas correções de bugs. É bom manter em dia as atualizações de pacotes, mas só o faça depois de testar exaustivamente. Por exemplo, se a string de versão usada na listagem 2-31 fosse >=1.1.0, então, bugs poderiam aparecer misteriosamente em seu programa, depois de atualizar para a versão 1.2.0. Para atualizar automaticamente o campo `dependencies` conforme você instala novos pacotes, adicione o sinalizador `--save` ao comando `npm install`. Assim, para adicionar o `commander` ao arquivo `package.json` durante a instalação, emita o comando `npm install commander --save`.

Dependências de Desenvolvimento

Muitos pacotes têm dependências que são usadas apenas para testes e desenvolvimento. Esses pacotes não devem ser incluídos no campo `dependencies`. Ao invés, coloque-os em separado no campo `devDependencies`. Por exemplo, o pacote `mocha` é uma estrutura de testes popular, comumente usada na comunidade Node. Pacotes que usam o `mocha` para testes devem listá-lo no campo `devDependencies`, como mostrado na listagem 2-32.

Listagem 2-32. Listando o `mocha` como dependência de desenvolvimento

```
"devDependencies": {
    "mocha": "~1.8.1"
}
```

Dependências de desenvolvimento também podem ser automaticamente adicionadas ao arquivo `package.json`. Para fazê-lo, adicione o sinalizador `--save-dev` ao comando `npm install`. Um exemplo disso é o comando `npm install mocha --save-dev`.

Dependências Opcionais

Dependências opcionais são pacotes que você quer usar mas que pode omitir – por exemplo, um módulo que melhora o desempenho da criptografia. Se ele estiver disponível, use-o sem hesitar. Se, por qualquer motivo, ele não estiver disponível, seu aplicativo pode seguir com uma alternativa mais lenta. Normalmente, o npm falha se uma dependência não está disponível. Com as dependências opcionais, ele segue em frente, a despeito da ausência delas. Tal como com `devDependencies`, as dependências opcionais são listadas num campo `optionalDependencies` separado. Dependências opcionais também podem ser automaticamente adicionadas ao arquivo `package.json` durante a instalação, pela especificação do sinalizador `--save-optional` ao `npm install`.

Se você optar por usar dependências opcionais, seu programa ainda deve levar em conta o caso do pacote não estar presente. Isso é feito pelo embutimento das referências ao módulo em sentenças `try...catch` e `if`. No exemplo da listagem 2-33, supõe-se que `commander` é uma dependência opcional. Como a função `require()` emite uma exceção se `commander` não estiver presente, ela é incorporada numa sentença `try...catch`. Posteriormente, no programa, verifique se `commander` tem um valor definido, antes de usá-lo.

Listagem 2-33. Usando programação defensiva quando referenciando uma dependência opcional

```
var commander;

try {
    commander = require("commander");
```

```
} catch (exception) {
    commander = null;
}
if (commander) {
    // faz alguma coisa com commander
}
```

Engines

O campo `engines` é usado para especificar as versões de node e de npm com que seu módulo trabalha. O versionamento de engenhos é similar ao esquema usado para dependências. As melhores práticas diferem, porém, dependendo de você estar desenvolvendo um aplicativo isolado ou um módulo reutilizável. Aplicativos devem usar versionamento conservador para assegurar que novas liberações de dependências não introduzam erros. Módulos reutilizáveis, por outro lado, devem usar versionamento agressivo, para assegurar que, sempre que possível, eles vão funcionar com as versões mais recentes do Node. O exemplo da listagem 2-34 inclui um campo `engines`. No exemplo, o campo node usa versionamento agressivo, sempre optando pela versão mais recente. Enquanto isso, a string de versão do npm é conservadora, somente permitindo atualizações de emendas.

Listagem 2-34. Definindo versões de engenho suportadas, no arquivo `package.json`

```
"engines": {
    "node": ">=0.10.12",
    "npm": "1.2.x"
}
```

Scripts

O campo `scripts`, quando presente, contém um mapeamento de comandos npm para comandos de script. Os comandos de script, que podem ser quaisquer comandos executáveis, são rodados num processo de shell externo. Dois dos comandos mais comuns são start e test. O comando start inicia seu aplicativo e test roda um ou mais scripts de teste de seu aplicativo. No exemplo da listagem 2-35, o comando start faz com que node execute o arquivo server.js. O comando test ecoa que nenhum teste está especificado. Num aplicativo real, test provavelmente invocaria o mocha ou alguma outra estrutura de testes.

Listagem 2-35. Especificando um campo `scripts` no arquivo `package.json`

```
"scripts": {
    "start": "node server.js",
    "test": "echo \"Error: no test specified\" && exit 1"
}
```

■ **Cuidado** Faça o máximo para evitar o uso de comandos específicos de uma plataforma, sempre que possível. Por exemplo, usar um Makefile é prática comum em sistemas Unix, mas o Windows não tem nenhum comando `make`.

Para executar os comandos `start` e `test`, simplesmente passe o nome do comando para o `npm`. A listagem 2-36, baseada no campo `scripts` da listagem 2-35, mostra a saída do comando `test`. Você pode ver, pela saída, que o `npm` trata um código de saída diferente de zero como erro, e aborta o comando.

Listagem 2-36. Lançando o comando `npm test`

```
$ npm test

> example@0.0.0 test /home/node/example
> echo "Error: no test specified" && exit 1

\"Error: no test specified\"
npm ERR! Test failed. See above for more details.
npm ERR! not ok code 0
```

Note que você não pode simplesmente adicionar comandos arbitrários e chamá-los a partir do `npm`. Por exemplo, emitir o comando `npm foo` não vai funcionar, mesmo que você tenha definido `foo` no campo `scripts`. Há, ainda, comandos que atuam como ganchos e são executados quando certos eventos ocorrem. Por exemplo, os comandos `install` e `postinstall` são executados após seu pacote ser instalado, usando `npm install`. O campo `scripts` (veja a listagem 2-37) usa esses comandos para exibir mensagens após a instalação do pacote. Para uma listagem completa dos comandos de script disponíveis, emita o comando `npm help scripts`.

Listagem 2-37. Alguns ganchos do `npm`

```
"scripts": {
    "install": "echo \"Thank you for installing!\"",
    "postinstall": "echo \"You're welcome!\""
}
```

Campos Adicionais

Uma série de outros campos é comumente encontrada no arquivo `package.json`. Por exemplo, você pode listar a página base de seu projeto no campo `homepage`, o tipo de licença de software no campo `license`, e o repositório em que o código fonte de seu projeto reside, no campo `repository`. O campo `repository` é especialmente útil se você planeja publicar seu módulo no registro do `npm`, já que a página do `npm` de seu módulo vai conter um link para seu repositório. Além disso, pela inclusão de um campo `repository`, os usuários podem rapidamente navegar até o seu repositório usando o comando `npm repo nome-do-módulo` (onde `nome-do-módulo` é o nome de `npm` de seu módulo).

Você pode até adicionar campos específicos de seu próprio aplicativo, desde que não haja conflitos de nomes. Para mais informações sobre o arquivo `package.json`, emita o comando `npm help json`.

Gerando um Arquivo `package.json`

Embora a sintaxe de um arquivo `package.json` não seja terrivelmente complexa, ela pode ser entediante e inclinada a erros. A parte mais difícil pode ser lembrar das dependências de seu pacote e de suas versões. Para ajudar a mitigar esse problema, o Node oferece o `npm init`, um assistente de linha de comandos que solicita os valores de campos-chave e gera automaticamente um arquivo `package.json`. Se você já tiver um arquivo `package.json`, o `npm init` mantém toda a sua informação, adicionando apenas informações novas.

Como exemplo, suponha que você tem um diretório de projeto chamado foo-module. Dentro dele, está o `foo.js`, o ponto de entrada de seu módulo. Seu módulo só tem uma dependência, commander, que foi instalado durante o curso do desenvolvimento. Além disso, você tem um script de teste, `test.js`, que exercita seu módulo. Agora, é a hora de criar o arquivo `package.json`. Emita o comando `npm init` e siga os passos do assistente mostrados na listagem 2-38.

Listagem 2-38. Usando `npm init` para gerar um arquivo `package.json`

```
$ npm init
This utility will walk you through creating a package.json file.
It only covers the most common items, and tries to guess sane
defaults.

See `npm help json` for definitive documentation on these fields
and exactly what they do.

Use `npm install <pkg> --save` afterwards to install a package and
save it as a dependency in the package.json file.

Press ^C at any time to quit.
name: (foo-module)
version: (0.0.0) 1.0.0
description: An awesome new Node module.
entry point: (foo.js)
test command: test.js
git repository:
keywords: node, awesome, foo
author: Colin Ihrig <cjihrig@domain.com>
license: (BSD)
About to write to /home/colin/foo-module/package.json:
```

```
{
    "name": "foo-module",
    "version": "1.0.0",
    "description": "An awesome new Node module.",
    "main": "foo.js",
    "dependencies": {
        "commander": "~1.1.1"
    },
    "devDependencies": {},
    "scripts": {
        "test": "test.js"
    },
    "repository": "",
    "keywords": [
        "node",
        "awesome",
        "foo"
    ],
    "author": "Colin Ihrig <cjihrig@domain.com>",
    "license": "BSD"
}

Is this ok? (yes)
npm WARN package.json foo-module@1.0.0 No README.md file found!
```

Note que alguns valores, incluindo o nome `foo-module`, estão entre parênteses. Esses valores são deduções do npm. Você pode aceitá-los, pressionando a tecla Enter. Se quiser usar seus próprios valores, simplesmente digite-os, antes de pressionar Enter. Para alguns campos, tais como `description`, o npm não vai oferecer uma dedução. Nesses casos, ou você fornece um valor, ou deixa o campo em branco, como mostrado no campo `git repository`. Ao final do assistente, o npm exibe os dados JSON gerados. Nesse ponto, ou você aceita os dados propostos e gera o arquivo `package.json`, ou aborta todo o processo.

Por fim, o npm fornece uma mensagem de advertência de que nenhum arquivo `README.md` foi encontrado. `README.md` é um arquivo opcional, embora recomendado, fornecendo documentação sobre seu módulo. A extensão `.md` indica que o arquivo contém dados de *Markdown*. Markdown, um tipo de linguagem de marcação que é facilmente convertida em HTML, ao mesmo tempo em que é mais fácil de ler que este, é um caminho natural para documentação do Node, porque o GitHub é capaz de exibir Markdown e a maioria dos projetos Node é hospedada no GitHub. É boa prática geral, sempre incluir um arquivo `README.md` no diretório raiz de seu projeto. Se presente, o nome do arquivo é especificado no arquivo `package.json` usando o campo `readmeFilename`. O exemplo da listagem 2-39 mostra um arquivo Markdown. O mesmo Markdown, conforme processado no GitHub, é mostrado na figura 2-1. Informações adicionais sobre a sintaxe do Markdown estão amplamente disponíveis online.

Listagem 2-39. Usando a sintaxe do Markdown
```
#Level One Heading
This test is *italicized*, while this text is **bold**.

##Level Two Heading
By combining the two, this text is ***bold and italicized***.
```

Figura 2-1. O Markdown da listagem 2-39 processado no GitHub

Um exemplo completo

Esta é, provavelmente, uma boa hora para se olhar para um exemplo completo de um programa Node que inclua uma dependência. Neste exemplo, nós vamos criar um programa no estilo "Olá, mundo" que imprima texto colorido no console. Para criar texto colorido, o programa vai importar um módulo de terceiro, chamado `colors`. O código fonte do programa de exemplo é mostrado na listagem 2-40. Adicione o código fonte a um arquivo chamado `colors-test.js` e salve-o. A primeira linha de código importa o módulo `colors` usando a função `require()`. A segunda linha imprime a mensagem "Olá, Node!" no console. O `.rainbow` apensado à mensagem do console faz com que os caracteres da string sejam impressos numa série de cores.

Listagem 2-40. Usando o módulo `colors` para imprimir texto em arco-íris
```
var colors = require("colors");

console.log("Olá, Node!".rainbow);
```

Como `colors` não é um módulo central, você precisa instalá-lo antes de rodar o programa. Para fazê-lo, emita o comando `npm install colors`. Depois de terminar o processo de instalação, execute o programa, emitindo o comando `node colors-test`. Você deve ver uma mensagem bem colorida impressa no console. Se você fizer parte de uma equipe, outras pessoas vão precisar rodar seu código. Para um programa tão pequeno, tendo apenas uma dependência, seus colegas podem simplesmente recuperar seu código do controle de fontes e instalar `colors`. Entretanto, essa abordagem não é realmente viável para programas grandes, com dezenas ou mesmo centenas de dependências. Se quiser mesmo que mais alguém rode seus programas não triviais, você vai ter de fornecer um arquivo `package.json`. Para gerar o `package.json`, rode `npm init`. Execute o assistente passo a passo, entrando os valores conforme necessário (um arquivo `package.json` de exemplo para este projeto é mostrado na listagem 2-41). Seu programa pode, agora, ser instalado apenas com seu código fonte, o arquivo `package.json` e o `npm`.

Listagem 2-41. *O arquivo* `package.json` *para o programa do texto arco-íris*

```
{
    "name": "colors-test",
    "version": "1.0.0",
    "description": "An example program using the colors module.",
    "main": "colors-test.js",
    "dependencies": {
        "colors": "~0.6.0-1"
    },
    "devDependencies": {},
    "scripts": {
        "test": "echo \"Error: no test specified\" && exit 1"
    },
    "repository": "",
    "keywords": [
        "colors",
        "example"
    ],
    "author": "Colin Ihrig <cjihrig@domain.com>",
    "license": "BSD"
}
```

■ **Nota** Muitos desenvolvedores não incluem a pasta `node_modules` no controle de fontes. Como essa pasta pode ser novamente gerada usando-se o `npm`, excluí-la pode poupar espaço no controle de fontes. No entanto, desenvolvedores de aplicativos devem considerar a inclusão da pasta `node_modules` para evitar bugs misteriosos que podem surgir, se dependências introduzirem alterações incompatíveis. Infelizmente, isso pode apresentar problemas, quando o aplicativo for carregado numa máquina ou sistema operacional diferente. Uma alternativa é usar o utilitário `shrinkwrap` do `npm` para travar versões exatas de módulos que se sabe funcionarem. O `shrinkwrap` não só trava as versões para dependências de alto nível, como também para todas as dependências delas (o que não pode ser feito através do arquivo `package.json`). Em vez de incluir `node_modules` no controle de fontes, simplesmente rode `npm shrinkwrap` e verifique o arquivo `npm-shrinkwrap.json` resultante (no mesmo diretório que o `package.json`). Desenvolvedores de módulos, por outro lado, não devem incluir suas dependências ou usar o `shrinkwrap`. Ao invés, eles devem trabalhar para assegurar que seu código seja tão compatível quanto possível entre versões.

Autoria de Módulos

Até aqui, esse capítulo se concentrou no trabalho com módulos existentes. Esta seção explica como os módulos são realmente criados. No Node, os módulos e arquivos têm uma correspondência de um para um. Isso significa que um arquivo é um módulo que pode ser importado por outros arquivos usando `require()`. Para demonstrar esse conceito, crie dois arquivos, `foo.js` e `bar.js`, no mesmo diretório. O conteúdo de `foo.js` é mostrado na listagem 2-42. Esse arquivo importa o segundo, `bar.js`, cujo conteúdo é mostrado na listagem 2-43. No `foo.js`, o valor de retorno de `require()` é guardado na variável `bar`, que é impresso no console.

Listagem 2-42. O conteúdo de `foo.js`, que importa o arquivo `bar.js`
```
var bar = require("./bar");

console.log(bar);
```

Em `bar.js`, uma função chamada `bar()` é definida. O módulo contém duas sentenças de impressão, uma no nível do módulo e outra na função `bar()`.

Listagem 2-43. O conteúdo de `bar.js`, que é importado na listagem 2-42
```
function bar() {
    console.log("Na função bar()");
}

console.log("No módulo bar");
```

Para rodar o exemplo, emita o comando `node foo.js`. A saída resultante é mostrada na listagem 2-44. A chamada a `require()`, em `foo.js`, importa `bar.js`, o que faz com que a primeira mensagem seja impressa. Em seguida, a variável `bar` é impressa, exibindo um objeto vazio. Com base nesse exemplo, há duas questões que precisam ser respondidas. Primeira, o que, exatamente, é um objeto vazio? Segunda, como pode a função `bar()` ser invocada de fora de `bar.js`?

Listagem 2-44. A saída da execução do código da listagem 2-42
```
$ node foo.js
No módulo bar
{}
```

O Objeto module

O Node fornece uma variável livre, `module`, em todo arquivo, que representa o módulo atual. `module` é um objeto que contém uma propriedade chamada `exports`, cujo valor omissivo é um objeto vazio. O valor de `exports` é retornado pela função `require()`, e define a interface pública de um módulo. Como `exports` nunca foi modificada na listagem 2-43, isso explica o objeto vazio visto na listagem 2-44.

Para tornar a função `bar()` disponível fora de `bar.js`, nós temos duas opções. Primeiro, `bar` poderia ser atribuída a `module.exports` dentro de `bar.js` (como mostrado na listagem 2-45). Note que o objeto `exports` foi sobreposto com uma função.

Listagem 2-45. Reescrevendo `bar.js` para exportar `bar()`
```
module.exports = function bar() {
    console.log("Na função bar()");
}

console.log("No módulo bar");
```

`foo.js` pode, então, acessar a função `bar()`, como mostrado na listagem 2-46. Uma vez que a variável `bar` agora aponta para uma função, ela pode ser diretamente invocada.

Listagem 2-46. Reescrevendo `foo.js` para acessar `bar()` da listagem 2-45
```
var bar = require("./bar");

console.log(bar);
bar();
```

A desvantagem dessa abordagem é que o módulo `bar` não pode exportar nada além da função `bar()`. A segunda opção é simplesmente anexar a função `bar()` ao objeto `exports` existente, como mostrado na listagem 2-47. Essa técnica permite que o módulo exporte um número arbitrário de métodos e propriedades. Para acomodar essa alteração, `foo.js` vai acessar a função `bar()` como `bar.bar()`.

Listagem 2-47. Exportando `bar()` aumentando o objeto `exports` existente
```
module.exports.bar = function bar() {
    console.log("Na função bar()");
}

console.log("No módulo bar");
```

O objeto `module` fornece várias outras propriedades que são menos comumente usadas. Essas propriedades estão resumidas na tabela 2-2.

Tabela 2-2. Propriedades adicionais do objeto `module`

Propriedade	Descrição
`id`	Um identificador para o módulo. Normalmente, esse é o nome de arquivo completamente resolvido do módulo.
`filename`	Nome de arquivo completamente resolvido do módulo.
`loaded`	Valor booleano que representa o estado do módulo. Se o módulo tiver terminado de ser carregado, esse será true. Do contrário, será false.
`children`	Matriz de objetos que representa os módulos importados pelo módulo atual.

Publicando no npm

Para publicar seus módulos no npm, você deve primeiro criar uma conta de usuário no npm. A listagem 2-48 ilustra os comandos necessários para configurar uma conta no npm. Os três primeiros comandos são usados para associar sua informação pessoal. O último, `npm adduser`, vai solicitar a você um nome de usuário e criar uma conta npm (supondo que o nome de usuário está disponível). Depois que a conta for criada, os módulos públicos do usuário podem ser visualizados em https://npmjs.org/~nome-do-usuário.

Listagem 2-48. Criando uma conta de usuário no npm

```
npm set init.author.name "John Doe"
npm set init.author.email "john@domain.com"
npm set init.author.url "http://www.johnspage.com"
npm adduser
```

Depois de configurar uma conta do npm, você deve criar um arquivo `package.json` para seu módulo. O processo para fazê-lo já foi visto nesse capítulo. Por fim, emita o comando `npm publish` para criar uma entrada no npm baseada no arquivo `package.json`.

Resumo

Esse capítulo abordou muito material – e precisava fazê-lo. Grande parte do desenvolvimento de aplicativos Node é trabalhar com o npm e pacotes de terceiros. Desse capítulo, você deve ter tirado uma boa ideia do npm, da função `require()`, do arquivo `package.json` e da autoria de módulos. Embora todo o sistema de pacotes não possa ser abrangentemente abordado num único capítulo, você agora deve saber o suficiente para trabalhar pelo resto deste livro. Complete quaisquer brechas em seu conhecimento lendo a documentação online.

Capítulo 3

■ ■ ■

O Modelo de Programação do Node

Antes de tentar escrever qualquer aplicativo Node significativo, é importante entender o que está se passando nos bastidores. Provavelmente, a coisa mais importante a se entender é que o JavaScript – e o Node, por extensão – é monossegmentado. Isso significa que aplicativos Node só podem fazer exatamente uma coisa de cada vez. Entretanto, o JavaScript pode dar a ilusão de ser multissegmentado, pelo uso de um *laço de eventos*. O laço de eventos é usado para agendar tarefas no modelo de programação dirigido por eventos do Node. Toda vez que um evento ocorre, ele é posto na fila de eventos do Node. A cada iteração do laço de eventos, um único evento é retirado da fila e processado. Se durante o processamento, esse evento cria quaisquer eventos adicionais, eles são simplesmente adicionados ao final da fila. Quando o evento é completamente tratado, o controle é retornado ao laço de eventos e outro evento é processado.

O exemplo da listagem 3-1 ilustra como o laço de eventos permite que múltiplas tarefas pareçam ser executadas em paralelo. Nesse exemplo, `setInterval()` é usada para criar duas tarefas periódicas, as quais rodam uma vez por segundo. A primeira tarefa é uma função que exibe a string `foo`, enquanto a segunda exibe `bar`. Quando o aplicativo é executado, `setInterval()` faz com que cada função rode aproximadamente uma vez a cada 1.000 milissegundos. O resultado é que `foo` e `bar` são impressas uma vez por segundo. Lembre-se, para executar um programa Node, simplesmente digite "`node`", seguido do nome de arquivo do programa.

Listagem 3-1. Um exemplo de aplicativo dando a impressão de execução multissegmentada

```
setInterval(function() {
    console.log("foo");
}, 1000);

setInterval(function() {
    console.log("bar");
}, 1000);
```

Com base no código da listagem 3-1, o JavaScript parece estar fazendo múltiplas coisas de uma só vez. Infelizmente, é muito fácil verificar sua verdadeira natureza monossegmentada. Na listagem 3-2, um laço infinito foi introduzido numa das funções repetitivas. O laço infinito impede que a primeira função retorne. Assim, o controle jamais é devolvido ao laço de eventos, impedindo que qualquer outra coisa seja executada. Se o código fosse realmente multissegmentado, `bar` continuaria a ser impressa no console, muito embora a outra função ficasse presa num laço infinito.

Listagem 3-2. *Explorando a natureza monossegmentada do Node, pela introdução de um laço infinito*

```
setInterval(function() {
    console.log("foo");

    while (true) {
    }
}, 1000);

setInterval(function() {
    console.log("bar");
}, 1000);
```

Programação Assíncrona

Outro aspecto importante do modelo de programação do Node é o fato de que quase tudo é feito assincronamente. A assincronicidade é tão comum, que muitas funções síncronas contêm a string `sync` em seus nomes para evitar confusão. Sob o paradigma do Node, às vezes chamado de programação no *estilo de passagem de continuação* (CPS, na sigla em inglês), funções assíncronas recebem um argumento extra, uma função que é chamada depois do código assíncrono ter terminado sua execução. Esse argumento adicional é conhecido como *continuação* ou, mais comumente, como *função de rechamada*.

Um exemplo de chamada de função assíncrona é mostrado na listagem 3-3. Este código lê um arquivo do sistema de arquivos e imprime o conteúdo na tela. O acesso ao sistema de arquivos será revisitado posteriormente, mas, por ora, esse exemplo deve ser simples o bastante para ser entendido. O módulo central `fs`, importado na primeira linha, é usado para se trabalhar com o sistema de arquivos. O método `readFile()` trabalha assincronamente, lendo o arquivo `foo.txt` usando codificação UTF-8. Depois de o arquivo ser lido, a função anônima de rechamada é invocada. Essa função recebe dois parâmetros, `error` e `data`, que representam qualquer condição de erro e o conteúdo do arquivo, respectivamente.

Listagem 3-3. *Um exemplo de leitura de arquivo assíncrona*

```
var fs = require("fs");

fs.readFile("foo.txt", "utf8", function(error, data) {
    if (error) {
        throw error;
```

```
            }
            console.log(data);
});

console.log("Lendo o arquivo...");
```

Este breve exemplo ilustra duas importantes convenções para os desenvolvedores Node. Primeiro, se um método recebe uma função de rechamada como argumento, ela deve ser o último argumento da lista. Segundo, se um método recebe um erro como argumento, ele deve ser o primeiro da lista. Essas não são regras da linguagem, mas convenções de chamada aceitas, no geral, pela comunidade de desenvolvedores.

Quando esse programa é executado, ele demonstra outro aspecto importante da programação assíncrona. Para testar o programa de exemplo, salve o código fonte num arquivo chamado `file-reader.js`. Depois, crie um segundo arquivo, `foo.txt`, no mesmo diretório que o script Node. Pela simplicidade, apenas adicione a palavra "foo" ao arquivo, e salve-o. A listagem 3-4 mostra a saída da execução do programa de exemplo. Note que a mensagem `Lendo o arquivo...` é exibida antes do conteúdo do arquivo, a despeito do fato da mensagem não ser impressa antes da última linha de código.

Listagem 3-4. Saída do programa de exemplo de leitura de arquivos no console

```
$ node file-reader.js
Lendo arquivo...
foo
```

Quando `readFile()` é invocada, ela faz uma chamada de E/S não bloqueadora ao sistema de arquivos. O fato de que a E/S é não bloqueadora significa que o Node não fica esperando que o sistema de arquivos retorne os dados. Ao invés, o Node segue para a próxima sentença, que é uma chamada a `console.log()`. Eventualmente, o sistema de arquivos retorna com o conteúdo de `foo.txt`.

Quando isso acontece, a função de rechamada `readFile()` é invocada e o conteúdo do arquivo é exibido. Esse comportamento parece contradizer o fato de que programas Node são monossegmentados, mas você deve ter em mente que o sistema de arquivos não é parte do Node.

O Inferno da Rechamada

A sintaxe CPS usada no Node pode facilmente levar a uma situação conhecida como *inferno da rechamada* (callback hell, no original). O inferno da rechamada ocorre quando rechamadas são aninhadas em vários níveis dentro de outras rechamadas. Isso pode levar a código confuso e difícil de ler e manter. O inferno da rechamada é, às vezes, conhecido como a Pirâmide do Apocalipse, seu nome derivando da estrutura piramidal que o código assume.

Como exemplo, vamos revisitar o programa de leitura de arquivos da listagem 3-3. Se nós fossemos acessar um arquivo que não existe, uma exceção seria emitida e o programa quebraria. Para tornar o programa mais firme, primeiro verifique se o arquivo existe e se ele é realmente um arquivo (e não um diretório ou alguma outra estrutura). O programa modificado é mostrado na listagem 3-5. Note que o programa, agora, contém chamadas a `fs.exists()` e `fs.stat()`, bem como a chamada original a `readFile()`. Com todas essas utilizando funções de rechamada, o nível de indentação do código aumenta. Junte a isso a indentação de estruturas tais como sentenças `if`, e você vê como o inferno da rechamada se torna um problema sério em aplicativos Node complexos.

Listagem 3-5. Um programa de leitura de arquivo com o inferno da rechamada começando a aflorar

```
var fs = require("fs");
var fileName = "foo.txt";

fs.exists(fileName, function(exists) {
    if (exists) {
        fs.stat(fileName, function(error, stats) {
            if (error) {
                throw error;
            }

            if (stats.isFile()) {
                fs.readFile(fileName, "utf8", function(error, data) {
                    if (error) {
                        throw error;
                    }

                    console.log(data);
                });
            }
        });
    }
});
```

Mais à frente, neste capítulo, você vai descobrir o `async`, um módulo que pode ajudar a evitar o inferno da rechamada. No entanto, você também pode evitar o problema usando pequenas funções nomeadas como rechamadas, em vez de funções anônimas aninhadas. Por exemplo, a listagem 3-6 refaz a listagem 3-5 para usar funções nomeadas. Note que as referências às funções nomeadas `cbExists()`, `cbStat()` e `cbReadFile()` substituíram as funções anônimas de rechamada. A desvantagem é que o código fica ligeiramente maior e pode ficar mais difícil de acompanhar. Para um aplicativo tão pequeno, isso provavelmente não é tão grave, mas para grandes aplicativos, pode ser essencial para a arquitetura geral do software.

Listagem 3-6. O exemplo de leitura de arquivo refeito para evitar o inferno da rechamada

```
var fs = require("fs");
var fileName = "foo.txt";

function cbReadFile(error, data) {
    if (error) {
        throw error;
    }

    console.log(data);
}

function cbStat(error, stats) {
    if (error) {
        throw error;
    }

    if (stats.isFile()) {
        fs.readFile(fileName, "utf8", cbReadFile);
    }
}

function cbExists(exists) {
    if (exists) {
        fs.stat(fileName, cbStat);
    }
}

fs.exists(fileName, cbExists);
```

Tratamento de Exceções

O código assíncrono também tem implicações sérias no tratamento de exceções. No código JavaScript síncrono, sentenças `try ... catch ... finally` são usadas para tratar erros. Contudo, a natureza dirigida por rechamadas do Node permite que funções sejam executadas fora do código de tratamento de erros em que foram definidas. Por exemplo, a listagem 3-7 adiciona o tradicional tratamento de erros ao exemplo de leitura de arquivos da listagem 3-3. Além disso, o nome do arquivo a ser lido foi fixado no código como uma string vazia. Assim, quando `readFile()` for chamada, ela vai ser incapaz de ler o arquivo, e vai preencher o argumento `error` da função de rechamada. A função de rechamada, então, vai emitir o erro. Intuitivamente, supõe-se que a cláusula `catch` vai tratar o erro emitido. Porém, quando a função de rechamada é executada, a sentença `try ... catch` não é mais parte da pilha de chamadas, e a exceção é deixada sem captura.

Listagem 3-7. Uma tentativa incorreta de tratamento assíncrono de erros
```
var fs = require("fs");

try {
    fs.readFile("", "utf8", function(error, data) {
        if (error) {
            throw error;
        }

        console.log(data);
    });
} catch (exception) {
    console.log("A exceção foi capturada!")
}
```

Exceções síncronas ainda podem ser tratadas com sentenças `try...catch...finally`, mas você vai perceber que elas são relativamente inúteis no Node. A maioria das exceções do Node é do tipo assíncrona e pode ser tratada de várias formas. Para os iniciantes, todas as funções que recebem um argumento de erro devem assegurar-se de verificá-lo – ao menos isso o exemplo da listagem 3-7 faz direito. No exemplo, a exceção foi detectada, mas, depois, foi imediatamente reemitida. É claro que, num aplicativo real, você iria querer tratar o erro e não emiti-lo.

A segunda maneira de processar exceções assíncronas é configurar um tratador de eventos global para o evento `uncaughtException` do processo. O Node fornece um objeto global, chamado `process`, que interage com o processo do Node. Quando uma exceção não tratada é completamente propagada até o laço de eventos, um erro `uncaughtException` é criado. Essa exceção pode ser tratada usando-se o método `on()` do objeto `process`. A listagem 3-8 mostra um exemplo de tratador de exceções global.

Listagem 3-8. Um exemplo de tratador de exceções global
```
var fs = require("fs");

fs.readFile("", "utf8", function(error, data) {
    if (error) {
        throw error;
    }

    console.log(data);
});

process.on("uncaughtException", function(error) {
    console.log("The exception was caught!")
});
```

Embora tratadores globais de exceções sejam úteis para evitar quebras, eles não devem ser usados para se recorrer de erros. Quando não apropriadamente tratada, uma exceção deixa seu aplicativo num estado indeterminado. Tentar seguir em frente a partir de tal estado pode trazer erros adicionais. Se seu programa inclui um tratador de exceções global, use-o somente para terminar o programa graciosamente.

Domínios

Um domínio é o mecanismo preferido para o tratamento assíncrono de erros no Node. Os domínios, uma funcionalidade relativamente nova (introduzida na versão 0.8), permitem que múltiplas operações de E/S sejam agrupadas numa unidade única. Quando um temporizador, um emissor de eventos (abordado no capítulo 4) ou uma função de rechamada registrada com um domínio criam um erro, o domínio é notificado, de forma que o erro pode ser apropriadamente tratado.

O exemplo da listagem 3-9 mostra como os domínios são usados para tratar exceções. Na segunda linha do exemplo, o módulo domain é importado e um novo domínio é criado. O método run() do domínio é, então, usado para executar a função fornecida. Dentro do contexto de run(), todos os *novos* temporizadores, emissores de eventos e métodos de rechamada são implicitamente registrados com o domínio. Quando um erro é emitido, ele dispara o tratador de erros do domínio. É claro que, se a função tratadora não estiver definida, a exceção segue em frente para quebrar o programa. Por fim, quando o domínio não mais é necessário, seu método dispose() é chamado.

Listagem 3-9. Tratamento de exceções usando domínios

```
var fs = require("fs");
var domain = require("domain").create();

domain.run(function() {
    fs.readFile("", "utf8", function(error, data) {
        if (error) {
            throw error;
        }

        console.log(data);
        domain.dispose();
    });
});

domain.on("error", function(error) {
    console.log("A exceção foi capturada!")
});
```

Conexão Explícita

Como mencionado anteriormente, temporizadores, emissores de eventos e funções de rechamada criados no contexto de `run()` são implicitamente registrados com o domínio correspondente. No entanto, se você criar múltiplos domínios, pode conectá-los explicitamente a outro domínio, mesmo no contexto de `run()`. Por exemplo, a listagem 3-10 cria dois domínios, d1 e d2. No método `run()` de d1, um temporizador assíncrono que emite um erro é criado. Como a exceção ocorre na rechamada de `run()` de d1, ela é normalmente tratada por d1. Contudo, o temporizador é explicitamente registrado com d2, usando-se seu método `add()`. Assim, quando a exceção é emitida, o tratador de erros de d2 é acionado.

Listagem 3-10. *Um exemplo de função de rechamada conectada usando domínios*

```
var domain = require("domain");
var d1 = domain.create();
var d2 = domain.create();

d1.run(function() {
    d2.add(setTimeout(function() {
        throw new Error("erro de teste");
    }, 1));
});

d2.on("error", function(error) {
    console.log("Capturado por d2");
});

d1.on("error", function(error) {
    console.log("Capturado por d1");
});
```

Como acabamos de ver, `add()` é usada para conectar explicitamente temporizadores a um domínio. Isso também funciona para emissores de eventos. Um método similar, `remove()`, remove um temporizador ou emissor de eventos de um domínio. A listagem 3-11 mostra como `remove()` é usado para desconectar um temporizador. Uma coisa muito importante a se notar é que a remoção da variável `timer` de d2 não a conecta automaticamente a d1. Ao invés, a exceção emitida pela função de rechamada de `timer` não é capturada e o programa quebra.

Listagem 3-11. *Usando `remove()` para desconectar um temporizador de um domínio*

```
var domain = require("domain");
var d1 = domain.create();
var d2 = domain.create();
```

```
d1.run(function() {
    var timer = setTimeout(function() {
        throw new Error("test error");
    }, 1);

    d2.add(timer);
    d2.remove(timer);
});

d2.on("error", function(error) {
    console.log("Caught by d2");
});

d1.on("error", function(error) {
    console.log("Caught by d1");
});
```

> ■ **Nota** Cada domínio tem uma propriedade matriz, `members`, que contém todos os temporizadores e emissores de eventos explicitamente adicionados ao domínio.

Domínios também fornecem um método `bind()` que pode ser usado para se registrar explicitamente uma função de rechamada com o domínio. Isso é útil porque permite que uma função seja conectada a um domínio sem executá-la de imediato, como `run()` o faria. O método `bind()` recebe uma função de rechamada como único argumento. A função retornada é um encapsulador registrado, em torno da rechamada original. Tal como com o método `run()`, as exceções são tratadas através do tratador de erros do domínio. A listagem 3-12 revisita o exemplo do leitor de arquivos usando o método `bind()` do domínio para tratar erros associados à função de rechamada `readFile()`.

Listagem 3-12. Um exemplo de função de rechamada conectada usando domínios

```
var fs = require("fs");
var domain = require("domain").create();

fs.readFile("", "utf8", domain.bind(function(error, data) {
    if (error) {
        throw error;
    }

    console.log(data);
    domain.dispose();
}));
```

```
domain.on("error", function(error) {
    console.log("The exception was caught!")
});
```

Há ainda outro método, `intercept()`, que é quase idêntico a `bind()`. Além de capturar qualquer exceção emitida, `intercept()` também detecta qualquer objeto `Error` passado como primeiro argumento da função de rechamada. Isso elimina a necessidade de se verificar erros passados à função de rechamada. Por exemplo, a listagem 3-13 reescreve a listagem 3-12 usando o método `intercept()`. Os dois exemplos se comportam identicamente, mas note que na 3-13 a rechamada não tem mais um argumento `error`. Nós também eliminamos a sentença `if` usada para detectar o argumento `error`.

Listagem 3-13. Tratamento de erros usando o método `intercept()` do domínio

```
var fs = require("fs");
var domain = require("domain").create();

fs.readFile("", "utf8", domain.intercept(function(data) {
    console.log(data);
    domain.dispose();
}));

domain.on("error", function(error) {
    console.log("A exceção foi capturada!")
});
```

O módulo `async`

`async` é um módulo de terceiros, de código aberto, que é extremamente útil para gerenciamento de fluxo de controle assíncrono. Quando da escrita deste livro, `async` se apresentava como segundo módulo do qual mais se dependia no registro do npm. Embora tenha sido originalmente desenvolvido para aplicativos Node, `async` também pode ser usado no lado cliente, já que é suportado por muitos navegadores populares, incluindo o Chrome, o Firefox e o Internet Explorer. Os desenvolvedores podem fornecer uma ou mais funções e, usando o módulo `async`, definir como elas vão ser executadas – se em série ou com um grau especificado de paralelismo. Dada a popularidade, a flexibilidade e o poder do módulo, `async` é o primeiro módulo de terceiros profundamente explorado neste livro.

Executando em Série

Um dos aspectos mais desafiadores do desenvolvimento assíncrono é assegurar a ordem em que funções são executadas, ao mesmo tempo em que se mantém a legibilidade do código. Entretanto, com `async`, assegurar a execução serial é uma simples questão de usar o método `series()`. Como primeiro argumento, `series()` recebe uma matriz ou objeto contendo funções a serem executadas em ordem. Cada função recebe uma rechamada como argumento. Seguindo as convenções do Node, o primeiro argumento para cada função de rechamada é um objeto de erro, ou `null`, se não houver erro. As funções de rechamada também recebem um segundo argumento opcional, representando o valor de retorno. A invocação da função de rechamada faz com que `series()` passe para a próxima função. No entanto, se qualquer função passar um erro a sua rechamada, então nenhuma das demais funções é executada.

O método `series()` também recebe um segundo argumento opcional, uma rechamada que é invocada depois que todas as funções forem completadas. Essa rechamada final recebe dois argumentos, um erro e uma matriz ou objeto contendo o resultado das funções. Se qualquer função passar um erro a sua rechamada, o controle é imediatamente passado à função de rechamada final.

A listagem 3-14 contém três tarefas temporizadoras, cada qual preenchendo um elemento da matriz `results`. Nesse exemplo, a tarefa 1 leva 300 milissegundos para ser completada, a tarefa 2 leva 200 milissegundos e a tarefa 3 leva 100 milissegundos. Supondo que quiséssemos que as tarefas rodassem em ordem, o código precisaria ser reestruturado de modo que a tarefa 3 fosse invocada a partir da tarefa 2, que, por sua vez, seria invocada a partir da tarefa 1. Além disso, não teríamos como saber quando todas as tarefas teriam sido completadas e o resultado estaria pronto.

Listagem 3-14. Um exemplo de tarefas temporizadoras executando sem fluxo de controle estabelecido

```
var results = [];

setTimeout(function() {
    console.log("Tarefa 1");
    results[0] = 1;
}, 300);

setTimeout(function() {
    console.log("Tarefa 2");
    results[1] = 2;
}, 200);

setTimeout(function() {
    console.log("Tarefa 3");
    results[2] = 3;
}, 100);
```

A listagem 3-15 mostra o resultado da execução do exemplo anterior. Note que as tarefas não são executadas na ordem apropriada, e não há como verificar os resultados retornados das tarefas.

Listagem 3-15. Saída no console confirmando que as tarefas são executadas fora de ordem

```
$ node timer-tasks
Tarefa 3
Tarefa 2
Tarefa 1
```

A listagem 3-16 mostra como podemos usar o método `series()` de `async` para resolver todos os problemas associados a fluxo de controle, sem complicar significativamente o código. A primeira linha importa o módulo `async`, que, como você aprendeu no capítulo 2, pode ser instalado usando-se o comando `npm install async`. Em seguida, uma chamada a `series()` é feita, com uma matriz de funções contendo as tarefas originais de temporizadores incorporadas em funções anônimas. Em cada tarefa, o valor de retorno desejado é passado como segundo argumento da função de rechamada. A chamada a `series()` também inclui uma função de rechamada final, que resolve o problema de não se saber quando todos os resultados estão prontos.

Listagem 3-16. Um exemplo de execução de funções em série, usando `async`

```
var async = require("async");

async.series([
    function(callback) {
        setTimeout(function() {
            console.log("Tarefa 1");
            callback(null, 1);
        }, 300);
    },
    function(callback) {
        setTimeout(function() {
            console.log("Tarefa 2");
            callback(null, 2);
        }, 200);
    },
    function(callback) {
        setTimeout(function() {
            console.log("Tarefa 3");
            callback(null, 3);
        }, 100);
    }
], function(error, results) {
    console.log(results);
});
```

A listagem 3-17 mostra a saída no console da listagem 3-16, que verifica se as três tarefas são executadas na ordem determinada. Além disso, a rechamada final fornece um mecanismo para se inspecionar os resultados. Nesse caso, os resultados são formatados como uma matriz, porque as funções das tarefas foram passadas numa matriz. Se as tarefas tivessem sido passadas usando-se um objeto, os resultados também seriam formatados como um objeto.

Listagem 3-17. Saída no console do código da listagem 3-16
```
$ node async-series
Tarefa 1
Tarefa 2
Tarefa 3
[ 1, 2, 3 ]
```

Tratando Erros

Como previamente mencionado, se qualquer função passar um erro a sua função de rechamada, a execução toma imediatamente um atalho para a função de rechamada final. Na listagem 3-18, um erro foi intencionalmente introduzido na primeira tarefa. Além disso, a terceira tarefa foi removida, para fins de brevidade, e a rechamada final, agora, verifica erros.

Listagem 3-18. O exemplo da série foi modificado para incluir um erro
```
var async = require("async");

async.series([
    function(callback) {
        setTimeout(function() {
            console.log("Tarefa 1");
            callback(new Error("Problema na Tarefa 1"), 1);
        }, 200);
    },
    function(callback) {
        setTimeout(function() {
            console.log("Tarefa 2");
            callback(null, 2);
        }, 100);
    }
], function(error, results) {
    if (error) {
        console.log(error.toString());
    } else {
        console.log(results);
    }
});
```

A saída resultante, após a introdução de um erro, é mostrada na listagem 3-19. Note que o erro na primeira tarefa impede por completo que a segunda tarefa venha a ser executada.

Listagem 3-19. Saída no console na presença de um erro
```
$ node async-series-error
Task 1
Error: Problema na Tarefa 1
```

Execução em Paralelo

O módulo `async` também pode executar múltiplas funções em paralelo, usando o método `parallel()`. É claro que o JavaScript ainda é monossegmentado, de modo que seu código não vai, de fato, ser executado em paralelo. O método `parallel()` se comporta exatamente como `series()`, com exceção de que `async` não espera que uma função retorne, antes de invocar a próxima, dando a impressão de paralelismo. A listagem 3-20 mostra um exemplo de execução das mesmas três tarefas usando `parallel()`. Esse exemplo também passa as tarefas usando um objeto, já que você já viu a sintaxe da matriz, nos exemplos anteriores.

Listagem 3-20. Executando três tarefas em paralelo, usando `async`
```
var async = require("async");

async.parallel({
    um: function(callback) {
        setTimeout(function() {
            console.log("Tarefa 1");
            callback(null, 1);
        }, 300);
    },
    dois: function(callback) {
        setTimeout(function() {
            console.log("Tarefa 2");
            callback(null, 2);
        }, 200);
    },
    tres: function(callback) {
        setTimeout(function() {
            console.log("Tarefa 3");
            callback(null, 3);
        }, 100);
    }
}, function(error, results) {
    console.log(results);
});
```

A listagem 3-21 mostra a saída da listagem 3-20. Nesse caso, as tarefas foram executadas fora da ordem do programa. Note, ainda, que a linha final de saída, que exibe os resultados das tarefas, é um objeto, não uma matriz.

Listagem 3-21. Saída no console da execução das tarefas em paralelo
```
$ node async-parallel
Tarefa 3
Tarefa 2
Tarefa 1
{ tres: 3, dois: 2, um: 1 }
```

Limitando o Paralelismo

O método `parallel()` tenta executar todas as funções passadas a ele tão logo quanto possível. Um método similar, `parallelLimit()`, se comporta exatamente como `parallel()`, com a exceção de que você pode colocar um limite superior para o número de tarefas executadas em paralelo. A listagem 3-22 mostra um exemplo de uso do método `parallelLimit()`. Nesse caso, o limite do paralelismo é ajustado para dois, usando-se um argumento adicional, antes da rechamada final. Deve-se notar que `parallelLimit()` não executa funções em lotes discretos de *n*. Ao invés, a função simplesmente assegura que nunca vai haver mais que *n* funções sendo executadas de uma só vez.

Listagem 3-22. Executando três tarefas em paralelo, com um paralelismo máximo de dois
```
var async = require("async");

async.parallelLimit({
    um: function(callback) {
        setTimeout(function() {
            console.log("Tarefa 1");
            callback(null, 1);
        }, 300);
    },
    dois: function(callback) {
        setTimeout(function() {
            console.log("Tarefa 2");
            callback(null, 2);
        }, 200);
    },
    tres: function(callback) {
        setTimeout(function() {
            console.log("Tarefa 3");
            callback(null, 3);
        }, 100);
    }
}, 2, function(error, results) {
    console.log(results);
});
```

A listagem 3-23 mostra a saída resultante da listagem 3-22. Note que as tarefas 1 e 2 são completadas antes da terceira, muito embora o temporizador desta tenha o menor retardo. Isso indica que a tarefa 3 não começa a ser executada antes de uma das duas primeiras ser completada.

Listagem 3-23. A saída da execução do código da listagem 3-22

```
$ node parallel-limit.js
Tarefa 2
Tarefa 1
Tarefa 3
{ dois: 2, um: 1, tres: 3 }
```

O Modelo Cascata

O modelo cascata é um modelo serial que é útil quando as tarefas são dependentes dos resultados de tarefas completadas anteriormente. Cascatas também podem ser vistas como linhas de montagem, em que cada tarefa realiza alguma parte de uma tarefa maior. Cascatas são criadas usando-se o método `waterfall()` de `async`. Configurar uma cascata é muito similar a usar `series()` ou `parallel()`. Porém, há algumas diferenças principais. Primeiro, a lista de funções contendo a cascata só pode ser armazenada numa matriz (a notação de objeto não é suportada). A segunda diferença principal é que somente o resultado da última tarefa é passado à função de rechamada final. A terceira diferença é que as funções das tarefas podem receber argumentos adicionais fornecidos pela tarefa anterior.

A listagem 3-24 mostra um exemplo de cascata. Ele usa o teorema de Pitágoras para calcular o comprimento da hipotenusa de um triângulo. O teorema de Pitágoras afirma que, para triângulos retângulos, o quadrado da hipotenusa é igual à soma dos quadrados dos catetos. Esse teorema é comumente escrito como $a^2 + b^2 = c^2$, onde c é o comprimento da hipotenusa. Na listagem 3-24, o problema foi dividido em três tarefas, usando o método `waterfall()`. A primeira delas cria dois números aleatórios para atuarem como os valores de a e b. Esses valores são passados para a função de rechamada da tarefa, que, por sua vez, os tornam os dois primeiros argumentos para a segunda tarefa. Essa segunda tarefa calcula a soma dos quadrados de a e b e passa esse valor para a terceira tarefa. A terceira tarefa calcula a raiz quadrada do valor que lhe foi passado. Esse valor, que é o comprimento da hipotenusa, é passado à função de rechamada final, na qual ele é impresso no console.

Listagem 3-24. Uma cascata que calcula o comprimento da hipotenusa de um triângulo retângulo

```
var async = require("async");

async.waterfall([
    function(callback) {
        callback(null, Math.random(), Math.random());
    },
```

```
    function(a, b, callback) {
        callback(null, a * a + b * b);
    },
    function(cc, callback) {
        callback(null, Math.sqrt(cc));
    }
], function(error, c) {
    console.log(c);
});
```

O Modelo de Fila

async também suporta filas de tarefas, usando-se o método queue(). Diferentemente dos modelos de execução anteriores, que executam uma série de funções passadas como argumentos, o modelo de fila permite que você adicione tarefas dinamicamente, a qualquer momento, durante a execução. Filas são úteis para a solução de problemas do tipo produtor-consumidor. Como o JavaScript é monossegmentado, você pode seguramente ignorar os potenciais problemas de concorrência que normalmente surgem com situações de produtor-consumidor.

A listagem 3-25 mostra a inicialização básica de uma fila de async. O objeto queue é criado usando-se o método queue(), que recebe uma função de tratamento de tarefa como argumento de entrada. O tratador de tarefa recebe dois argumentos: uma tarefa definida pelo usuário e uma função de rechamada que deve ser chamada com um argumento de erro, quando a tarefa for processada. Nesse exemplo, não ocorreu nenhum erro, de modo que a função de rechamada é invocada com null como argumento. O método queue() também recebe um argumento especificando o nível de paralelismo da fila, similar ao método parallelLimit(). A fila mostrada na listagem 3-25 pode processar até quatro tarefas de uma só vez.

Listagem 3-25. Inicialização de uma fila async
```
var async = require("async");
var queue = async.queue(function(task, callback) {
    // processa o argumento da tarefa
    console.log(task);
    callback(null);
}, 4);
```

Uma vez que a fila esteja configurada, comece a adicionar tarefas a ela, usando seus métodos push() e unshift(). Tal como os métodos de matrizes de mesmos nomes, unshift() e push() adicionam tarefas ao início e ao final da fila, respectivamente. Ambos os métodos podem adicionar uma única tarefa à fila ou, pela passagem de uma matriz, múltiplas tarefas. Ambos os métodos também podem receber uma função opcional de rechamada; se presente, ela é invocada com um argumento de erro após cada tarefa ser completada.

Na listagem 3-26, um intervalo é usado para adicionar uma nova tarefa ao final da fila do exemplo anterior a cada 200 milissegundos. Nesse exemplo, cada tarefa é apenas um objeto com um campo numérico `id`. Porém, uma tarefa pode, na verdade, ser qualquer dado, conforme exigido por seu aplicativo. O argumento de rechamada opcional foi incluído nesse exemplo. Nesse caso, a função de rechamada simplesmente imprime uma mensagem informando que uma tarefa foi completada.

Listagem 3-26. Um exemplo de adição de tarefas a uma fila `async`

```
var i = 0;

setInterval(function() {
    queue.push({
        id: i
    }, function(error) {
        console.log("Terminou uma tarefa");
    });
    i++;
}, 200);
```

Métodos e Propriedades Adicionais de Filas

A qualquer momento, você pode determinar o número de elementos na fila, usando o método `length()`. Você também pode controlar o nível de paralelismo da fila usando a propriedade `concurrency`. Por exemplo, se o comprimento da fila exceder um limiar, você pode aumentar o número de tarefas concorrentes usando o código mostrado na listagem 3-27.

Listagem 3-27. Atualizando a concorrência de uma fila com base em sua carga

```
if (queue.length() > threshold) {
    queue.concurrency = 8;
}
```

Filas também suportam uma série de funções de rechamada, que são disparadas em certos eventos. Essas funções de rechamada são `saturated()`, `empty()` e `drain()`. A função `saturated()` é disparada a qualquer momento em que o comprimento da fila se iguale ao valor de sua propriedade `concurrency`; `empty()` é chamada sempre que a última tarefa é removida da fila e `drain()` é chamada quando a última tarefa foi completamente processada. Um exemplo de cada uma dessas funções é mostrado na listagem 3-28.

Listagem 3-28. Exemplo de uso de `saturated()`, `empty()` e `drain()`

```
queue.saturated = function() {
    console.log("A fila está saturada");
};

queue.empty = function() {
    console.log("A fila está vazia");
};
```

```
};

queue.drain = function() {
    console.log("A fila foi drenada");
};
```

Métodos de Repetição

O módulo `async` também fornece outros métodos que chamam repetidamente uma função, até que alguma condição seja satisfeita. O mais básico desses é `whilst()`, cujo comportamento lembra o de um laço `while`. A listagem 3-29 demonstra como `whilst()` é usado para se implementar um laço `while` assíncrono. O método `whilst()` recebe três funções como argumentos. A primeira é um teste de validação *síncrono*, que não recebe argumentos e é verificado antes de cada iteração. A segunda função passada a `whilst()` é executada toda vez que o teste de validação retorna `true`. Essa função recebe uma rechamada como único argumento e pode ser vista como o corpo do laço. A função de rechamada do corpo do laço recebe um erro opcional como único argumento, que foi definido como `null`, neste exemplo. O terceiro argumento de `whilst()` é executado quando o teste de validação retorna `false` e atua como função de rechamada final. Essa função também recebe um erro opcional como único argumento.

Listagem 3-29. Uma implementação simples de laço usando `whilst()`

```
var async = require("async");
var i = 0;

async.whilst(function() {
    return i < 5;
}, function(callback) {
    setTimeout(function() {
        console.log("i = " + i);
        i++;
        callback(null);
    }, 1000);
}, function(error) {
    console.log("Pronto!");
});
```

Variações de Repetição

O módulo `async` fornece três métodos adicionais para implementação de estruturas do tipo laço assíncrono. Esses métodos são `doWhilst()`, `until()` e `doUntil()` e se comportam quase exatamente como `whilst()`. O primeiro deles, `doWhilst()`, é o equivalente assíncrono de um laço do...while, e `until()` é o inverso de `whilst()`, sendo executado até que o teste de validade retorne `true`. Da mesma forma, `doUntil()` é o inverso de `doWhilst()`, sendo executado enquanto o teste de validade retornar `false`. As assinaturas para esses métodos são mostradas na listagem 3-30. Note que o argumento `corpo` vem antes do `teste` para `doWhilst()` e `doUntil()`.

Listagem 3-30. *Assinaturas dos métodos* `doWhilst()`, `until()` *e* `doUntil()`

```
async.doWhilst(corpo, teste, rechamada)
async.until(teste, corpo, rechamada)
async.doUntil(corpo, teste, rechamada)
```

Funcionalidades Adicionais de `async`

`async` fornece uma série de outras funções úteis, além das já vistas. Por exemplo, `async` fornece os métodos `memoize()` e `unmemoize()` para implementação de *memorização*. O módulo também fornece versões em série e paralelo de muitos métodos comuns usados para trabalhar com coleções. Alguns desses métodos são `each()`, `map()`, `filter()`, `reduce()`, `some()` e `every()`. Uma listagem completa dos métodos fornecidos por `async`, bem como código de consulta, está disponível na página do módulo no GitHub: `https://github.com/caolan/async`.

> ■ **Nota** Memorização é uma técnica de programação que tenta aumentar o desempenho por meio do cacheamento do resultado previamente computado de uma função. Quando uma função memorizada é chamada, seus argumentos de entrada são mapeados na saída, num cache de software. Da próxima vez que a função for chamada com as mesmas entradas, o valor cacheado é retornado, em vez de a função ser novamente executada.

Resumo

Esse capítulo iniciou a exploração do modelo de programação do Node. A leitura desse capítulo deve ter deixado você com um bom entendimento dos conceitos de programação assíncrona e de E/S não bloqueadora. Se você ainda estiver inseguro, volte e o leia novamente. Se você planeja fazer qualquer desenvolvimento Node sério, entender esses conceitos é absolutamente essencial. O tratamento de exceções, também visto aqui, provavelmente poderia ter sido deixado para depois, mas, como o tratamento assíncrono de erros pode ser um assunto complicado, é melhor colocá-lo em cima da mesa tão cedo quanto possível.

Esse capítulo também apresentou o `async`, um dos módulos Node mais populares atualmente. Uma ferramenta extremamente poderosa na caixa de ferramentas de qualquer desenvolvedor Node, `async` também funciona no navegador, tornando-o uma aquisição também para desenvolvedores de linha de frente. Quase todo padrão de execução pode ser abstraído usando-se os modelos fornecidos por `async`. Adicionalmente, os modelos podem ser aninhados dentro de outros. Por exemplo, você pode criar uma série de funções que sejam executadas em paralelo, cada uma delas contendo uma cascata aninhada.

Capítulo 4

Eventos e Temporizadores

O capítulo anterior apresentou o modelo de programação dirigido por eventos do Node. Este capítulo faz um exame mais aprofundado de eventos e de seu tratamento. Um sólido entendimento do tratamento de eventos vai permitir que você crie aplicativos sofisticados, dirigidos por eventos, tais como servidores web. Este capítulo apresenta os emissores de eventos – objetos usados para a criação de novos eventos. Depois de aprender a criar eventos, o capítulo se volta para o tratamento de eventos. Por fim, ele fecha com uma discussão em torno de temporizadores e agendamento de funções no Node.

Emissores de Eventos

No Node, objetos que geram eventos são chamados de emissores de eventos. A criação de um emissor de eventos é tão simples quanto a importação do módulo central `events` e da instanciação de um objeto `EventEmitter`. A instância de `EventEmitter` pode, então, criar novos eventos usando seu método `emit()`. Um exemplo que cria um emissor de eventos é mostrado na listagem 4-1. Nesse exemplo, o emissor de eventos cria um evento `foo`.

Listagem 4-1. Um exemplo de emissor de Eventos Simples

```
var events = require("events");
var emitter = new events.EventEmitter();

emitter.emit("foo");
```

Nomes de eventos podem ser qualquer string válida, mas o estilo de nomeação camelCase[1] é usado por convenção. Por exemplo, um evento criado para indicar que um novo usuário foi adicionado ao sistema provavelmente seria nomeado `userAdded` ou coisa similar.

Com frequência, os eventos precisam fornecer informação adicional, além de seu nome. Por exemplo, quando uma tecla é pressionada, o evento também especifica qual foi essa tecla. Para suportar essa funcionalidade, o método `emit()` pode receber um número arbitrário de argumentos opcionais, após o nome do evento. Voltando

---

[1] *Camel case*, ou *caso do camelo*, em inglês, é o uso da primeira letra de cada palavra em maiúscula, o que faz lembrar as corcovas do camelo. (N. do T.)

ao exemplo da criação de um novo usuário, a listagem 4-2 mostra como argumentos adicionais são passados a `emit()`. Esse exemplo considera que alguma operação de E/S (provavelmente uma transação de base de dados) foi realizada, a qual criou um novo usuário. Uma vez completada a operação de E/S, o emissor de eventos, `emitter`, cria um novo evento `userAdded` e passa o nome e a senha do usuário.

Listagem 4-2. Um exemplo de passagem de argumentos a um evento emitido
```
var events = require("events");
var emitter = new events.EventEmitter();
var username = "colin";
var password = "senha";

// adiciona o usuário e
// depois emite um event o
emitter.emit("userAdded", username, password);
```

Escutando Eventos

No exemplo da listagem 4-2, um emissor de eventos foi usado para criar um evento. Infelizmente, um evento é bastante sem sentido, se ninguém o estiver escutando. No Node, escutadores de eventos são anexados a emissores de eventos usando-se os métodos `on()` e `addListener()` . Ambos os métodos podem ser usados um em substituição ao outro. Ambos recebem um nome de evento e uma função tratadora como argumentos. Quando um evento do tipo especificado é emitido, as funções tratadoras correspondentes são invocadas. Por exemplo, na listagem 4-3, um tratador de evento `userAdded` é anexado a `emitter` usando o método `on()`. Em seguida, `emitter` emite um evento `userAdded`, fazendo com que o tratador seja invocado. A saída desse exemplo é mostrada na listagem 4-4.

Listagem 4-3. Configurando um escutador de eventos usando `on()`
```
var events = require("events");
var emitter = new events.EventEmitter();

var username = "colin";
var password = "senha";

// escutador de eventos
emitter.on("userAdded", function(username, password) {
    console.log("Usuário adicionado: " + username);
});

// adiciona o usuário e
// depois emite um event o
emitter.emit("userAdded", username, password);
```

■ **Nota** Um escutador de eventos só pode detectar os eventos que ocorrerem após ele ser anexado. Isto é, um escutador não é capaz de detectar eventos passados. Portanto, como mostra a listagem 4-3, certifique-se de anexar o escutador antes de emitir eventos.

Listagem 4-4. A saída da execução do código da listagem 4-3
```
$ node user-event-emitter.js
Usuário adicionado: colin
```

Escutadores de Eventos de Instante

Às vezes, você pode estar interessado em reagir a um evento apenas na primeira vez que ele ocorrer. Nessas situações, você pode usar o método `once()`. `once()` é usado exatamente como `on()` e `addListener()`. Entretanto, o escutador anexado usando-se `once()` é executado, no máximo, uma vez e depois removido. A listagem 4-5 mostra um exemplo de uso do método `once()`. Nesse exemplo, `once()` é usado para escutar eventos `foo`. O método `emit()` é, então, usado para criar dois eventos `foo`. No entanto, como o escutador de eventos foi registrado usando-se `once()`, somente o primeiro evento `foo` é tratado. Se o escutador de eventos tivesse sido registrado usando-se `on()` ou `addListener()`, ambos os eventos `foo` teriam sido tratados. A saída da execução do exemplo é mostrada na listagem 4-6.

Listagem 4-5. Um exemplo de escutador de evento de instante usando `once()`
```
var events = require("events");
var emitter = new events.EventEmitter();

emitter.once("foo", function() {
    console.log("No tratador de foo");
});

emitter.emit("foo");
emitter.emit("foo");
```

Listagem 4-6. A saída da execução do código da listagem 4-5
```
$ node once-test.js
No tratador de foo
```

Inspecionando Escutadores de Eventos

Em qualquer ponto de seu tempo de vida, um emissor de eventos pode ter zero ou mais escutadores anexados. Os escutadores de cada tipo de evento podem ser inspecionados de várias formas. Se você estiver interessado apenas em determinar o número de escutadores anexados, então não precisa procurar nada além do método `EventEmitter.listenerCount()`. Este método recebe uma instância de `EventEmitter` e um nome de evento como argumentos, e retorna o número de escutadores anexados. Por exemplo, na listagem 4-7, um emissor de eventos é criado, e dois tratadores desinteressantes do evento `foo` são anexados. A última linha do exemplo exibe o número de tratadores anexados ao emissor, pela chamada a `EventEmitter.listenerCount()`. Nesse caso, o exemplo exibe o número 2. Note que a chamada a `listenerCount()` é anexada à classe `EventEmitter` e não a uma instância específica. Muitas linguagens chamam isso de método estático. Contudo, a documentação do Node identifica `listenerCount()` como um método de classe, e, portanto, este livro segue essa linha.

Listagem 4-7. Determinando o número de escutadores usando `EventEmitter.listenerCount()`

```
var events = require("events");
var EventEmitter = events.EventEmitter;

// obtém o construtor de EventEmitter do módulo events
var emitter = new EventEmitter();

emitter.on("foo", function() {});
emitter.on("foo", function() {});
console.log(EventEmitter.listenerCount(emitter, "foo"));
```

Se a obtenção do número de tratadores anexados a um emissor de eventos não for o suficiente, o método `listeners()` pode ser usado para recuperar uma matriz de funções tratadoras de eventos. Essa matriz fornece o número de tratadores através da propriedade `length`, bem como as funções reais invocadas quando um evento ocorre. Dito isso, modificar a matriz retornada por `listeners()` não afeta os tratadores mantidos pelo objeto emissor de eventos.

A listagem 4-8 oferece um exemplo de uso do método `listeners()`. Nesse exemplo, um tratador do evento `foo` é adicionado a um emissor de eventos. `listeners()` é então usada para recuperar a matriz de tratadores de eventos. O método `forEach()` da matriz é usado, então, para iterar pelos tratadores de eventos, invocando cada um, nesse curso. Como o tratador de eventos desse exemplo não recebe nenhum argumento e não altera o estado do programa, a chamada a `forEach()` essencialmente replica a funcionalidade de `emitter.emit("foo")`.

Listagem 4-8. Um exemplo que itera pelos tratadores de eventos através do método `listeners()`

```
var events = require("events");
var EventEmitter = events.EventEmitter;
var emitter = new EventEmitter();

emitter.on("foo", function() { console.log("No tratador de foo"); });
```

```
emitter.listeners("foo").forEach(function(handler) {
    handler();
});
```

O evento `newListener`

Toda vez que um novo tratador de eventos é registrado, o emissor de eventos emite um evento `newListener`. Esse evento é usado para se detectar novos tratadores de eventos. Você normalmente usa `newListener` quando precisa alocar recursos ou realizar alguma ação para cada novo tratador de eventos. Um evento `newListener` é tratado exatamente como qualquer outro. O tratador espera dois argumentos: o nome do evento, como uma string, e a função tratadora. Por exemplo, na listagem 4-9, um tratador do evento `foo` é anexado a um emissor de eventos. Nos bastidores, o emissor emite um evento `newListener`, fazendo com que o tratador do evento `newListener` seja invocado.

Listagem 4-9. Adicionando um tratador do evento `newListener`
```
var events = require("events");
var emitter = new events.EventEmitter();

emitter.on("newListener", function(eventName, listener) {
    console.log("Adicionado escutador de eventos " + eventName);
});

emitter.on("foo", function() {});
```

É importante lembrar que o evento `newListener` existe quando da criação de seus próprios eventos. A listagem 4-10 mostra o que pode acontecer se você esquecer. Nesse exemplo, o desenvolvedor criou um tratador personalizado do evento `newListener` que espera que seja passado um objeto `Date`. Quando um evento `newListener` é emitido, tudo funciona como esperado. Porém, quando um tratador do evento aparentemente sem relação `foo` é criado, uma exceção é emitida, porque o evento `newListener` embutido é emitido com a string `foo` como primeiro argumento. Como objetos `Date` têm um método `getTime()`, mas strings não o têm, uma `TypeError` é emitida.

Listagem 4-10. Um tratador inválido para eventos `newListener`
```
var events = require("events");
var emitter = new events.EventEmitter();

emitter.on("newListener", function(date) {
    console.log(date.getTime());
});

emitter.emit("newListener", new Date());
emitter.on("foo", function() {});
```

Removendo Escutadores de Eventos

Um escutador de eventos pode ser removido, depois de ter sido anexado a um emissor de eventos. Por exemplo, para resetar um emissor de eventos para algum estado inicial em que ele não tinha escutadores, a estratégia mais simples é usar o método `removeAllListeners()`. Esse método pode ser chamado sem nenhum argumento, em cujo caso todos os escutadores de eventos são removidos. Alternativamente, passar um nome de evento faz com que os tratadores para o evento nomeado sejam removidos. A sintaxe de `removeAllListeners()` é mostrada na listagem 4-11.

Listagem 4-11. Sintaxe do método `removeAllListeners()`

```
emitter.removeAllListeners([eventName])
```

Se `removeAllListeners()` for muito generalizado para suas necessidades, use o método `removeListener()`. Esse método é usado para remover escutadores individuais de eventos e recebe dois argumentos – o nome do evento e a função a ser removida. A listagem 4-12 mostra um exemplo de uso de `removeListener()`. Nesse caso, um escutador do evento `foo` é adicionado a um emissor de eventos, e depois imediatamente removido. Quando o evento é emitido, nada acontece, porque não há escutadores anexados. Note que o uso de `removeListener()` é idêntico ao dos métodos `on()` e `addListener()`, embora eles realizem operações inversas.

Listagem 4-12. Removendo um tratador de eventos usando `removeListener()`

```
var events = require("events");
var emitter = new events.EventEmitter();

function handler() {
    console.log("No tratador de foo");
}

emitter.on("foo", handler);
emitter.removeListener("foo", handler);

emitter.emit("foo");
```

Se você planeja usar `removeListener()`, evite funções tratadoras anônimas. Pela própria natureza delas, as funções anônimas não estão amarradas a uma referência nomeada. Se um tratador anônimo de eventos for criado, uma segunda função anônima idêntica não vai remover com sucesso o tratador. Isso porque dois objetos `Function` distintos não são considerados equivalentes, a menos que apontem para o mesmo local na memória. Portanto, o exemplo mostrado na listagem 4-13 **não** vai remover um tratador de eventos.

Listagem 4-13. Um uso incorreto de `removeListener()` com funções anônimas
```
var events = require("events");
var emitter = new events.EventEmitter();

emitter.on("foo", function() {
    console.log("tratador de foo");
});
emitter.removeListener("foo", function() {
    console.log("tratador de foo");
});
emitter.emit("foo");
```

Detectando Potenciais Vazamentos de Memória

Tipicamente, um único emissor de eventos vai precisar apenas de um punhado de escutadores de eventos. Assim, se um aplicativo adicionar programaticamente escutadores de eventos a um emissor, e subitamente esse emissor tiver algumas centenas de escutadores, isso pode indicar algum tipo de erro de lógica, que pode resultar num vazamento de memória. Um exemplo disso é um laço que adiciona escutadores de eventos. Se o laço contiver um erro de lógica, um grande número de tratadores de eventos pode ser criado, consumindo memória desnecessária. Por omissão, o Node imprime uma mensagem de advertência, se mais de dez escutadores forem adicionados para qualquer evento único. Esse limiar pode ser controlado usando-se o método `setMaxListeners()`. Esse método recebe um inteiro como único argumento. Ajustando-se esse valor para 0, o emissor de eventos vai aceitar escutadores ilimitados, sem imprimir a mensagem de advertência. Note que a semântica do programa não é afetada por `setMaxListeners()` (ele só faz com que uma mensagem de advertência seja impressa). Ao invés, ele simplesmente oferece um mecanismo útil de depuração. O uso de `setMaxListeners()` é mostrado na listagem 4-14.

Listagem 4-14. Sintaxe do método `setMaxListeners()`
```
emitter.setMaxListeners(n)
```

Herdando de Emissores de Eventos

Todos os exemplos vistos até agora se concentraram explicitamente no gerenciamento de instâncias de `EventEmitter`. Como alternativa, você pode criar objetos personalizados que herdam de `EventEmitter` e incluir lógica adicional específica do aplicativo. A listagem 4-15 mostra como isso é feito. A primeira linha importa o familiar construtor de `EventEmitter`. A segunda, importa o módulo central `util`. Como o nome indica, `util` fornece uma série de funções úteis. O método `inherits()`, que é de particular interesse nesse exemplo, recebe dois argumentos, ambos sendo funções construtoras. `inherits()` faz com que o primeiro construtor herde os métodos prototípicos do segundo. Nesse exemplo, o construtor personalizado de `User` herda de `EventEmitter`. No construtor de `User`, o construtor de `EventEmitter` é chamado. Adicionalmente, um único método, `addUser()`, é definido, o qual emite eventos `userAdded`.

Listagem 4-15. Criando um objeto que estende `EventEmitter`
```
var EventEmitter = require("events").EventEmitter;
var util = require("util");
function UserEventEmitter() {
    EventEmitter.call(this);

    this.addUser = function(username, password) {
        // adiciona o usuário e
        // depois emite um evento
        this.emit("userAdded", username, password);
    };
};
util.inherits(UserEventEmitter, EventEmitter);
```

> ■ **Nota** O JavaScript emprega um tipo de herança conhecido como herança prototípica, que difere da herança clássica – o tipo usado numa linguagem tal como o Java. Na herança prototípica, não há classes. Ao invés, os objetos atuam como protótipos para outros objetos.

A listagem 4-16 mostra como o emissor personalizado de eventos `User` é usado. Para as finalidades deste exemplo, suponha que o construtor de `User` está definido no mesmo arquivo – embora, teoricamente, ele poderia estar definido noutro local e ser importado usando-se a função `require()`. Neste exemplo, um novo `User` é instanciado. Em seguida, um escutador de eventos `userAdded` é adicionado. Depois, o método `addUser()` é chamado para simular a criação de um novo usuário. Como `addUser()` emite um evento `userAdded`, o tratador do evento é invocado. Além disso, note a sentença `print` na linha final do exemplo. Essa sentença verifica se a variável `user` é uma instância de `EventEmitter`. Como `User` herda de `EventEmitter`, essa verificação vai ser avaliada como `true`.

Listagem 4-16. Usando um emissor personalizado de eventos
```
var user = new UserEventEmitter();
var username = "colin";
var password = "senha";

user.on("userAdded", function(username, password) {
    console.log("Usuário adicionado: " + username);
});

user.addUser(username, password)
console.log(user instanceof EventEmitter);
```

Usando Eventos para Evitar o Inferno da Rechamada

O capítulo 3 explorou uma série de maneiras de se evitar o inferno da rechamada, uma das quais era usar o módulo `async`. Os emissores de eventos oferecem outro método elegante para evitação da Pirâmide do Apocalipse. Como exemplo, vamos usar a listagem 4-17 para revisitar o aplicativo de leitura de arquivos da listagem 3-5.

Listagem 4-17. Um programa leitor de arquivos com o inferno da rechamada começando a brotar

```
var fs = require("fs");
var fileName = "foo.txt";

fs.exists(fileName, function(exists) {
    if (exists) {
        fs.stat(fileName, function(error, stats) {
            if (error) {
                throw error;
            }

            if (stats.isFile()) {
                fs.readFile(fileName, "utf8", function(error, data) {
                    if (error) {
                        throw error;
                    }

                    console.log(data);
                });
            }
        });
    }
});
```

A listagem 4-18 mostra como reescrever o aplicativo leitor de arquivos usando emissores de eventos. Nesse exemplo, um objeto `FileReader`, que encapsula toda a funcionalidade de leitura de arquivos, é criado. O construtor de `EventEmitter` e o módulo `util` são necessários para se configurar a herança do emissor de eventos. Além disso, o módulo `fs` é necessário para se obter acesso ao sistema de arquivos.

No construtor de `FileReader`, a primeira coisa que você vai perceber é que `this` é apelidado como a variável privada `_self`. Isso é feito para se manter uma referência ao objeto `FileReader` dentro das funções assíncronas de rechamada do sistema de arquivos. Nessas rechamadas, a variável `this` não se refere ao `FileReader`. Isso significa que o método `emit()` não está acessível através da palavra-chave `this` nessas rechamadas.

Diferente da variável _self, o código é bastante simples. O método exists() é usado para se verificar se o arquivo existe. Se existir, um evento stats é emitido. O escutador de stats é então disparado, chamando-se o método stat(). Se o arquivo for um arquivo normal e não ocorrer erros, então um evento read é emitido. Esse evento dispara o escutador de read, que tenta ler e imprimir o conteúdo do arquivo.

Listagem 4-18. Refazendo o aplicativo leitor de arquivos usando emissores de eventos

```
var EventEmitter = require("events").EventEmitter;
var util = require("util");
var fs = require("fs");

function FileReader(fileName) {
    var _self = this;

    EventEmitter.call(_self);

    _self.on("stats", function() {
        fs.stat(fileName, function(error, stats) {
            if (!error && stats.isFile()) {
                _self.emit("read");
            }
        });
    });

    _self.on("read", function() {
        fs.readFile(fileName, "utf8", function(error, data) {
            if (!error && data) {
                console.log(data);
            }
        });
    });

    fs.exists(fileName, function(exists) {
        if (exists) {
            _self.emit("stats");
        }
    });
};

util.inherits(FileReader, EventEmitter);

var reader = new FileReader("foo.txt");
```

Temporizadores e Agendamento

Como todas as funções familiares do JavaScript para tratamento de temporizadores e intervalos estão disponíveis no Node como globais, você não precisa importá-las usando `require()`. A função `setTimeout()` é usada para agendar uma função de rechamada de instante para ser executada em algum momento futuro. Os argumentos para `setTimeout()` são a função de rechamada a ser executada, o total de tempo (em milissegundos) a esperar antes de executá-la, e zero ou mais argumentos a serem passados à função de rechamada. A listagem 4-19 mostra como `setTimeout()` é usada para agendar uma função de rechamada para ser executada após um retardo de um segundo. Nesse exemplo, a função de rechamada recebe dois argumentos, `foo` e `bar`, que são preenchidos pelos dois argumentos finais passados a `setTimeout()`.

> ■ **Nota** Lembre-se que o tempo do JavaScript (na verdade, o tempo de computadores, em geral) não é 100% preciso e, portanto, é altamente improvável que as funções de rechamada sejam executadas exatamente quando especificado. E como o JavaScript é monossegmentado, uma tarefa de execução prolongada pode desajustar por completo a temporização.

Listagem 4-19. Criando um temporizador que é executado após um retardo de um segundo
```
setTimeout(function(foo, bar) {
    console.log(foo + " " + bar);
}, 1000, "foo", "bar");
```

A função `setTimeout()` também retorna um identificador de *timeout* que pode ser usado para se cancelar o temporizador antes da função de rechamada ser executada. Temporizadores são cancelados passando-se o identificador de timeout à função `clearTimeout()`. A listagem 4-20 mostra um temporizador sendo cancelado antes da execução. Nesse exemplo, o temporizador é cancelado imediatamente após ser criado. Contudo, num aplicativo real, um temporizador, normalmente, é cancelado com base na ocorrência de algum evento.

Listagem 4-20. Cancelando um temporizador usando a função `clearTimeout()`
```
var timeoutId = setTimeout(function() {
    console.log("Na função de timeout");
}, 1000);

clearTimeout(timeoutId);
```

Intervalos

Em essência, um intervalo é um temporizador que se repete periodicamente. As funções respectivas para criação e cancelamento de um intervalo são `setInterval()` e clearInterval(). Tal como setTimeout(), setInterval() recebe uma função de rechamada, um retardo e argumentos opcionais para a rechamada. Ela também retorna um identificador de intervalo, que pode ser passado a clearInterval() para se cancelar o intervalo. A listagem 4-21 demonstra como os intervalos são criados e cancelados usando-se setInterval() e clearInterval().

Listagem 4-21. Um exemplo de criação e cancelamento de um intervalo

```
var intervalId = setInterval(function() {
    console.log("Na função de intervalo");
}, 1000);

clearInterval(intervalId);
```

Os Métodos ref() e unref()

Um temporizador ou intervalo que seja o único item restando no laço de eventos vai impedir que o programa seja encerrado. No entanto, esse comportamento pode ser alterado programaticamente, usando-se os métodos ref() e unref() de um identificador de temporizador ou intervalo. Chamar o método unref() permite que o programa termine se o temporizador/intervalo for o único item restando no laço de eventos. Por exemplo, na listagem 4-22, um intervalo é o único item agendado no laço de eventos, em seguida a chamada a setInterval(). Mas, como unref() é chamado no intervalo, o programa termina.

Listagem 4-22. Um exemplo de intervalo que não mantém o programa ativo

```
var intervalId = setInterval(function() {
    console.log("Na função de intervalo");
}, 1000);

intervalId.unref();
```

Se unref() tivesse sido chamado num temporizador ou intervalo, mas você quisesse reverter para o comportamento omissivo, o método ref() poderia ser chamado. O uso de ref() é mostrado na listagem 4-23.

Listagem 4-23. Uso do método ref()

```
timer.ref()
```

Imediatas

Imediatas são usadas para se agendar uma função de rechamada para execução imediata. Isso permite que uma função seja agendada para após a execução da função atual. Imediatas são criadas usando-se a função setImmediate(), que recebe como argumentos uma rechamada e argumentos opcionais para essa rechamada. Diferentemente de setTimeout() e setInterval(), setImmediate() não recebe um argumento de retardo, já que o retardo é considerado como zero. Imediatas também podem ser canceladas usando-se a função `clearImmediate()`. Um exemplo de criação e cancelamento de uma imediata é mostrado na listagem 4-24.

Listagem 4-24. Um exemplo de criação e cancelamento de uma imediata

```
var immediateId = setImmediate(function() {
    console.log("Na função de imediata");
});

clearImmediate(immediateId);
```

Dividindo Tarefas de Execução Demorada

Qualquer pessoa familiarizada com o desenvolvimento em JavaScript no navegador, sem dúvida, já encontrou uma situação em que um trecho de código de execução demorada torna a interface de usuário irresponsiva. Esse comportamento é consequência da natureza monossegmentada do JavaScript. Por exemplo, a função `compute()` da listagem 4-25 contém um laço de execução demorada simulando código de computação intensiva que, mesmo com o corpo do laço vazio, vai causar um perceptível congelamento no tempo de resposta de um aplicativo.

Listagem 4-25. Uma função sintética de computação intensiva

```
function compute() {
    for (var i = 0; i < 1000000000; i++) {
        // realiza algum cálculo
    }
}

compute();
console.log("Terminou compute()");
```

No mundo dos navegadores, uma solução comum para esse problema é dividir o código computacionalmente dispendioso em partes menores, usando-se `setTimeout()`. A mesma técnica funciona também no Node, mas a solução preferida é `setImmediate()`. A listagem 4-26 mostra como o código computacionalmente intensivo pode ser dividido em partes menores usando `setImmediate()`. Nesse exemplo, uma iteração é processada toda vez que `compute()` é invocada. Esse processo permite que outro código rode, enquanto ainda se adiciona iterações de `compute()` ao laço de eventos. Note, porém, que a execução vai ser significativamente mais lenta que no código original, porque cada invocação da função trata apenas uma iteração do laço. Um melhor equilíbrio entre desempenho e responsividade pode ser conseguido pela realização de mais trabalho por chamada à função. Por exemplo, `setImmediate()` poderia ser chamada depois de cada 10.000 iterações. A melhor estratégia vai depender das necessidades de seu aplicativo.

Listagem 4-26. Dividindo código computacionalmente intensivo usando `setImmediate()`

```
var i = 0;

function compute() {
    if (i < 1000000000) {
        // realiza algum cálculo
        i++;
        setImmediate(compute);
    }
}

compute();
console.log("compute() ainda está trabalhando...");
```

Agendamento com process.nextTick()

O objeto `process` do Node contém um método chamado `nextTick()` que oferece um mecanismo de agendamento eficiente, que é similar a uma imediata. `nextTick()` recebe uma função de rechamada como seu único argumento e invoca a rechamada na próxima iteração do laço de eventos, conhecida como *um tique*. Como a função de rechamada é agendada para o próximo tique, `nextTick()` não exige um argumento de retardo. De acordo com a documentação oficial do Node, `nextTick()` também é mais eficiente que uma chamada similar a `setTimeout(fn, 0)`, e, portanto, preferida. A listagem 4-27 mostra um exemplo de agendamento de função usando `nextTick()`.

Listagem 4-27. Agendando uma função usando `process.nextTick()`

```
process.nextTick(function() {
    console.log("Executando tique n+1");
});

console.log("Executando n-ésimo tique");
```

■ **Cuidado** Em versões mais antigas do Node, `process.nextTick()` era a ferramenta preferida para divisão de código computacionalmente intensivo. No entanto, chamadas recursivas a `nextTick()` são agora desencorajadas; `setImmediate()`, ao invés.

Infelizmente, não há maneira de se passar argumentos à função de rechamada. Por sorte, essa limitação pode ser facilmente superada pela criação de uma função que conecte quaisquer argumentos desejados. Por exemplo, o código da listagem 4-28 não vai funcionar como esperado, porque não há como passar argumentos para a função de rechamada. Todavia, o código da listagem 4-29 vai funcionar, porque os argumentos da função são conectados antes de serem passados a `nextTick()`.

Listagem 4-28. Uma tentativa incorreta de passagem de argumentos a `process.nextTick()`

```
process.nextTick(function(f, b) {
    console.log(f + " " + b);
});

// imprime "undefined undefined"
```

Listagem 4-29. Passando uma função com argumentos conectados a `process.nextTick()`

```
function getFunction(f, b) {
    return function myNextTick() {
        console.log(f + " " + b);
    };
}

process.nextTick(getFunction("foo", "bar"));
// imprime "foo bar"
```

Implementando Funções Assíncronas de Rechamada

`process.nextTick()` é frequentemente usada para se criar funções que recebem uma função assíncrona de rechamada como argumento final. Sem usar `nextTick()`, uma função de rechamada não é realmente assíncrona, e se comporta como uma chamada a função normal (síncrona). Funções síncronas de rechamada podem levar à inanição do programa, ao impedirem que outras tarefas no laço de eventos sejam executadas. Elas também podem causar confusão a quem estiver usando seu código, se estiverem esperando comportamento assíncrono.

A listagem 4-30 mostra uma função simples que adiciona dois números e depois passa sua soma a uma função de rechamada. As convenções de chamada do Node determinam que a função de rechamada deve ser executada assincronamente. Assim, alguém poderia esperar que o código imprimisse `A soma é:` seguido da soma real, 5. No entanto, a função de rechamada não é chamada assincronamente, usando `nextTick()`. Portanto, a soma é de fato impressa primeiro, como mostra a listagem 4-31. Para evitar confusão, a função pode, mais apropriadamente, ser nomeada como `addSync()`.

Listagem 4-30. Um exemplo de função síncrona de rechamada

```
function add(x, y, cb) {
    cb(x + y);
```

```
}
add(2, 3, console.log);
console.log("A soma é:");
```

Listagem 4-31. Saída da execução do código da listagem 4-30
```
$ node sync-callback.js
5
A soma é:
```

Por sorte, transformar uma função síncrona de rechamada numa assíncrona é bastante simples, como mostrado na listagem 4-32. Nesse exemplo, a função de rechamada é passada a `nextTick()`. Note, também, que ter a função de rechamada envolta numa função anônima permite que os valores de x e y sejam passados através de `nextTick()`. Essas simples alterações fazem com que o programa se comporte como originalmente esperado. A listagem 4-33 mostra a saída correta resultante.

Listagem 4-32. Uma função assíncrona de rechamada apropriada usando `process.nextTick()`

```
function add(x, y, cb) {
    process.nextTick(function() {
        cb(x + y);
    });
}

add(2, 3, console.log);
console.log("A soma é:");
```

Listagem 4-33. Saída da execução do código assíncrono da listagem 4-32
```
$ node async-callback.js
A soma é:
5
```

Mantendo Comportamento Consistente

Qualquer função não trivial provavelmente tem múltiplos caminhos de controle de fluxo. É importante que todos esses caminhos sejam uniformemente assíncronos ou uniformemente síncronos. Em outras palavras, uma função não deve se comportar assincronamente para um conjunto de entradas e sincronamente para outro. Além disso, você deve assegurar que a função de rechamada só seja invocada uma vez. Isso é uma fonte comum de problemas, já que muitos desenvolvedores supõem que invocar uma função de rechamada faz com que a função atual retorne. Na realidade, a função continua a ser executada, depois que a função de rechamada retorna. Uma correção extremamente simples para esse problema é retornar toda vez que `nextTick()` é chamada.

Considere a função da listagem 4-34, que determina se um número é negativo ou não. Se o argumento *n* for menor que 0, `true` é passado à função de rechamada. Do contrário, `false` é passado. Infelizmente, esse exemplo apresenta dois problemas principais. O primeiro é que a rechamada com `true` se comporta assincronamente, enquanto que a rechamada com `false` é síncrona. O segundo é que, quando *n* é negativo, a função de rechamada é executada duas vezes, uma ao final de `isNegative()` e uma segunda vez quando a rechamada de `nextTick()` é executada.

Listagem 4-34. Uma implementação inconsistente de uma função de rechamada

```
function isNegative(n, cb) {
    if (n < 0) {
        process.nextTick(function() {
            cb(true);
        });
    }

    cb(false);
}
```

A listagem 4-35 mostra uma implementação correta da mesma função (note que ambas as invocações da função de rechamada são, agora, assíncronas). Além disso, ambas as chamadas a `nextTick()` fazem com que `isNegative()` retorne, assegurando que a função de rechamada só seja invocada uma única vez.

Listagem 4-35. Uma implementação consistente da função de rechamada da listagem 4-34

```
function isNegative(n, cb) {
    if (n < 0) {
        return process.nextTick(function() {
            cb(true);
        });
    }

    return process.nextTick(function() {
        cb(false);
    });
}
```

É claro que esse é um exemplo exagerado. O código pode ser enormemente simplificado, como mostra a listagem 4-36.

Listagem 4-36. Uma versão simplificada do código da listagem 4-35

```
function isNegative(n, cb) {
    process.nextTick(function() {
        cb(n < 0);
    });
}
```

Resumo

Esse capítulo explorou o controle de agendamento, eventos e temporizadores no mundo do Node.js. Juntos, esse capítulo e o anterior devem ter dado a você uma ideia sólida dos fundamentos do Node. Tomando esse entendimento como base, o resto deste livro foca na exploração das várias APIs do Node e na criação de empolgantes aplicativos, com elas. O próximo capítulo mostra como criar interfaces de linha de comandos – o primeiro passo na criação de aplicativos Node do mundo real.

Capítulo 5

A Interface de Linha de Comandos

Os primeiros quatro capítulos mostraram os fundamentos do desenvolvimento no Node. A partir deste capítulo, o livro muda de direção e começa a focar nas várias APIs e módulos usados para criar aplicativos Node. Este capítulo foca especificamente na criação de interfaces de linha de comandos (CLI, na sigla em inglês) para interação com o usuário. Primeiro, você vai aprender fundamentos de linha de comandos com as APIs embutidas do Node. Daí em diante, você pode expandir sobre o básico usando o módulo `commander`, que você deve lembrar pelos vários exemplos do capítulo 2.

Argumentos de Linha de Comandos

Argumentos de linha de comandos constituem uma das maneiras mais fundamentais de se fornecer entrada para programas de computador. Em aplicativos Node, argumentos de linha de comandos são disponibilizados através da propriedade matriz `argv` do objeto global `process`. A listagem 5-1 mostra como se pode iterar por `argv`, como por qualquer outra matriz, usando-se o método `forEach()`.

Listagem 5-1. Um exemplo de iteração pela matriz `argv`

```
process.argv.forEach(function(arg, index) {
    console.log("argv[" + index + "] = " + arg);
});
```

Para inspecionar os valores reais guardados em `argv`, salve o código da listagem 5-1 num novo arquivo fonte JavaScript, chamado `argv-test.js`. Em seguida, rode o código e observe a saída (veja a listagem 5-2). Note que quatro argumentos são passados a nosso programa Node: `-foo`, `3`, `--bar=4` e `-baz`. Entretanto, com base na saída do programa, há seis elementos em `argv`. Não importando a combinação de argumentos de linha de comandos que você forneça, `argv` sempre contém dois elementos adicionais no início da matriz. Isso se dá porque os dois primeiros elementos de `argv` são sempre `node` (o nome do executável) e o caminho até o arquivo fonte JavaScript. O resto da matriz `argv` é composto dos argumentos reais da linha de comandos.

Listagem 5-2. Saída da execução do código da listagem 5-1
```
$ node argv-test.js -foo 3 --bar=4 -baz
argv[0] = node
argv[1] = /home/colin/argv-test.js
argv[2] = -foo
argv[3] = 3
argv[4] = --bar=4
argv[5] = -baz
```

Processando Valores de Argumentos

Com base na linha de comandos da listagem 5-2, parece que estamos tentando passar três argumentos: `foo`, `bar` e `baz`. No entanto, cada um dos três argumentos funciona diferentemente. O valor de `foo` vem do argumento que o segue (supomos que ele é um inteiro). Nesse caso, o valor de `foo` é 3. Diferentemente de `foo`, o valor de `bar`, 4, está codificado no mesmo argumento, seguindo o sinal de igual. Enquanto isso, `baz` é um argumento booleano. Seu valor é `true` se o argumento for fornecido e `false` no caso contrário. Infelizmente, pelo simples exame dos valores em `argv`, nada dessa semântica é capturado.

Para extrair os valores corretos dos argumentos da linha de comandos, nós podemos desenvolver um processador personalizado (veja a listagem 5-3). No exemplo, a função `parseArgs()` é responsável por processar a linha de comandos, extrair valores e retornar um objeto que mapeia cada argumento para seu valor apropriado. Essa função funciona percorrendo num laço cada elemento de `argv`, procurando por nomes reconhecidos de argumentos. Se o argumento for `foo`, então um inteiro é processado do argumento seguinte. A variável do laço `i`, também é incrementada para poupar tempo, já que é desnecessário executar o corpo do laço para o valor de `foo`. Se o argumento for determinado como `baz`, nós simplesmente atribuímos o valor `true`. Para extrair o valor de `bar`, uma expressão regular é usada. Se a string `--bar=` for seguida de uma série de um ou mais números, então esses números são processados como um valor inteiro. Por fim, todos os argumentos são retornados através do objeto `args` e impressos no console.

Listagem 5-3. Um processador de linha de comandos para o exemplo da listagem 5-2
```
function parseArgs() {
    var argv = process.argv;
    var args = {
        baz: false
    };

    for (var i = 0, len = argv.length; i < len; i++) {
        var arg = argv[i];
        var match;

        if (arg === "-foo") {
```

```
            args.foo = parseInt(argv[++i]);
        } else if (arg === "-baz") {
            args.baz = true;
        } else if (match = arg.match(/--bar=(\d+)/)) {
            args.bar = parseInt(match[1]);
        }
    }

    return args;
}

var args = parseArgs();

console.log(args);
```

A listagem 5-4 mostra a saída da execução do código da listagem 5-3. Como você pode ver, todos os argumentos foram devidamente extraídos. Mas, o que acontece quando a entrada do usuário é mal formada? A listagem 5-5 mostra a saída da execução do mesmo programa com argumentos diferentes. Neste caso, baz foi incorretamente digitado como az, e o usuário esqueceu de fornecer um valor para foo.

Listagem 5-4. O resultado da execução do código da listagem 5-3
```
$ node argv-parser.js -foo 3 --bar=4 -baz
{ foo: 3, bar: 4, baz: true }
```

Listagem 5-5. A saída resultante de entrada de usuário mal formada
```
$ node argv-parser.js -foo -az --bar=4
{ foo: NaN, bar: 4 }
```

Na saída da listagem 5-5, note que baz está faltando e foo tem um valor NaN (não numérico, na abreviação em inglês), porque o processador está tentando converter -az num inteiro. Como baz não foi passada na linha de comandos, seu valor, idealmente, seria false. Da mesma forma, foo e bar deveriam ter algum valor omissivo, para tratar casos como esse. O preenchimento antecipado do objeto args em parseArgs() não impediria foo de ser ajustado para NaN, nesse caso.

Ao invés, nós podemos pós-processar args usando uma função sanitize() (veja a listagem 5-6). Essa função verifica o valor de cada argumento e atribui a ele um valor apropriado, se ele não tiver um. Nesse exemplo, o método isFinite() do JavaScript é usado para assegurar que foo e bar são inteiros válidos. Como baz é booleano, o código simplesmente verifica se ele não é igual a true, e, nesse caso, o ajusta para false. Isso assegura que baz está realmente ajustado para um false booleano – e não deixado como indefinido, o que é um valor de falsidade diferente. Note que o código de parseArgs() não está incluído nesse exemplo, já que ele não mudou.

Listagem 5-6. Uma função `sanitize()` que atribui valores omissivos aos argumentos

```
function sanitize(args) {
    if (!isFinite(args.foo)) {
        args.foo = 0;
    }

    if (!isFinite(args.bar)) {
        args.bar = 0;
    }

    if (args.baz !== true) {
        args.baz = false;
    }

    return args;
}

var args = sanitize(parseArgs());

console.log(args);
```

Argumentos de Linha de Comandos no Commander

Se a quantidade de trabalho necessário para implementar o simples processamento de linha de comandos parece meio exagerada para você, saiba que você não está sozinho. Por sorte, um módulo como `commander` torna simples o processamento de linhas de comandos. Sendo um módulo de terceiros, `commander` é usado para simplificar tarefas comuns de CLI, tais como o processamento de argumentos e a leitura de entrada do usuário. Para instalar o `commander`, use o comando `npm install commander`. Para acomodar o processamento de argumentos de linha de comandos, o `commander` fornece os métodos `option()` e `parse()`. Cada chamada a `option()` registra um argumento de linha de comandos válido, no `commander`. Depois que todos os argumentos possíveis forem registrados com `option()`, o método `parse()` é usado para extrair os valores de argumentos da linha de comandos.

Provavelmente é mais simples usar um exemplo para mostrar como o sistema de argumentos de linha de comandos do `commander` funciona. Na listagem 5-7, o `commander` é configurado para aceitar três argumentos: `--foo`, `--bar` e `--baz`. O argumento `--foo` também pode ser especificado usando-se `-f`. Isso é considerado como versão abreviada do argumento. Todos os argumentos para `commander` devem ter um nome abreviado e um longo. O nome abreviado deve ser um hífen simples seguido de uma letra e o nome longo deve ter dois hifens precedendo-o.

Listagem 5-7. Um exemplo de processador de linha de comandos usando o `commander`

```
var commander = require("commander");
```

```
commander
    .option("-f, --foo <i>", "Valor inteiro para foo", parseInt, 0)
    .option("-b, --bar [j]", "Valor inteiro para bar", parseInt, 0)
    .option("-z, --baz", "Argumento booleano baz")
    .parse(process.argv);

console.log(commander.foo);
console.log(commander.bar);
console.log(commander.baz);
```

Note o <i> e o [j] seguindo --foo e –bar. Esses são valores que se espera seguirem os argumentos. Quando os sinais de menor que (<) e maior que (>) são usados, como com –foo, o valor adicional deve ser especificado ou um erro é emitido. Os colchetes ([e]) usados com --bar indicam que o valor adicional é opcional. --baz é considerado um argumento booleano, porque não toma nenhum argumento adicional. Em seguida à string do argumento vem a string de descrição. Essas strings são para legibilidade humana e são usadas para exibição de ajuda, o que vai ser abordado em instantes.

A próxima coisa a se destacar é que as opções --foo e --bar também fazem referência a parseInt() e ao número 0 (zero). parseInt() é passada como argumento opcional que é usado para processar o argumento adicional. Nesse caso, os valores de --foo e --bar são avaliados como inteiros. Por fim, se nenhum valor for fornecido para --foo ou --bar, elas são ajustadas para 0.

Uma vez que todas as opções estejam registradas, parse() é chamada para processar a linha de comando. Tecnicamente, qualquer matriz pode ser passada a parse(), mas passar process.argv faz mais sentido. Depois do processamento, os valores dos argumentos estão disponíveis de acordo com seus nomes longos, como mostrado nas três sentenças de impressão.

Ajuda Gerada Automaticamente

O commander gera automaticamente um argumento --help (ou -h) com base na configuração das opções. A listagem 5-8 mostra a ajuda gerada automaticamente a partir do exemplo anterior.

Listagem 5-8. Ajuda gerada automaticamente para o código da listagem 5-7
```
$ node commander-test.js --help

  Usage: commander-test.js [options]

  Options:
```

```
-h, --help         output usage information
-f, --foo <i>      Valor inteiro para foo
-b, --bar [j]      Valor inteiro para bar
-z, --baz          Argumento booleano baz
```

Há, ainda, dois métodos que podem ser usados para exibir a ajuda: `help()` e `outputHelp()`. A única diferença entre eles é que `help()` faz com que o programa termine, enquanto `outputHelp()`, não. Normalmente, você chama `help()` e depois sai, se argumentos inválidos forem fornecidos. Contudo, você pode chamar `outputHelp()` se quiser simplesmente exibir o menu de ajuda e continuar a execução por alguma razão. O uso desses dois métodos é mostrado na listagem 5-9.

Listagem 5-9. Uso dos métodos de ajuda de `commander`
```
commander.help()
commander.outputHelp()
```

Os Fluxos Padrões

Por omissão, os aplicativos Node são conectados a três fluxos de dados – `stdin`, `stdout` e `stderr` – que fornecem capacidades de entrada e saída. Se estiver familiarizado com C/C++, Java ou qualquer outra linguagem, você já encontrou, sem dúvida, esses fluxos padrões antes. Esta seção explora cada um deles em detalhes.

A Entrada Padrão

O fluxo `stdin` (abreviação do inglês "standard input") é um fluxo habilitado à leitura, que fornece entrada aos programas. Por omissão, `stdin` recebe dados da janela de terminal usada para lançar o aplicativo, e é comumente usado para se receber entrada do usuário em tempo de execução. No entanto, `stdin` também pode receber seus dados de um arquivo ou de outro programa.

Dentro de um aplicativo Node, `stdin` é uma propriedade do objeto global `process`. Porém, quando um aplicativo inicia, `stdin` se encontra num estado pausado – isto é, nenhum dado pode ser lido dele. Para que dados possam ser lidos, o fluxo deve ser *despausado* usando-se o método `resume()` (veja a listagem 5-10), que não recebe nenhum argumento nem fornece valor de retorno.

Listagem 5-10. Uso de `stdin.resume()`
```
process.stdin.resume()
```

Além de *despausar* o fluxo `stdin`, `resume()` impede que um aplicativo termine, uma vez que ele vai estar num estado de espera por entrada. Contudo, `stdin` pode ser novamente pausado, usando-se o método `pause()`, para permitir que o programa termine. A listagem 5-11 mostra o uso de `pause()`.

Listagem 5-11. Uso de `stdin.pause()`
```
process.stdin.pause()
```

Depois de chamar `resume()`, seu programa pode ler dados de `stdin`. Mas você precisa configurar um tratador do evento `data` para que você mesmo leia os dados. A chegada de novos dados em `stdin` dispara um evento `data`. O tratador do evento `data` recebe um único argumento, os dados recebidos. Na listagem 5-12, que mostra como dados são lidos de `stdin` usando-se eventos `data`, o usuário é solicitado a fornecer seu nome. `resume()`, então, é chamada para ativar o fluxo `stdin`. Uma vez que o nome é inserido e o usuário pressiona `Return`, o tratador do evento `data` – adicionado usando-se o método `once()` (visto no capítulo 4) – é chamado. O tratador do evento, então, reconhece o usuário e pausa `stdin`. Note que no tratador do evento, o argumento `data` é convertido numa string. Isso é feito porque `data` é passado como um objeto `Buffer`. `Buffers` são usados para tratar dados binários crus em aplicativos Node (este assunto é abordado em mais detalhes no capítulo 8).

Listagem 5-12. Um exemplo de leitura de dados de `stdin`
```
process.stdin.once("data", function(data) {
    var response = data.toString();

    console.log("Você disse que seu nome é " + response);
    process.stdin.pause();
}};

console.log("Qual é o seu nome?");
process.stdin.resume();
```

Você pode evitar ter de converter os dados numa string toda vez que dados forem lidos, especificando a codificação de caracteres do fluxo `stdin` antecipadamente. Para fazê-lo, use o método `setEncoding()` de `stdin`. Como mostra a tabela 5-1, Node suporta uma série de diferentes codificações de caracteres. Quando estiver trabalhando com dados em string, é aconselhável ajustar a codificação para utf8 (UTF-8). A listagem 5-13 mostra como a listagem 5-12 pode ser reescrita usando-se `setEncoding()`.

Tabela 5-1. *Os vários tipos de codificação de string suportados pelo Node*

Tipo de codificação	Descrição
utf8	Caracteres Unicode codificados em multibyte. A codificação UTF-8 é usada por muitas páginas web e é usada para representar dados em string, no Node.
ascii	Codificação de sete bits do Código Padrão Americano para Intercâmbio de Informações (ASCII, na sigla em inglês).

`utf16le`	Caracteres Unicode codificados como *little endian*. Cada caractere tem dois ou quatro bytes
`base64`	Codificação de strings em Base64. Base64 é comumente usada em codificação de URLs, e-mail e aplicações similares.
`binary`	Permite que dados binários sejam codificados como uma string, usando apenas os primeiros oito bits de cada caractere. Esta codificação, agora, foi depreciada em favor do objeto Buffer, e vai ser removida em futuras versões do Node.
`hex`	Codifica cada byte como dois caracteres hexadecimais.

Listagem 5-13. Lendo de `stdin` depois de ajustar o tipo de codificação de caracteres

```
process.stdin.once("data", function(data) {
    console.log("Você disse que seu nome é " + data);
    process.stdin.pause();
});

console.log("Qual é o seu nome?");
process.stdin.setEncoding("utf8");
process.stdin.resume();
```

Lendo `stdin` com `commander`[1]

O módulo `commander` também fornece vários métodos úteis para leitura de dados de `stdin`. O mais básico desses é `prompt()`, que exibe alguma mensagem ou pergunta para o usuário e, depois, lê a resposta. Essa resposta é, então, passada como uma string a uma função de rechamada para processamento. A listagem 5-14 mostra como o exemplo da listagem 5-13 pode ser reescrita usando-se `prompt()`.

[*] ***Listagem 5-14.*** Lendo `stdin` com o método `prompt()` de `commander`

```
var commander = require("commander");

commander.prompt("Qual é o seu nome? ", function(name) {
    console.log("Você disse que seu nome é " + name);
    process.stdin.pause();
});
```

[1] De acordo com o autor, os métodos apresentados nesta seção funcionam normalmente com a versão 1.3.2 do módulo `commander`. O autor do módulo removeu os métodos aqui listados, por julgá-los indevidos no módulo. Para maiores informações, veja <https://github.com/visionmedia/commander.js/commit/bf5e1f5ec9fb1af23dd873117558575cd01d7415>. (N. do T.)

confirm()

O método `confirm()` é similar a `prompt()`, mas é usado para processar uma resposta booleana. Se o usuário entrar y, yes, true ou ok, a rechamada é invocada com seu argumento ajustado para true. Do contrário, a rechamada é invocada com seu argumento ajustado para false. Um exemplo de uso do método `confirm()` é mostrado na listagem 5-15 e a listagem 5-16 mostra uma saída de amostra do exemplo.

Listagem 5-15. Processando uma resposta booleana usando o método `confirm()` de commander

```
var commander = require("commander");

commander.confirm("Continua? ", function(proceed) {
    console.log("Sua resposta foi " + proceed);
    process.stdin.pause();
});
```

Listagem 5-16. Saída de amostra da execução do código da listagem 5-15
```
$ node confirm-example.js
Continua? yes
Sua resposta foi true
```

password()

Outro caso especial de `prompt()` é o método `password()`, que é usado para se obter entrada sensível do usuário sem que ela seja exibida na janela do terminal. Como o nome do método indica, seu principal caso de uso é solicitar ao usuário uma senha. Um exemplo de uso de `password()` é mostrado na listagem 5-17.

Listagem 5-17. Solicitando uma senha usando o método `password()`
```
var commander = require("commander");

commander.password("Senha: ", function(password) {
    console.log("Eu sei sua senha! Ela é " + password);
    process.stdin.pause();
});
```

Por omissão, `password()` não ecoa informações no terminal. No entanto, uma string máscara opcional, que é ecoada para o usuário a cada caractere entrado, pode ser fornecida. A listagem 5-18 mostra um exemplo. Nela, a string máscara é simplesmente um asterisco (*).

Listagem 5-18. Solicitando uma senha usando um caractere máscara
```
var commander = require("commander");

commander.password("Senha: ", "*", function(password) {
    console.log("Eu sei sua senha! Ela é " + password);
    process.stdin.pause();
});
```

choose()

A função `choose()` é útil para a criação de menus baseados em texto. Recebendo uma matriz de opções como primeiro argumento, `choose()` permite que o usuário selecione uma opção numa lista. O segundo argumento é uma rechamada a ser invocada com o índice da opção selecionada na matriz. A listagem 5-19 mostra um exemplo que usa `choose()`.

Listagem 5-19. Exibindo um menu de texto usando `choose()`
```
var commander = require("commander");
var list = ["foo", "bar", "baz"];

commander.choose(list, function(index) {
    console.log("Você selecionou " + list[index]);
    process.stdin.pause();
});
```

A listagem 5-20 mostra uma saída de amostra da execução do exemplo anterior. Uma coisa a se notar é que a contagem dos itens do menu começa em 1, enquanto que as matrizes são indexadas a partir de 0. Levando isso em conta, `choose()` passa o índice correto, baseado em zero, da matriz para a função de rechamada.

Listagem 5-20. Saída de exemplo da listagem 5-19
```
$ node choose-example.js
  1) foo
  2) bar
  3) baz
  : 2
Você selecionou bar
```

A Saída Padrão

A saída padrão ou `stdout` é um fluxo escrevível para o qual os programas devem direcionar suas saídas. Por omissão, os aplicativos Node direcionam a saída para a janela do terminal que lançou o aplicativo. A maneira mais direta de se escrever dados em `stdout` é através do método `process.stdout.write()`. O uso de `write()` é mostrado na listagem 5-21. O primeiro argumento para `write()` é a string de dados a ser escrita. O segundo é opcional; ele é usado para especificar a codificação de caracteres dos dados, cujo valor omissivo é a codificação `utf8` (UTF-8). `write()` suporta todos os tipos de codificação especificados na tabela 5-1. O último argumento para `write()` é uma função de rechamada opcional. Ela é executada assim que os dados são escritos com sucesso em `stdout`. Nenhum argumento é passado à função de rechamada.

Listagem 5-21. Uso do método `stdout.write()`

```
process.stdout.write(data, [encoding], [callback])
```

> ■ **Nota** `process.stdout.write()` também pode receber um `Buffer` como primeiro argumento.

console.log()

Depois de ler sobre `stdout.write()`, você deve estar curioso sobre como ele se relaciona com o método já discutido `console.log()`. Na realidade, `console.log()` é simplesmente um atalho que chama `stdout.write()` nos bastidores. A listagem 5-22 mostra o código fonte de `console.log()`. Esse código foi tirado diretamente do arquivo https://github.com/joyent/node/blob/master/lib/console.js, no repositório oficial do Node. Como você pode ver, `log()` faz uma chamada a `_stdout.write()`. O exame do arquivo fonte completo revela que `_stdout` é simplesmente uma referência a `stdout`.

Listagem 5-22. Código fonte de `console.log()`

```
Console.prototype.log = function() { this._stdout.write(util.format.apply(this, arguments) + '\n');
};
```

Note, ainda, que a chamada a `write()` invoca o método `util.format()`. O objeto `util` é uma referência ao módulo central `util`. O método `format()` é usado para criar strings formatadas com base nos argumentos passados a ele. Como primeiro argumento, `format()` recebe uma string de formatação contendo zero ou mais *guarda-vagas*. Um guarda-vaga é uma sequência de caracteres na string de formatação que deve ser substituído por um valor diferente na string retornada. Em seguida à string de formatação, `format()` espera um argumento adicional para cada guarda-vaga. `format()` suporta quatro guarda-vagas, descritos na tabela 5-2.

Tabela 5-2. Os vários guarda-vagas suportados por `util.format()`.

Guarda-vaga	Substituição
%s	Dados em string. Um argumento é consumido e passado ao construtor de `String()`.
%d	Dados numéricos inteiros ou de ponto flutuante. Um argumento é consumido e passado ao construtor de `Number()`.

%j	Dados JSON. Um argumento é consumido e passado a JSON.stringify().
%%	Um único caractere de porcentagem (%). Este não consome nenhum argumento.

Vários exemplos de util.format() são mostrados na listagem 5-23, com a saída resultante mostrada na listagem 5-24. Esses exemplos mostram como dados são substituídos, usando-se vários guarda-vagas. Os três primeiros exemplos são substituídos por uma string usando os guarda-vagas de string, de número e de JSON. Note que o guarda-vaga do número é substituído por NaN. Isso acontece porque a string guardada na variável name não pode ser convertida num número de fato. No quarto exemplo, o guarda-vaga de JSON é usado, mas nenhum argumento correspondente é passado a format(). O resultado é simplesmente que nenhuma substituição ocorre e o %j é incluído no resultado. No quinto exemplo, format() recebe um argumento a mais do que ela pode tratar. format() trata argumentos adicionais convertendo-os em strings e apensando-os à string resultante, com um caractere de espaço como separador. No sexto exemplo, múltiplos guarda-vagas são usados como esperado. Por fim, no sétimo exemplo, nenhuma string de formatação é fornecida. Nesse caso, os argumentos são convertidos em strings e concatenados, tendo um caractere de espaço como delimitador.

Listagem 5-23. Vários exemplos de uso de util.format()

```
var util = require("util");
var name = "Colin";
var age = 100;
var format1 = util.format("Oi, meu nome é %s", name);
var format2 = util.format("Oi, meu nome é %d", name);
var format3 = util.format("Oi, meu nome é %j", name);
var format4 = util.format("Oi, meu nome é %j");
var format5 = util.format("Oi, meu nome é %j", name, name);
var format6 = util.format("Eu sou %s, e tenho %d anos", name, age);
var format7 = util.format(name, age);

console.log(format1);
console.log(format2);
console.log(format3);
console.log(format4);
console.log(format5);
console.log(format6);
console.log(format7);
```

Listagem 5-24. Saída da execução do código da listagem 5-23

```
$ node format.js
Oi, meu nome é Colin
Oi, meu nome é NaN
```

```
Oi, meu nome é "Colin"
Oi, meu nome é %j
Oi, meu nome é "Colin" Colin
Eu sou Colin, e tenho 100 anos
Colin 100
```

■ **Nota** Quem quer que esteja familiarizado com C/C++, PHP ou qualquer outra linguagem, vai reconhecer o comportamento de `util.format()`, já que ela fornece formatação similar à da função `printf()`.

Outras Funções de Impressão

O Node também fornece várias funções menos populares para impressão em `stdout`. Por exemplo, o módulo `util` define o método `log()`. Este método recebe uma única string como argumento e a imprime em `stdout` com uma sequência data/hora. A listagem 5-25 mostra um exemplo de `log()` em ação. A saída resultante é mostrada na listagem 5-26.

Listagem 5-25. Um exemplo de `util.log()`
```
var util = require("util");

util.log("baz");
```

Listagem 5-26. Saída da execução do código da listagem 5-25
```
$ node util-log-method.js
17 Mar 15:08:29 - baz
```

O objeto `console` também fornece dois métodos adicionais de impressão. `info()` e `dir()`. O método `info()` é simplesmente um apelido para `console.log()`. `console.dir()` recebe um objeto como único argumento. O objeto é transformado em string, usando-se o método `util.inspect()` e, depois, impresso em `stdout`. `util.inspect()` é o mesmo método usado para transformar em strings argumentos extras para `util.format()` que não têm guarda-vagas correspondentes. `inspect()`, um poderoso método para transformação de dados em strings, é examinado abaixo.

util.inspect()

`util.inspect()` é usado para converter objetos em strings bem formatadas. Embora seu poder venha de sua capacidade de ser personalizado, nós começamos examinando seu comportamento omissivo. A listagem 5-27 mostra um exemplo que usa `inspect()` para transformar em string um objeto, `obj`. A string resultante é mostrada na listagem 5-28.

Listagem 5-27. Um exemplo que usa o método `util.inspect()`
```
var util = require("util");
var obj = {
    foo: {
        bar: {
            baz: {
                baff: false,
                beff: "valor string",
                biff: null
            },
            boff: []
        }
    }
};

console.log(util.inspect(obj));
```

Listagem 5-28. A string criada por `util.inspect()` na listagem 5-27
```
{ foo: { bar: { baz: [Object], boff: [] } } }
```

Note que `foo` e `bar` estão completamente transformados em string, mas `baz` exibe apenas a string `[Object]`. Isso se dá porque, por omissão, `inspect()` só usa recursão até dois níveis, quando formatando o objeto. Mas, esse comportamento pode ser modificado, usando-se o segundo argumento opcional para `inspect()`. Esse argumento é um objeto que especifica opções de configuração para `inspect()`. Se você estiver interessado em aumentar a profundidade da recursão, ajuste a opção `depth`. Ela pode ser ajustada para `null` para forçar `inspect()` a fazer recursão por todo o objeto. Exemplos disso e da string resultante são mostrados nas listagens 5-29 e 5-30.

Listagem 5-29. Chamando `util.inspect()` com recursão total habilitada
```
var util = require("util");
var obj = {
    foo: {
        bar: {
            baz: {
                baff: false,
                beff: "valor string",
                biff: null
            },
            boff: []
        }
    }
};

console.log(util.inspect(obj, {
```

```
    depth: null
}));
```

Listagem 5-30. A saída da execução do código da listagem 5-29
```
$ node inspect-recursion.js
{ foo:
   { bar:
      { baz: { baff: false, beff: 'string value', biff: null },
        boff: [] } } }
```

O argumento `options` suporta várias outras opções – `showHidden`, `colors` e `customInspect`. `showHidden` e `colors` são `false` por omissão, enquanto `customInspect` é `true` por omissão. Quando `showHidden` é ajustada para `true`, `inspect()` imprime todas as propriedades de um objeto, incluindo as não enumeráveis. Ajustar `colors` para `true` faz com que a string resultante tenha um estilo com códigos de cor ANSI. Quando `customInspect` é ajustada para `true`, os objetos podem definir seus próprios métodos `inspect()`, que são chamados para retornar uma string usada no processo de transformação em string. No exemplo disso, mostrado na listagem 5-31, um método personalizado `inspect()` foi adicionado ao objeto de alto nível. Esse método personalizado retorna uma string que oculta todos os objetos filhos. A saída resultante é mostrada na listagem 5-32.

> ■ **Nota** Nem todas as propriedades de um método são criadas iguais. No JavaScript, é possível criar propriedades não enumeráveis, que não aparecem quando um objeto é iterado num laço `for...in`. Ao ajustar a opção `showHidden`, `inspect()` vai incluir as propriedades não enumeráveis em sua saída.

Listagem 5-31. Chamando `util.inspect()` com um método `inspect()` personalizado
```
var util = require("util");
var obj = {
    foo: {
        bar: {
            baz: {
                baff: false,
                beff: "valor string",
                biff: null
            },
            boff: []
        }
    },
    inspect: function() {
        return "{Onde foi parar tudo?}";
    }
```

```
};

console.log(util.inspect(obj));
```

Listagem 5-32. *O resultado do método personalizado* `inspect()` *da listagem 5-31*
```
$ node inspect-custom.js
{Onde foi parar tudo?}
```

O Erro Padrão

O fluxo de erro padrão, `stderr`, é um fluxo de saída similar a `stdout`. Mas, `stderr` é usado para exibição de mensagens de erro e advertência. Embora `stderr` e `stdout` sejam similares, `stderr` é uma entidade separada, e, portanto, você não pode acessá-lo usando uma função de `stdout`, como `console.log()`. Por sorte, o Node fornece uma série de funções especificamente para acessar `stderr`. A rota mais direta de acesso a `stderr` é através de seu método `write()`. O uso de `write()`, mostrado na listagem 5-33, é idêntico ao do método `write()` de `stdout`.

Listagem 5-33. *Uso do método* `write()` *de* `stderr`
```
process.stderr.write(data, [encoding], [callback])
```

O objeto `console` também fornece dois métodos, `error()` e `warn()`, para escrita em `stderr`. `console.warn()` se comporta exatamente como `console.log()` e simplesmente atua como um envoltório em torno de `process.stderr.write()`. O método `error()` é simplesmente um apelido para `warn()`. A listagem 5-34 mostra o código fonte de `warn()` e `error()`.

Listagem 5-34. *Código fonte de* `console.warn()` *e* `console.error()`
```
Console.prototype.warn = function() {
    this._stderr.write(util.format.apply(this, arguments) + '\n');
};

Console.prototype.error = Console.prototype.warn;
```

console.trace()

O objeto `console` também fornece um método útil de depuração, chamado `trace()`, que cria e imprime um traçado da pilha em `stderr` sem quebrar o programa. Se você alguma vez encontrou um erro (estou certo que, a esta altura, sim), então já viu o traçado da pilha impresso, quando seu programa travou. `trace()` realiza a mesma coisa sem o erro e a quebra. A listagem 5-35 mostra um exemplo de uso de `trace()`, com sua saída mostrada na listagem 5-36. No exemplo, um traçado da pilha, chamado `test-trace`, é criado na função `baz()`, que é chamada a partir de `bar()`, que, por sua vez, é chamada a partir de `foo()`. Note que essas funções são as três entradas superiores no traçado da pilha. As demais são chamadas feitas pela estrutura Node.

Listagem 5-35. Gerando um traçado de pilha de exemplo usando `console.trace()`
```
(function foo() {
    (function bar() {
        (function baz() {
            console.trace("test-trace");
        })();
    })();
})();
```

Listagem 5-36. Saída da execução do exemplo da listagem 5-35
```
$ node stack-trace.js
Trace: test-trace
    at baz (/home/colin/stack-trace.js:4:15)
    at bar (/home/colin/stack-trace.js:5:7)
    at foo (/home/colin/stack-trace.js:6:5)
    at Object.<anonymous> (/home/colin/stack-trace.js:7:3)
    at Module._compile (module.js:456:26)
    at Object.Module._extensions..js (module.js:474:10)
    at Module.load (module.js:356:32)
    at Function.Module._load (module.js:312:12)
    at Function.Module.runMain (module.js:497:10)
    at startup (node.js:119:16)
```

■ **Note** Os argumentos passados a `console.trace()` são encaminhados para `util.format()`. Assim, o nome do traçado da pilha pode ser criado usando-se uma string de formatação.

Separando `stderr` e `stdout`

É comum, mas não necessário, que `stderr` seja direcionado para o mesmo destino de `stdout`. Por omissão, os fluxos `stdout` e `stderr` do Node são ambos direcionados para a janela do terminal em que o processo é executado. Entretanto, é possível redirecionar um ou ambos os fluxos. O código da listagem 5-37 pode ser usado para demonstrar facilmente esse conceito. O código do exemplo imprime uma mensagem em `stdout` usando `console.log()` e uma segunda mensagem em `stderr` usando `console.error()`.

Listagem 5-37. Um aplicativo de exemplo que imprime em ambos os fluxos, `stdout` e `stderr`
```
console.log("foo");
console.error("bar");
```

Quando o código da listagem 5-37 é executado normalmente, ambas as mensagens são impressas na janela do terminal. A saída é mostrada na listagem 5-38.

Listagem 5-38. Saída no console quando da execução do código da listagem 5-37

```
$ node stdout-and-stderr.js
foo
bar
```

O mesmo código é executado novamente na listagem 5-39. No entanto, dessa vez `stdout` foi redirecionado para o arquivo `output.txt` usando-se o operador >. Note que o redirecionamento não tem efeito sobre o fluxo `stderr`. O resultado é que `bar`, que é enviado para `stderr`, é impresso na janela do terminal, enquanto `foo`, não.

Listagem 5-39. Saída no console do código da listagem 5-39 quando `stdout` é redirecionado

```
$ node stdout-and-stderr.js > output.txt
bar
```

> ■ **Nota** Como você já deve ter percebido, a essa altura, os métodos de `console` são síncronos. Esse comportamento – o omissivo quando o destino dos fluxos subjacentes é um arquivo ou a janela do terminal – evita a perda de mensagens devida a quebra ou término do programa. Há mais coisas sobre fluxos e como eles podem ser encanados no capítulo 7, mas, por ora, apenas saiba que os métodos de `console` se comportam assincronamente quando o fluxo subjacente é encanado.

A Interface TTY

Como você já viu, os fluxos padrões são configurados para trabalhar com uma janela de terminal, por omissão. Para acomodar essa configuração, o Node fornece uma API para inspeção do estado da janela do terminal. Como os fluxos podem ser redirecionados, todos os fluxos padrões fornecem uma propriedade `isTTY` que é `true`, se o fluxo estiver associado a uma janela de terminal. A listagem 5-40 mostra como essas propriedades são acessadas para cada um dos fluxos. Por omissão, `isTTY` é `true` para `stdin`, `stdout` e `stderr`, como mostra a listagem 5-41.

Listagem 5-40. Um exemplo que verifica se cada fluxo padrão está conectado a um terminal

```
console.warn("stdin = " + process.stdin.isTTY);
console.warn("stdout = " + process.stdout.isTTY);
console.warn("stderr = " + process.stderr.isTTY);
```

Listagem 5-41. Saída da listagem 5-40 sob condições omissivas
```
$ node is-tty.js
stdin = true
stdout = true
stderr = true
```

A listagem 5-42 demonstra como esses valores mudam quando `stdout` é redirecionado para um arquivo. Note que o código fonte usa `console.warn()`, em vez de `console.log()`. Isso é feito intencionalmente, de modo que `stdout` possa ser redirecionado, ao mesmo tempo em que ainda se fornece saída no console. Como você haveria de esperar, o valor de `isTTY` não mais é `true` para `stdout`. Porém, note que `isTTY` não é `false`, mas simplesmente `undefined`, sendo o motivo disso o fato de `isTTY` não ser uma propriedade de todos os fluxos, mas apenas dos que estão associados a um terminal.

Listagem 5-42. Saída da listagem 5-40 com o fluxo `stdout` redirecionado
```
$ node is-tty.js > output.txt
stdin = true
stdout = undefined
stderr = true
```

Determinando o Tamanho do Terminal

O tamanho de uma janela de terminal, particularmente o número de colunas, pode grandemente afetar a legibilidade da saída de um programa. Desta forma, alguns aplicativos podem precisar talhar sua saída com base no tamanho do terminal. Supondo-se que `stdout` ou `stderr` ou ambos estão associados a uma janela de terminal, é possível determinar-se o número de linhas e colunas do terminal. Esta informação está disponível através das propriedades `rows` e `columns` do fluxo, respectivamente. Você também pode recuperar as dimensões do terminal como uma matriz, usando o método `getWindowSize()` do fluxo. A listagem 5-43 mostra como as dimensões do terminal são determinadas e a listagem 5-44 mostra a saída resultante.

Listagem 5-43. Determinando programaticamente o tamanho da janela de um terminal
```
var columns = process.stdout.columns;
var rows = process.stdout.rows;

console.log("Tamanho: " + columns + "x" + rows);
```

Listagem 5-44. Saída da execução do código da listagem 5-43
```
$ node tty-size.js
Tamanho: 80x24
```

> ■ **Nota** Não é possível determinar o tamanho do terminal usando-se `stdin`, já que as dimensões do terminal estão associadas apenas a fluxos de TTY escrevíveis.

Se a saída de seu programa for dependente do tamanho do terminal, o que acontece se o usuário redimensionar a janela durante a execução? Por sorte, fluxos escrevíveis de TTY fornecem um evento `resize` que é disparado sempre que a janela do terminal é redimensionada. O exemplo da listagem 5-45 define uma função, `size()`, que imprime as dimensões atuais do terminal. Quando iniciado, o programa primeiro verifica se `stdout` está conectado a uma janela de terminal. Em caso negativo, uma mensagem de erro é exibida e o programa termina com um código de erro, por meio de uma chamada ao método `process.exit()`. Se o programa for executado numa janela de terminal, ele exibe o tamanho atual da janela, chamando `size()`. A mesma função é, então, usada como tratador do evento `resize`. Por fim, `process.stdin.resume()` é chamado para evitar que o programa termine enquanto você o testa.

Listagem 5-45. Um exemplo que monitora o tamanho do terminal

```
function size() {
    var columns = process.stdout.columns;
    var rows = process.stdout.rows;

    console.log("Tamanho: " + columns + "x" + rows);
}

if (!process.stdout.isTTY) {
    console.error("Não está usando uma janela de terminal!");
    process.exit(-1);
}

size();
process.stdout.on("resize", size);
process.stdin.resume();
```

Eventos de Sinais

Sinais são notificações assíncronas de eventos enviados a um processo ou segmento específico. Eles são usados para fornecer uma forma limitada de comunicação entre processos em sistemas operacionais concordantes com o POSIX (se você está desenvolvendo para o Windows, pode querer pular esta seção). Uma lista completa de todos os sinais e seus significados está fora do escopo deste livro, mas a informação está disponível na Internet.

Como exemplo, se você pressionar `Ctrl+C` enquanto um programa de terminal está rodando, um sinal de interrupção, `SIGINT`, é enviado a esse programa. Em aplicativos Node, os sinais são processados por um tratador omissivo, a menos que um personalizado seja fornecido. Quando o tratador omissivo recebe um sinal SIGINT, ele faz com que o programa termine. Para sobrepor este comportamento, adicione um tratador do evento SIGINT ao objeto process, como mostrado na listagem 5-46.

Listagem 5-46. Adicionando um tratador do evento de sinal SIGINT
```
process.on("SIGINT", function() {
    console.log("Recebeu um sinal SIGINT");
});
```

■ **Nota** Se você incluir o tratador de evento da listagem 5-46 em seu aplicativo, vai ficar incapacitado de terminar o programa usando Ctrl+C. No entanto, você ainda pode parar o programa usando Ctrl+D.

Variáveis Ambientais do Usuário

Variáveis ambientais são variáveis a nível de sistema operacional acessíveis aos processos em execução no sistema. Por exemplo, muitos sistemas operacionais definem uma variável ambiental TEMP ou TMP que especifica um diretório usado para manter arquivos temporários. Acessar variáveis ambientais no Node é muito simples. O objeto process tem uma propriedade objeto, env, que contém o ambiente do usuário. Pode-se interagir com o objeto env praticamente como com qualquer outro objeto. A listagem 5-47 mostra como o objeto env é referenciado. Nesse exemplo, a variável PATH é exibida. Depois, um diretório adicional no estilo Unix é acrescentado ao início de PATH. Por fim, o PATH recém-atualizado é exibido. A listagem 5-48 mostra a saída desse exemplo. Note, porém, que dependendo da configuração atual de seu sistema, sua saída pode diferir enormemente.

Listagem 5-47. Um exemplo de trabalho com variáveis ambientais do usuário
```
console.log("Original: " + process.env.PATH);
process.env.PATH = "/algum/caminho:" + process.env.PATH;
console.log("Atualizado: " + process.env.PATH);
```

Listagem 5-48. Saída de exemplo da execução do código da listagem 5-47
```
$ node env-example.js
Original: /usr/local/bin:/usr/bin:/bin:/usr/sbin:/sbin
Updated: /algum/caminho:/usr/local/bin:/usr/bin:/bin:/usr/sbin:/sbin
```

Variáveis ambientais são comumente usadas para se configurar diferentes modos de execução num aplicativo. Por exemplo, um programa pode suportar dois modos de execução: modo de desenvolvimento e modo de produção. No primeiro, informações de depuração podem ser impressas no console, enquanto no modo de produção, elas podem ser registradas num arquivo ou completamente desativadas. Para habilitar o modo de desenvolvimento, simplesmente ajuste uma variável ambiental, que pode ser acessada a partir do aplicativo. A listagem 5-49 demonstra como esse conceito funciona. No exemplo, a presença da variável ambiental DESENVOLVIMENTO é usada para definir a variável booleana devMode, que, então, controla a condição da sentença if. Note que a notação !! (bang-bang) é usada para forçar a conversão de qualquer valor para booleano.

Listagem 5-49. Um exemplo da implementação do modo de desenvolvimento usando variáveis ambientais

```
var devMode = !!process.env.DESENVOLVIMENTO;

if (devMode) {
    console.log("Algumas informações de depuração úteis");
}
```

A listagem 5-50 mostra uma maneira de executar o exemplo anterior no modo de desenvolvimento. Note como a definição da variável ambiental no mesmo prompt de comandos em que o Node é lançado permite rápidos testes, sem o excesso de trabalho necessário para a definição real de uma variável ambiental (contudo, esse outro caso funcionaria igualmente).

Listagem 5-50. Rodando o exemplo da listagem 5-49 no modo de desenvolvimento

```
$ DEVELOPMENT=1 node dev-mode.js
Algumas informações de depuração úteis
```

Resumo

Esse capítulo apresentou os fundamentos da programação da interface de linha de comandos no Node. Alguns exemplos até mostraram código real do núcleo do Node. Você deve, agora, ter uma ideia de conceitos fundamentais como argumentos de linha de comandos, fluxos padrões, tratadores de sinais e variáveis ambientais. Esses conceitos reúnem algum material já visto (tais como os tratadores de eventos) e alguns (como os fluxos) a serem vistos posteriormente neste livro.

Esse capítulo também expôs o básico do módulo commander. Quando da escrita deste livro, o commander era o sexto módulo do qual mais se dependia, no registro do npm. Todavia, há outros módulos similares de CLI que você pode estar interessado em explorar. O mais proeminente desses é o módulo optimist (o optimist foi criado por James Halliday – também conhecido como substack – um proeminente membro da comunidade Node). Sinta-se encorajado a navegar pelo repositório do npm e experimentar outros módulos para encontrar aquele que melhor atenda as suas necessidades.

Capítulo 6

O sistema de arquivos

Para muitos desenvolvedores JavaScript, o acesso ao sistema de arquivos era difícil de se conseguir. O motivo sempre foi – e correto – que dar acesso ao sistema de arquivos para um script Web era um risco de segurança exagerado. No entanto, o Node normalmente não executa scripts arbitrários de cantos sombrios da Internet. Como linguagem madura do lado servidor, o Node tem todos os mesmos direitos e responsabilidades que linguagens como PHP, Python e Java. Assim, para os desenvolvedores JavaScript, o sistema de arquivos é uma realidade que não depende de implementações específicas de fornecedor ou de hacks. Este capítulo mostra como o sistema de arquivos pode ser apenas outra ferramenta no cinto de utilidades do desenvolvedor Node.

Caminhos Relevantes

Todo aplicativo Node contém uma série de variáveis que fornecem indicações sobre onde, no sistema de arquivos, o Node está trabalhando. As mais simples dessas variáveis são __filename e __dirname. A primeira delas, __filename, é o caminho absoluto do arquivo atualmente em execução. Similarmente, __dirname é o caminho absoluto do diretório que contém o arquivo atualmente em execução. O exemplo da listagem 6-1 mostra o uso de __filename e __dirname. Note que ambas podem ser acessadas sem a importação de qualquer módulo. Quando esse exemplo é executado a partir do diretório /home/colin, a saída resultante é mostrada na listagem 6-2.

Listagem 6-1. Usando as variáveis __filename e __dirname
```
console.log("Este é o arquivo " + __filename);
console.log("Ele está localizado em " + __dirname);
```

Listagem 6-2. Saída da execução do código da listagem 6-1
```
$ node file-paths.js
Este é o arquivo /home/colin/file-paths.js
Ele está localizado em /home/colin
```

> ■ **Nota** Os valores de __filename e __dirname dependem do arquivo que as referencia. Portanto, seus valores podem ser diferentes, mesmo num único aplicativo Node – como, por exemplo, pode acontecer quando __filename é referenciado de dois módulos diferentes, num aplicativo.

O Diretório Atual de Trabalho

O diretório atual de trabalho de um aplicativo é o diretório do sistema de arquivos a que o aplicativo se refere ao criar caminhos relativos. Um exemplo disso é o comando `pwd`, que retorna o diretório atual de trabalho de um shell. Num aplicativo Node, o diretório atual de trabalho está disponível através do método `cwd()` do objeto `process`. Um exemplo que usa o método `cwd()` é mostrado na listagem 6-3. A saída resultante é mostrada na listagem 6-4.

Listagem 6-3. Usando o método `process.cwd()`
```
console.log("O diretório atual de trabalho é " + process.cwd());
```

Listagem 6-4. Saída da execução do código da listagem 6-3
```
$ node cwd-example.js
O diretório atual de trabalho é /home/colin
```

Mudando o Diretório Atual de Trabalho

Durante o curso de execução, um aplicativo pode mudar seu diretório atual de trabalho. Num shell, isso é feito com o comando `cd`. O objeto `process` fornece um método, chamado `chdir()`, que faz a mesma tarefa, recebendo uma string como argumento, representando o nome do diretório para o qual mudar. Esse método é executado sincronamente e emite uma exceção se a mudança de diretório falhar por qualquer razão (digamos, se o diretório de destino não existir).

Um exemplo, mostrado na listagem 6-5, que usa o método `chdir()`, exibe o diretório atual de trabalho e depois tenta mudar para o diretório raiz, `/`. Se ocorrer um erro, ele é capturado e impresso em `stderr`. Por fim, o diretório de trabalho atualizado é exibido.

Listagem 6-5. Mudando o diretório atual de trabalho usando `process.chdir()`
```
console.log("O diretório atual de trabalho é " + process.cwd());

try {
    process.chdir("/");
} catch (exception) {
    console.error("erro de chdir: " + exception.message);
}

console.log("O diretório atual de trabalho agora é " + process.cwd());
```

A listagem 6-6 mostra uma execução com sucesso do código da listagem 6-5. Em seguida, tente mudar o caminho em `chdir()` para algum destino inexistente e rode novamente o exemplo. A listagem 6-7 mostra um exemplo com falha, que tenta mudar com `chdir()` para `/foo`. Note como o diretório atual de trabalho permanece inalterado após a falha.

Listagem 6-6. Uma execução com sucesso do processo da listagem 6-5
```
$ node chdir-example.js
O diretório atual de trabalho é  /home/colin
O diretório atual de trabalho agora é  /
```

Listagem 6-7. Uma execução falha do processo da listagem 6-5
```
$ node chdir-example.js
O diretório atual de trabalho é /home/colin
erro de chdir: ENOENT, no such file or directory
O diretório atual de trabalho agora é /home/colin
```

Localizando o Executável node

O caminho até o executável `node` também está disponível através do objeto `process`. Especificamente, o caminho do executável se encontra na propriedade `process.execPath`. A listagem 6-8 mostra um exemplo que exibe o caminho do executável `node` e a saída correspondente é mostrada na listagem 6-9. Note que o caminho que você deve encontrar em sua máquina pode diferir, com base no sistema operacional ou no caminho de instalação do Node.

Listagem 6-8. Exibindo o valor de `process.execPath`
```
console.log(process.execPath);
```

Listagem 6-9. A saída da listagem 6-8
```
$ node exec-path-example.js
/usr/local/bin/node
```

O Módulo `path`

O módulo `path` é um módulo central que fornece uma série de métodos úteis para trabalho com caminhos de arquivos. Embora o módulo trabalhe com caminhos de arquivos, muitos de seus métodos só realizam simples transformações de strings, sem realmente acessar o sistema de arquivos. A listagem 6-10 mostra como o módulo `path` é incluído num aplicativo Node.

Listagem 6-10. Importando o módulo `path` num aplicativo Node
```
var path = require("path");
```

Diferenças entre Plataformas

Lidar com caminhos entre múltiplos sistemas operacionais pode ser um tanto aborrecedor. Muito disso provém do fato de que o Windows usa uma barra invertida (\) para separar as partes de um caminho de arquivo, enquanto outros sistemas operacionais usam a barra normal (/). As versões do Node para o Windows podem tratar eficientemente as barras normais, mas a maioria dos aplicativos nativos do Windows não o podem. Por sorte, esse detalhe pode ser abstraído usando-se a propriedade path.sep. Essa propriedade mantém o separador de arquivos do sistema operacional atual. Esse é \\ (lembre-se: barras invertidas devem ser escapadas) no Windows, mas / em todos os demais. A listagem 6-11 mostra como path.sep, em conjunto com o método join() de matrizes, podem ser usados para criar caminhos de arquivos específicos da plataforma.

Listagem 6-11. Criando diretórios funcionais entre plataformas usando path.sep e join()

```
var path = require("path");
var directories = ["foo", "bar", "baz"];
var directory = directories.join(path.sep);

console.log(directory);
```

■ **Nota** O Windows usa uma única barra invertida como separador de caminhos. No entanto, barras invertidas devem ser escapadas, dentro de literais string do JavaScript. É por isso que path.sep retorna \\ no Windows.

A saída resultante para sistemas diferentes do Windows é mostrada na listagem 6-12. Posteriormente, neste capítulo, explicamos como realmente realizar operações de sistema de arquivos em diretórios, mas, por ora, vamos apenas exibir o caminho do diretório.

Listagem 6-12. Saída da execução do código da listagem 6-11

```
$ node sep-join-example.js
foo/bar/baz
```

Outra diferença maior entre o Windows e todas as outras plataformas é o caractere que separa diretórios na variável ambiental PATH. O Windows usa um ponto e vírgula (;), mas todos os outros sistemas usam dois pontos (:). A propriedade delimiter do módulo path é usada para abstrair isso. A listagem 6-13 usa a propriedade delimiter para dividir a variável ambiental PATH e imprimir cada diretório individual.

Listagem 6-13. Um exemplo funcional entre plataformas que divide a variável ambiental PATH

```
var path = require("path");

process.env.PATH.split(path.delimiter).forEach(function(dir) {
    console.log(dir);
});
```

Extraindo Componentes do Caminho

O módulo `path` também fornece fácil acesso a vários componentes chaves do caminho. Especificamente, os métodos `extname()`, `basename()` e `dirname()` de `path` retornam a extensão do arquivo, o nome do arquivo e o nome do diretório de um caminho, respectivamente. O método `extname()` encontra o último ponto (.) num caminho e o retorna, junto com todos os caracteres subsequentes, como a extensão. Se um caminho não contiver nenhum ponto, a string vazia é retornada. A listagem 6-14 mostra como `extname()` é usada.

Listagem 6-14. Uso do método `path.extname()`

```
var path = require("path");
var fileName = "/foo/bar/baz.txt";
var extension = path.extname(fileName);

console.log(extension);
// extensão é .txt
```

O método `basename()` retorna a última parte não vazia de um caminho. Se o caminho corresponder a um arquivo, `basename()` retorna o nome completo do arquivo, incluindo a extensão. Um exemplo disso é mostrado na listagem 6-15. Você também pode recuperar o nome do arquivo sem a extensão, passando o resultado de `extname()` como segundo argumento para `basename()`. A listagem 6-16 mostra um exemplo disso.

Listagem 6-15. Extraindo o nome completo do arquivo, a partir de um caminho, usando `path.basename()`

```
var path = require("path");
var fileName = "/foo/bar/baz.txt";
var file = path.basename(fileName);

console.log(file);
// o arquivo é baz.txt
```

Listagem 6-16. Extraindo o nome do arquivo sem a extensão, a partir do caminho, usando `path.basename()`

```
var path = require("path");
var fileName = "/foo/bar/baz.txt";
var extension = path.extname(fileName);
var file = path.basename(fileName, extension);

console.log(file);
// o arquivo é baz
```

O método `dirname()` retorna a porção do diretório de um caminho. A listagem 6-17 mostra o uso de `dirname()`.

Listagem 6-17. Extraindo o nome do diretório de um caminho, usando path.dirname()

```
var path = require("path");
var fileName = "/foo/bar/baz.txt";
var dirName = path.dirname(fileName);

console.log(dirName);
// dirName é /foo/bar
```

Normalização de Caminhos

Caminhos podem se tornar excessivamente complicados e confusos se partes ".". e ".." forem misturadas. Isso provavelmente acontece se caminhos forem passados como argumentos de linha de comando pelo usuário. Por exemplo, um usuário emitindo o comando cd para mudar de diretório frequentemente fornece caminhos relativos. Por esse motivo, o módulo path fornece um método normalize() para simplificar esses caminhos. No exemplo da listagem 6-18, um caminho bastante complicado é normalizado. Depois de seguir várias referências a diretórios pais e atuais, o caminho resultante é simplesmente /baz.

Listagem 6-18. Conseguindo a normalização do caminho usando path.normalize()

```
var path = require("path");
var dirName = "/foo/bar/.././bar/../../baz";
var normalized = path.normalize(dirName);

console.log(normalized);
// normalizado é /baz
```

O módulo path também tem um método join(). Operando num número arbitrário de strings, join() recebe essas strings e cria um único caminho normalizado. No exemplo da listagem 6-19, que mostra como join() pode ser usado para normalizar o caminho da listagem 6-18, o caminho de entrada foi dividido em várias strings. Note que join() funcionaria exatamente como normalize() se uma única string fosse passada.

Listagem 6-19. Conseguindo a normalização do caminho usando path.join()

```
var path = require("path");
var normalized = path.join("/foo/bar", ".././bar", "../..", "/baz");

console.log(normalized);
// normalizado é /baz
```

Resolvendo um Caminho Relativo entre Diretórios

O método path.relative(), que pode ser usado para determinar o caminho relativo de um diretório para outro, recebe duas strings como argumentos. O primeiro argumento representa o ponto inicial do cálculo, enquanto o segundo corresponde ao ponto final. No exemplo da listagem 6-20, que mostra o uso de relative(), um caminho relativo de /foo/bar até /baz/biff é calculado. Com base nessa estrutura de diretórios, um caminho relativo segue dois níveis até o diretório raiz, antes de passar para /baz/biff.

Listagem 6-20. Determinando um caminho relativo usando path.relative()

```
var path = require("path");
var from = "/foo/bar";
var to = "/baz/biff";
var relative = path.relative(from, to);

console.log(relative);
// relativo é ../../baz/biff
```

O Módulo fs

Aplicativos Node realizam E/S de arquivos através do módulo fs, um módulo central cujos métodos fornecem encapsulamento de várias operações padrões do sistema de arquivos. A listagem 6-21 mostra como o módulo do sistema de arquivos é importado num aplicativo Node. Você deve lembrar desse módulo do capítulo 3, onde um programa leitor de arquivos foi implementado.

Listagem 6-21. Importando o módulo fs num aplicativo Node

```
var fs = require("fs");
```

Coisa digna de nota, com relação ao módulo fs, é sua abundância de métodos síncronos. Mais especificamente, quase todos os métodos do sistema de arquivos têm versões síncronas e assíncronas. Os síncronos podem ser identificados pelo uso do sufixo Sync. As versões assíncronas de cada método recebe uma função de rechamada como último argumento. Em versões anteriores do Node, muitos dos métodos assíncronos de fs permitiam que você omitisse a função de rechamada. Porém, de acordo com a documentação oficial, desde o Node 0.12, a omissão da função de rechamada causa uma exceção.

Como você viu, os métodos assíncronos estão no coração do modelo de programação do Node. O uso de programação assíncrona permite que o Node pareça altamente paralelo, quando, na verdade, ele é monossegmentado. O uso descuidado, mesmo de um único método síncrono, tem o potencial de levar todo um aplicativo a um travamento (veja o capítulo 3, se precisar relembrar). Então, por que quase metade de todos os métodos do sistema de arquivos é síncrona?

Como costuma acontecer, muitos aplicativos acessam o sistema de arquivos em busca de dados de configuração. Isso geralmente é feito durante a configuração, na inicialização. Em casos como esses, é frequentemente muito mais simples ler sincronamente um arquivo de configuração, sem preocupação com a maximização do desempenho. Além disso, o Node pode ser usado para criar programas utilitários simples, similares a scripts de shell. Esses scripts podem provavelmente se virar com comportamento síncrono. Como regra geral, código que possa ser chamado múltiplas vezes simultaneamente deve ser assíncrono. Embora métodos síncronos estejam a sua disposição como desenvolvedor, use-os com extrema cautela.

Determinando se um Arquivo Existe

Os métodos `exists()` e `existsSync()` são usados para se determinar se um dado caminho existe. Ambos os métodos recebem uma string de caminho como argumento. Se a versão síncrona for usada, um valor booleano, representando a existência do caminho, é retornado. Se a versão assíncrona for usada, o mesmo valor booleano é passado como argumento para a função de rechamada.

A listagem 6-22 verifica a existência do diretório raiz usando ambos `existsSync()` e `exists()`. Quando a função de rechamada de `exists()` é invocada, os resultados de ambos os métodos são comparados. É claro que ambos os métodos devem retornar o mesmo valor. Supondo equivalência, o caminho é impresso, seguido do valor booleano representando sua existência.

Listagem 6-22. Verificando a existência de um arquivo usando `exists()` e `existsSync()`

```
var fs = require("fs");
var path = "/";
var existsSync = fs.existsSync(path);

fs.exists(path, function(exists) {
    if (exists !== existsSync) {
        console.error("Alguma coisa está errada!");
    } else {
        console.log(path + " existe: " + exists);
    }
});
```

Recuperando Estatísticas de Arquivos

O módulo `fs` fornece uma coleção de funções para leitura das estatísticas do arquivo. Essas funções são `stat()`, `lstat()` e `fstat()`. É claro que esses métodos também têm equivalentes síncronos – `statSync()`, `lstatSync()` e `fstatSync()`. A forma mais básica desses métodos, `stat()`, recebe uma string de caminho e uma função de rechamada como argumentos. A função de rechamada é invocada com dois argumentos, também. O primeiro representa qualquer erro que ocorra. O segundo é um objeto `fs.Stats` que contém as reais estatísticas do arquivo. Antes de explorar o objeto `fs.Stats`, vamos dar uma olhada em um exemplo que usa o método `stat()`. Na listagem 6-23, `stat()` é usado para coletar informações sobre o arquivo `foo.js`, que supomos existir. Se ocorrer alguma exceção (digamos, se o arquivo não existir), informações de erro são impressas em `stderr`. Do contrário, o objeto `Stats` é impresso.

Listagem 6-23. O método `fs.stat()` em uso

```
var fs = require("fs");
var path = "foo.js";

fs.stat(path, function(error, stats) {
    if (error) {
        console.error("erro de stat: " + error.message);
    } else {
        console.log(stats);
    }
});
```

A listagem 6-24 mostra uma saída de amostra de uma execução bem sucedida. A tabela 6-1 contém uma explanação das várias propriedades do objeto `fs.Stats` mostradas nessa listagem. Note que sua saída provavelmente vai ser diferente, especialmente se você usar o Windows. Na verdade, no Windows, algumas propriedades simplesmente não vão estar presentes.

Listagem 6-24. Saída de amostra do código da listagem 6-23

```
$ node stat-example.js
{ dev: 16777218,
  mode: 33188,
  nlink: 1,
  uid: 501,
  gid: 20,
  rdev: 0,
  blksize: 4096,
  ino: 2935040,
  size: 75,
  blocks: 8,
  atime: Sun Apr 28 2013 12:55:17 GMT-0400 (EDT),
  mtime: Sun Apr 28 2013 12:55:17 GMT-0400 (EDT),
  ctime: Sun Apr 28 2013 12:55:17 GMT-0400 (EDT) }
```

Tabela 6-1. Explanação das várias propriedades do objeto fs.Stats

Propriedade	Descrição
dev	A ID do dispositivo que contém o arquivo.
mode	A proteção do arquivo.
nlink	O número de links rígidos para o arquivo.
uid	A ID do usuário proprietário do arquivo.
gid	A ID do grupo do proprietário do arquivo.
rdev	A ID do dispositivo, se o arquivo for um arquivo especial.
blksize	O tamanho do bloco para E/S do sistema de arquivos.
Ino	O número do inode do arquivo. Um inode é uma estrutura de dados do sistema de arquivos que armazena informações sobre o arquivo.
size	O tamanho total do arquivo em bytes.
blocks	O número de blocos alocados para o arquivo.
atime	Um objeto Date representando a data/hora do último acesso ao arquivo.
mtime	Um objeto Date representando a data/hora da última modificação do arquivo.
ctime	Um objeto Date representando a data/hora da última modificação ao inode do arquivo.

O objeto fs.Stats também tem vários métodos que ajudam a identificar o tipo de arquivo em questão (veja a tabela 6-2). Esses métodos são síncronos, não têm argumentos, e retornam um valor booleano. Por exemplo, o método isFile() retorna true para arquivos normais, mas isDirectory() retorna true para diretórios.

Tabela 6-2. Explanação dos vários métodos de fs.Stats

Método	Descrição
isFile()	Indica se um arquivo é um arquivo normal.
isDirectory()	Indica se um arquivo é um diretório.
isBlockDevice()	Indica se um arquivo é um arquivo de dispositivo de blocos. Isso inclui dispositivos como discos rígidos, CD-ROMs e flash drives.
isCharacterDevice()	Indica se um arquivo é um arquivo de dispositivo de caracteres. Isso inclui dispositivos como teclados.

isSymbolicLink()	Indica se um arquivo é uma ligação simbólica. Isso só é válido quando se usa lstat() e lstatSync().
isFIFO()	Indica se um arquivo é um arquivo especial FIFO.
isSocket()	Indica se um arquivo é um soquete.

Outras Variações de stat()

As variações lstat() e fstat() se comportam quase identicamente a stat(). A única diferença com lstat() é que, se o argumento de caminho for uma ligação simbólica, o objeto fs.Stats vai corresponder à própria ligação, não ao arquivo a que ela se refere. Com fstat(), a única diferença é que o primeiro argumento é um descritor de arquivos, em vez de uma string. Descritores de arquivos são usados para se comunicar com arquivos abertos (mais detalhes em breve). É claro que statSync(), lstatSync() e fstatSync() se comportam como suas contrapartes assíncronas. Como os métodos síncronos não têm função de rechamada, os objetos fs.Stats são retornados diretamente.

Abrindo Arquivos

Arquivos são abertos usando-se os métodos open() e openSync(). O primeiro argumento para ambos esses métodos é uma string representando o nome do arquivo a ser aberto. O segundo é uma string sinalizadora denotando como o arquivo deve ser aberto (para leitura, escrita etc.). A tabela 6-3 resume as várias maneiras que o Node permite você abrir arquivos.

Tabela 6-3. Resumo dos vários sinalizadores disponíveis para open() e openSync()

Sinalizador	Descrição
r	Abre para leitura. Uma exceção ocorre se o arquivo não existir.
r+	Abre para leitura e escrita. Uma exceção ocorre se o arquivo não existir.
rs	Abre para leitura em modo síncrono. Isso instrui o sistema operacional a pular o cache do sistema. Usado principalmente para abertura de arquivos em montagens NFS. Isso não faz com que open() seja um método síncrono.
rs+	Abre para leitura e escrita em modo síncrono.
w	Abre para escrita. Se o arquivo não existir, ele é criado. Se o arquivo já existir, ele é truncado.
wx	Similar ao sinalizador w, mas o arquivo é aberto em <u>modo exclusivo</u>. O modo exclusivo assegura que o arquivo é recém-criado.
w+	Abre para leitura e escrita. Se o arquivo não existir, ele é criado. Se já existir, ele é truncado.

wx+	Similar ao sinalizador w+, mas o arquivo é aberto em modo exclusivo.
a	Abre para apensamento. Se o arquivo não existir, ele é criado.
ax	Similar ao sinalizador a, mas o arquivo é aberto em modo exclusivo.
a+	Abre para leitura e apensamento. Se o arquivo não existir, ele é criado.
ax+	Similar ao sinalizador a+, mas o arquivo é aberto em modo exclusivo.

O terceiro argumento, opcional, para open() e openSync() especifica o modo. O modo, por omissão, é "0666". O método assíncrono open() recebe uma função de rechamada como quarto argumento. Como argumento, a função de rechamada recebe um erro e o descritor de arquivo do arquivo aberto. Um descritor de arquivo é uma construção usada para interfacear com arquivos abertos. O descritor de arquivo, se passado à função de rechamada ou retornado por openSync(), pode ser passado a outras funções para realização de operações de arquivo tais como leitura e escrita. O exemplo da listagem 6-25, que usa open() para abrir o arquivo /dev/null, foi escolhido porque qualquer escrita nele é simplesmente descartada. Note que esse arquivo não existe no Windows. Mas você pode mudar o valor de path, na segunda linha, para apontar para um arquivo diferente. É recomendável usar um caminho de arquivo que não exista atualmente, já que o conteúdo de um arquivo existente, como nesse exemplo, é sobreposto.

Listagem 6-25. Abrindo /dev/null usando open()

```
var fs = require("fs");
var path = "/dev/null";

fs.open(path, "w+", function(error, fd) {
    if (error) {
        console.error("erro de open: " + error.message);
    } else {
        console.log("Aberto com sucesso " + path);
    }
});
```

Lendo Dados de Arquivos

Os métodos read() e readSync() são usados para ler dados de um arquivo aberto. Esses métodos recebem uma série de argumentos, então usar um exemplo provavelmente vai tornar mais fácil o trabalho com eles (veja a listagem 6-26). O exemplo – que lê dados de um arquivo, foo.txt, no diretório do aplicativo (para fins de simplicidade, o código de tratamento de erros foi omitido) – começa com uma chamada a stat(). Isso é preciso porque o tamanho do arquivo vai ser necessário depois. Em seguida, o arquivo é aberto usando-se open(). Esse passo é necessário para se obter o descritor de arquivo. Depois do arquivo aberto, um buffer de dados, grande o suficiente para conter todo o arquivo, é inicializado.

Listagem 6-26. Lendo de um arquivo usando `read()`

```
var fs = require("fs");
var path = __dirname + "/foo.txt";

fs.stat(path, function(error, stats) {
    fs.open(path, "r", function(error, fd) {
        var buffer = new Buffer(stats.size);

        fs.read(fd, buffer, 0, buffer.length, null, function(error,
bytesRead, buffer) {
            var data = buffer.toString("utf8");

            console.log(data);
        });
    });
});
```

Em seguida, vem a chamada real a `read()`. O primeiro argumento é o descritor de arquivo fornecido por `open()`. O segundo é o buffer a ser usado para guardar os dados lidos do arquivo. O terceiro é o deslocamento, dentro do buffer, em que os dados vão ser colocados (neste exemplo, o deslocamento é zero, correspondendo ao início do buffer). O quarto argumento é o número de bytes a serem lidos (nesse exemplo, todo o conteúdo do arquivo é lido). O quinto é um inteiro especificando a posição no arquivo do início da leitura. Se esse valor for `null`, a leitura inicia na posição atual do arquivo, que é ajustada para o início quando ele é inicialmente aberto e é atualizada a cada leitura.

Se essa fosse uma chamada a `readSync()`, ele retornaria o número de bytes que foram lidos com sucesso do arquivo. A função assíncrona `read()` recebe como seu último argumento uma função de rechamada, que, por sua vez, recebe um objeto de erro, o número de bytes lidos e o buffer como argumentos. Na função de rechamada, o buffer de dados crus são convertidos numa string UTF-8 e, depois, impressos no console.

> ■ **Nota** Este exemplo lê todo um arquivo numa chamada a `read()`. Se o arquivo fosse significativamente grande, o consumo de memória poderia ser um problema. Nesse caso, seu aplicativo deveria inicializar um buffer menor e ler o arquivo em porções menores, usando um laço.

Os métodos `readFile()` e `readFileSync()`

Os métodos `readFile()` e `readFileSync()` oferecem uma maneira mais concisa de se ler dados de arquivos. Recebendo um nome de arquivo como argumento, eles leem todo o conteúdo desse arquivo automaticamente, sem descritores de arquivos, buffers ou outras chateações. A listagem 6-27 mostra o código da listagem 6-26 reescrito usando-se `readFile()`. Note que o segundo argumento para `readFile()` especifica que os dados devem ser retornados como uma string UTF-8. Se esse argumento for omitido ou for `null`, o buffer cru é retornado.

Listagem 6-27. Lendo todo um arquivo usando `readFile()`

```
var fs = require("fs");
var path = __dirname + "/foo.txt";

fs.readFile(path, "utf8", function(error, data) {
    if (error) {
        console.error("erro de read: " + error.message);
    } else {
        console.log(data);
    }
});
```

Escrevendo Dados em Arquivos

Escrever dados num arquivo é similar a lê-los. Os métodos usados para se escrever num arquivo são `write()` e `writeSync()`. No exemplo da listagem 6-28, usando-se o método `write()`, um arquivo chamado `foo.txt` é aberto para escrita. Também é criado um buffer que contém os dados a serem escritos no arquivo. Em seguida, `write()` é usado para realmente escrever os dados no arquivo. O primeiro argumento para `write()` é o descritor de arquivo fornecido por `open()`. O segundo é o buffer contendo os dados a serem escritos. Os terceiro e quarto argumentos correspondem ao deslocamento do buffer para o início da escrita e o número de bytes a serem escritos. O quinto é um inteiro representando a posição do arquivo em que a escrita deve começar. Se esse argumento for `null`, os dados são escritos na posição atual do arquivo, e `writeFileSync()` retorna o número de bytes escritos com sucesso no arquivo. Por outro lado, `write()` recebe uma função de rechamada com três argumentos: um objeto de exceção, o número de bytes escritos e o objeto de buffer.

Listagem 6-28. Escrevendo dados num arquivo usando `write()`

```
var fs = require("fs");
var path = __dirname + "/foo.txt";
var data = "Lorem ipsum dolor sit amet";

fs.open(path, "w", function(error, fd) {
    var buffer = new Buffer(data);

    fs.write(fd, buffer, 0, buffer.length, null, function(error, written, buffer) {
        if (error) {
            console.error("erro de write: " + error.message);
        } else {
```

```
                console.log("Escreveu com sucesso " + written + "
bytes.");
        }
    });
});
```

Os Métodos `writeFile()` e `writeFileSync()`

Os métodos `writeFile()` e `writeFileSync()` fornecem atalhos para `write()` e `writeSync()`. O exemplo da listagem 6-29 mostra o uso de `writeFile()`, que recebe um caminho de arquivo e os dados a serem escritos como seus dois primeiros argumentos. Com um terceiro argumento opcional, você pode especificar a codificação (que por omissão é UTF-8) e outras opções. A função de rechamada para `writeFile()` recebe um objeto de erro como seu único argumento.

Listagem 6-29. Escrevendo num arquivo usando `writeFile()`

```
var fs = require("fs");
var path = __dirname + "/foo.txt";
var data = "Lorem ipsum dolor sit amet";

fs.writeFile(path, data, function(error) {
    if (error) {
        console.error("erro de write: " + error.message);
    } else {
        console.log("Escreveu com sucesso em " + path);
    }
});
```

Dois outros métodos, `appendFile()` e `appendFileSync()`, são usados para se apensar dados a um arquivo existente, sem sobrepor dados existentes. Se o arquivo ainda não existir, ele é criado. Esses métodos são usados exatamente como `writeFile()` e `writeFileSync()`.

Fechando Arquivos

Como regra geral de programação, sempre feche qualquer arquivo que você abrir. Em aplicativos Node, arquivos são fechados usando-se os métodos `close()` e `closeSync()`. Ambos recebem um descritor de arquivo como argumento. Na versão assíncrona, uma função de rechamada é esperada como segundo argumento. O único argumento dessa função de rechamada é usado para indicar um possível erro. No exemplo da listagem 6-30, um arquivo é aberto usando-se `open()` e, depois, imediatamente fechado usando-se `close()`.

Listagem 6-30. Abrindo e fechando um arquivo com `open()` e `close()`

```
var fs = require("fs");
var path = "/dev/null";

fs.open(path, "w+", function(error, fd) {
    if (error) {
        console.error("erro de open: " + error.message);
    } else {
        fs.close(fd, function(error) {
            if (error) {
                console.error("erro de close: " + error.message);
            }
        });
    }
});
```

> ■ **Nota** Não é necessário fechar arquivos abertos usando-se métodos como `readFile()` e `writeFile()`. Esses métodos tratam tudo internamente. Além disso, eles não fornecem um descritor de arquivo a ser passado a `close()`.

Renomeando Arquivos

Para renomear um arquivo, use os métodos `rename()` ou `renameSync()`. O primeiro argumento para esses métodos é o nome atual do arquivo a ser renomeado. Como você deve imaginar, o segundo é o novo nome desejado. A função de rechamada para `rename()` recebe apenas um argumento, representando uma possível exceção. O exemplo da listagem 6-31 renomeia um arquivo chamado `foo.txt` como `bar.txt`.

Listagem 6-31. Renomeando um arquivo usando `rename()`

```
var fs = require("fs");
var oldPath = __dirname + "/foo.txt";
var newPath = __dirname + "/bar.txt";

fs.rename(oldPath, newPath, function(error) {
    if (error) {
        console.error("erro de rename: " + error.message);
    } else {
        console.log("O arquivo foi renomeado com sucesso!");
    }
});
```

Excluindo Arquivos

Arquivos são excluídos usando-se os métodos `unlink()` e `unlinkSync()`, que recebe um caminho de arquivo como argumento. A versão assíncrona recebe também uma função de rechamada como argumento. Essa função recebe apenas um argumento representando uma possível exceção. No exemplo da listagem 6-32, que mostra o uso do método `unlink()`, o aplicativo tenta excluir um arquivo chamado `foo.txt` localizado no mesmo diretório.

Listagem 6-32. Excluindo um arquivo usando o método `fs.unlink()`

```
var fs = require("fs");
var path = __dirname + "/foo.txt";

fs.unlink(path, function(error) {
    if (error) {
        console.error("erro de unlink: " + error.message);
    }
});
```

Criando Diretórios

Novos diretórios são criados com os métodos `mkdir()` e `mkdirSync()`. O primeiro argumento para `mkdir()` é o caminho do diretório a ser criado. Como `mkdir()` cria apenas o diretório do último nível, ele não pode ser usado para construir toda uma hierarquia de diretórios numa única chamada. Esse método recebe um segundo argumento opcional, que especifica as permissões do diretório e que tem valor omissivo igual a "0777". A versão assíncrona também recebe uma função de rechamada, cujo único argumento é uma possível exceção. A listagem 6-33 oferece um exemplo que usa `mkdir()` para criar a árvore de diretórios `foo/bar` no diretório do aplicativo.

Listagem 6-33. Criando vários diretórios usando `mkdir()`

```
var fs = require("fs");
var path = __dirname + "/foo";

fs.mkdir(path, function(error) {
    if (error) {
        console.error("erro de mkdir: " + error.message);
    } else {
        path += "/bar";
        fs.mkdir(path, function(error) {
            if (error) {
                console.error("erro de mkdir: " + error.message);
            } else {
                console.log("Construiu com sucesso " + path);
            }
```

            });
        }
    });

Lendo o Conteúdo de um Diretório

Os métodos `readdir()` e `readdirSync()` são usados para se obter o conteúdo de um dado diretório. O caminho do diretório é passado como argumento. O método `readdirSync()` retorna uma matriz de strings contendo os arquivos e subdiretórios no diretório, enquanto `readdir()` passa um erro e a mesma matriz de arquivos a uma função de rechamada. A listagem 6-34 mostra o uso de `readdir()` na leitura do conteúdo do diretório atual de trabalho do processo. Note que a matriz fornecida por `readdir()` e `readdirSync()` não contém os diretórios ".'' e "..''.

Listagem 6-34. Lendo o conteúdo de um diretório usando `readdir()`

```
var fs = require("fs");
var path = process.cwd();

fs.readdir(path, function(error, files) {
    files.forEach(function(file) {
        console.log(file);
    });
});
```

Removendo Diretórios

Você também pode excluir diretórios usando os métodos `rmdir()` e `rmdirSync()`. O caminho de diretório a ser removido é passado como primeiro argumento para cada método. O segundo argumento para `rmdir()` é uma função de rechamada que recebe uma possível exceção como único argumento. O exemplo da listagem 6-35 usa `rmdir()`.

Listagem 6-35. Excluindo um diretório usando `rmdir()`

```
var fs = require("fs");
var path = __dirname + "/foo";

fs.rmdir(path, function(error) {
    if (error) {
        console.error("erro de rmdir: " + error.message);
    }
});
```

Se você tentar excluir um diretório não vazio, ocorre um erro. A remoção de tal diretório dá um pouco mais de trabalho. O código da listagem 6-36 mostra uma maneira de implementar uma função `rmdir()` que remove diretórios não vazios. Antes de remover um diretório não vazio, nós primeiro temos de esvaziá-lo. Para tanto, removemos todos os arquivos no diretório e removemos recursivamente qualquer subdiretório.

Listagem 6-36. Implementando funcionalidade recursiva de `rmdir()`

```
var fs = require("fs");
var path = __dirname + "/foo";

function rmdir(path) {
    if (fs.existsSync(path)) {
        fs.readdirSync(path).forEach(function(file) {
            var f = path + "/" + file;
            var stats = fs.statSync(f);

            if (stats.isDirectory()) {
                rmdir(f);
            } else {
                fs.unlinkSync(f);
            }
        });

        fs.rmdirSync(path);
    }
}

// agora, chama a função rmdir() recursiva
rmdir(path);
```

O fato de todas as chamadas de função da listagem 6-36 serem síncronas, simplifica grandemente o código e torna o algoritmo mais fácil de se entender. Entretanto, funções síncronas não são o estilo do Node. A listagem 6-37 mostra a mesma funcionalidade implementada usando-se chamadas assíncronas. A primeira coisa a se notar, nesse exemplo, é que o módulo `async` foi incluído. Assim, nós podemos focar no algoritmo real, já que `async` cuida de amansar as chamadas a funções assíncronas.

Listagem 6-37. Uma implementação assíncrona do `rmdir()` recursivo

```
var async = require("async");
var fs = require("fs");
var path = __dirname + "/foo";

function rmdir(path, callback) {
    // primeiro, verifica se o caminho existe
    fs.exists(path, function(exists) {
        if (!exists) {
            return callback(new Error(path + " não existe"));
        }
```

```
            fs.readdir(path, function(error, files) {
                if (error) {
                    return callback(error);
                }

                // percorre os arquivos retornados por readdir()
                async.each(files, function(file, cb) {
                    var f = path + "/" + file;

                    fs.stat(f, function(error, stats) {
                        if (error) {
                            return cb(error);
                        }

                        if (stats.isDirectory()) {
                            // chama rmdir() recursivamente no diretório
                            rmdir(f, cb);
                        } else {
                            // exclui o arquivo
                            fs.unlink(f, cb);
                        }
                    });
                }, function(error) {
                    if (error) {
                        return callback(error);
                    }

                    // o diretório agora está vazio, então, exclui-o
                    fs.rmdir(path, callback);
                });
            });
        }

// agora, chama a função rmdir() recursiva
rmdir(path, function(error) {
    if (error) {
        console.error("erro de rmdir: " + error.message);
    } else {
        console.log("Removido com sucesso: " + path);
    }
});
```

Vigiando Arquivos

O módulo fs permite que seus aplicativos vigiem arquivos específicos com relação a modificações. Isso é feito usando-se o método watch(). O primeiro argumento para watch() é o caminho para o arquivo a ser vigiado. O segundo argumento opcional é um objeto. Se presente, esse objeto deve conter uma propriedade booleana chamada persistent. Se persistent for true (o valor omissivo), o aplicativo continua rodando, desde que pelo menos um arquivo esteja sendo vigiado. O terceiro argumento para watch() é uma função de rechamada opcional que é disparada toda vez que o arquivo alvo é modificado.

Se presente, a função de rechamada recebe dois argumentos. O primeiro, o tipo do evento de vigia, vai ser de dois um: change ou rename. O segundo argumento para a função de rechamada é o nome do arquivo sendo vigiado.

No exemplo da listagem 6-38, que mostra o método watch() em ação, um arquivo chamado foo.txt é vigiado persistentemente. Isto é, o aplicativo não termina, a menos que o programa seja morto (*killed*, em inglês) ou que o arquivo vigiado seja excluído. Sempre que foo.txt for modificado, um evento vai ser disparado e tratado pela função de rechamada. Se o arquivo for excluído, um evento rename é disparado e tratado e o programa termina.

Listagem 6-38. Vigiando um arquivo usando o método watch()

```
var fs = require("fs");
var path = __dirname + "/foo.txt";

fs.watch(path, {
    persistent: true
}, function(event, filename) {
    if (event === "rename") {
        console.log("O arquivo foi renomeado/excluído.");
    } else if (event === "change") {
        console.log("O arquivo foi modificado.");
    }
});
```

O método watch() também retorna um objeto do tipo fs.FSWatcher. Se a função de rechamada opcional for omitida, o FSWatcher pode ser usado para tratar os eventos (através da familiar sintaxe de tratamento de eventos vista no capítulo 4). A listagem 6-39 mostra um exemplo que usa um FSWatcher para tratar eventos de vigilância de arquivos. Note, também, o método close(), que é usado para instruir o FSWatcher a parar de vigiar o arquivo em questão. Portanto, este exemplo trata apenas um evento de modificação de arquivos.

Listagem 6-39. Vigiando um arquivo usando a sintaxe alternativa de `watch()`
```
var fs = require("fs");
var path = __dirname + "/foo.txt";
var watcher;

watcher = fs.watch(path);
watcher.on("change", function(event, filename) {
    if (event === "rename") {
        console.log("O arquivo foi renomeado/excluído.");
    } else if (event === "change") {
        console.log("O arquivo foi modificado.");
    }

    watcher.close();
});
```

> ■ **Nota** A documentação oficial do Node lista `watch()` como instável, porque ele depende do sistema de arquivos subjacente e não é implementado com 100 por cento de consistência entre plataformas. Por exemplo, o argumento `filename` da função de rechamada de `watch()` não está disponível em todos os sistemas.

Resumo

Esse capítulo apresentou as APIs de sistema de arquivos do Node. Trabalhar eficientemente com o sistema de arquivos é um fator chave em qualquer aplicativo legítimo. Sem acesso ao sistema de arquivos, um aplicativo não pode realizar tarefas como ler arquivos de configuração, criar arquivos de saída e escrever em registros de erros. Muitas tarefas de sistema de arquivos no Node são tratadas usando-se o módulo `fs`, e, portanto, o capítulo abordou os métodos mais importantes que `fs` fornece. Contudo, há uma série de outros métodos que esse capítulo não cobriu, métodos que permitem que você realize tarefas como mudar as permissões e o proprietário de um arquivo. Os leitores devem consultar a documentação completa (http://nodejs.org/api/fs.html) para uma lista de todos os métodos possíveis.

Capítulo 7

Fluxos

O Node faz uso intenso de fluxos como mecanismo de transferência de dados – por exemplo, para leitura e escrita de arquivos e transmissão de dados através de soquetes de rede. O capítulo 5 já mostrou os fluxos padrões – stdin, stdout e stderr. Este capítulo, que explora a API de fluxos do Node em maiores detalhes, apresenta os diferentes tipos de fluxos, como eles funcionam e suas várias aplicações. Mas antes de começar, você deve saber que a API de fluxos, embora sendo parte importante do núcleo do Node, é listada como instável na documentação oficial.

Que são Fluxos?

Fluxos são um mecanismo para transferência de dados entre dois pontos. Em termos de comportamento, uma simples mangueira de jardim fornece uma boa analogia. Quando você precisa aguar o gramado, usa uma mangueira para conectar a fonte d'água a um aspersor. Quando você abre a água, ela flui pela mangueira até o aspersor. Daí, cabe ao aspersor distribuir a água.

Os fluxos são conceitualmente muito similares. Compare o ato de aguar o gramado com uma chamada a console.log(), por exemplo. Nesse caso, um aplicativo Node atua como fonte de água. Quando console.log() é chamado, a água é aberta, e a informação flui pelo fluxo de saída padrão. Nesse ponto, o Node não está mais preocupado com o que acontece à água. O fluxo stdout entrega a água a seu destino. Nesse caso, o destino (o aspersor) poderia ser praticamente qualquer coisa – uma janela de terminal, um arquivo, outro programa.

Trabalhando com Fluxos

O Node suporta vários tipos de fluxos, todos eles herdando de EventEmitter. Cada tipo de fluxo se comporta de maneira ligeiramente diferente. Para trabalhar com os vários tipos de fluxo, primeiro importe o módulo central stream (veja a listagem 7-1).

Listagem 7-1. Importando o módulo stream
```
var Stream = require("stream");
```

Importar o módulo `stream` retorna uma referência ao construtor `Stream`. O construtor pode, então, ser usado para instanciar novos fluxos, como mostrado na listagem 7-2.

Listagem 7-2. Criando um novo fluxo usando o módulo `stream`
```
var Stream = require("stream");
var stream = new Stream();
```

Fluxos de Leitura

Fluxos de leitura são fontes de dados. Um típico fluxo de leitura é um arquivo que foi aberto para leitura. A maneira mais simples de se criar um fluxo de leitura é atribuir o valor `true` à propriedade `readable` do fluxo e depois emitir eventos `data`, `end`, `close` e `error`. As seções seguintes exploram como esses eventos são usados.

Eventos data

Você usa um evento `data` para indicar que uma nova porção de dados do fluxo (conhecida como *chunk*, em inglês) está disponível. Para cada evento `data` emitido, o tratador recebe a porção real de dados. Muitos aplicativos emitem a porção de dados como um `Buffer` binário. Isso é o que a documentação oficial especifica, embora, tecnicamente, qualquer dado possa ser emitido. Para fins de consistência, é recomendado que os eventos `data` usem um `Buffer`. O exemplo da listagem 7-3 emite um evento `data`, com a porção especificada como um `Buffer`.

Listagem 7-3. Criando um fluxo de leitura e emitindo um evento `data`
```
var Stream = require("stream");
var stream = new Stream();

stream.readable = true;
stream.emit("data", new Buffer("foo"));
```

O Evento end

Depois que o fluxo envia todos os seus dados, ele deve emitir um único evento `end`. Uma vez que esse evento é emitido, não se deve emitir mais eventos `data`. O evento `end` não inclui nenhum dado acompanhante. O exemplo da listagem 7-4 cria um fluxo de leitura que envia dados uma vez por segundo, durante cinco segundos, usando um intervalo. Comparações de datas são usadas para se determinar quando os cinco segundos se passaram. Nesse ponto, um evento `end` é emitido e o intervalo é eliminado.

Listagem 7-4. Um fluxo de leitura que emite vários eventos `data` seguidos de um evento `end`

```
var Stream = require("stream");
var stream = new Stream();
var duration = 5 * 1000;  // 5 segundos
var end = Date.now() + duration;
var interval;

stream.readable = true;
interval = setInterval(function() {
    var now = Date.now();

    console.log("Emitindo um evento data");
    stream.emit("data", new Buffer("foo"));

    if (now >= end) {
        console.log("Emitindo um evento end");
        stream.emit("end");
        clearInterval(interval);
    }
}, 1000);
```

■ **Nota** O método `Date.now()` retorna a data e hora atuais, especificadas como um número de milissegundos passados desde 1º de janeiro de 1970, 00:00:00 UTC.

O Evento `close`

O evento `close` é usado para indicar que a fonte subjacente dos dados do fluxo foi fechada. Por exemplo, fluxos que leem dados de um arquivo emitem um evento `close` quando o descritor de arquivo é fechado. Nem todos os fluxos de leitura emitem um evento `close`. Portanto, se implementar seu próprio fluxo de leitura, você não é obrigado a emitir esse evento. Se presente, o evento `close` não contém nenhum argumento adicional. Um exemplo de evento `close` é mostrado na listagem 7-5.

Listagem 7-5. Emitindo um evento `close`

```
var Stream = require("stream");
var stream = new Stream();

stream.readable = true;
stream.emit("close");
```

Eventos `error`

Eventos `error` são usados para indicar que ocorreu um problema com o fluxo de dados. Por exemplo, fluxos que leem de arquivos emitem um evento `error` se o arquivo de origem não existir. O tratador do evento `error` recebe um objeto `Error` com detalhes explicando o problema. O exemplo da listagem 7-6 emite um evento `error`.

Listagem 7-6. Emitindo um evento `error`
```
var Stream = require("stream");
var stream = new Stream();

stream.readable = true;
stream.emit("error", new Error("Alguma coisa deu errado!"));
```

Controlando Fluxos de Leitura

Para pausar fluxos de leitura, use o método `pause()`. Quando num estado pausado, um fluxo de leitura para de emitir eventos `data` (o capítulo 5 abordou `pause()` no contexto de `stdin`). Um exemplo de uso de `pause()` é mostrado na listagem 7-7.

Listagem 7-7. Chamando `pause()` em `stdin`
```
process.stdin.pause();
```

Por omissão, `stdin` se encontra em estado pausado (veja o capítulo 5). Para ler dados de `stdin` ou qualquer outro fluxo pausado, primeiro *despause-o*, usando o método `resume()`. O exemplo da listagem 7-8 mostra o uso de `resume()`. Depois de chamar `resume()`, os dados que chegarem através de `stdin` vão fazer com que eventos `data` sejam emitidos.

Listagem 7-8. Chamando `resume()` em `stdin`
```
process.stdin.resume();
```

Fluxos de Escrita

Tal como os fluxos de leitura são fontes de dados, os fluxos de escrita são destinos para dados. Para criar um fluxo de escrita, ajuste a propriedade `writable` do fluxo para `true` e defina métodos chamados `write()` e `end()`. As seções seguintes descrevem esses métodos, bem como outras características de fluxos de escrita.

O Método `write()`

O método `write()` é responsável por escrever uma porção de dados num fluxo. A porção de dados é passada a `write()` como um `Buffer` ou uma string. Se a porção for uma string, o segundo argumento opcional pode ser usado para especificar a codificação. Se nenhuma codificação for especificada, UTF-8 é usada por omissão. Como último argumento opcional, `write()` também recebe uma função de rechamada. Se presente, essa função é invocada assim que a porção é escrita com sucesso.

O método `write()` também retorna um valor booleano indicando se a porção foi descarregada no recurso subjacente. Se `true` for retornado, os dados foram descarregados e o fluxo pode receber mais. Se `false` for retornado, os dados ainda estão enfileirados e esperando para serem escritos. Retornar `false` também notifica a fonte de dados para parar de enviar dados até que o fluxo de escrita emita um evento `drain`.

O exemplo da listagem 7-9 mostra uma chamada ao método `write()` de `stdout`. A chamada a `write()` passa uma string. Como o texto é UTF-8, o argumento de codificação é omitido. A função de rechamada, portanto, se torna o segundo argumento.

Listagem 7-9. Uma chamada ao método `write()` de `stdout`
```
var success = process.stdout.write("foo\n", function() {
    console.log("Dados foram escritos com sucesso!");
});

console.log("sucesso = " + success);
```

Na saída resultante (veja a listagem 7-10), note a ordem em que as sentenças de impressão são executadas. A chamada a `write()` é completada, fazendo com que a função de rechamada seja agendada no laço de eventos. Contudo, a execução retorna de `write()` e depois prossegue para imprimir o valor de sucesso. Nesse ponto, já que a função de rechamada é o único item que resta no laço de eventos, ela é executada, fazendo com que a sentença de impressão final seja executada.

Listagem 7-10. A saída resultante da execução do código da listagem 7-9
```
$ node write.js
foo
sucesso = true
Dados foram escritos com sucesso!
```

O Método end()

O método `end()`, usado para sinalizar o final do fluxo de dados, pode ser chamado sem nenhum argumento. No entanto, ele também pode ser chamado com os mesmos argumentos que `write()`. Esse é um atalho conveniente para situações em que `write()` precisa ser chamado apenas uma vez, seguido de `end()`.

O Evento drain

Quando `write()` retorna `false`, a fonte de dados do fluxo não deve enviar mais dados. O evento `drain` é usado para alertar à fonte que o fluxo de escrita, tendo processado todos os seus dados, pode novamente começar a receber dados. O evento `drain` não inclui nenhum dado acompanhante.

O Evento finish

Quando `end()` é chamado e nenhum dado a mais deve ser escrito, o fluxo emite um evento `finish`. Ele também não fornece nenhum dado adicional. Diferentemente de `drain`, que pode ser emitido muitas vezes, `finish` pode ser usado para detectar o final do fluxo.

Os Eventos close e error

Tal como os fluxos de leitura, os fluxos de escrita têm eventos `close` e `error` que se comportam da mesma forma.

Um Exemplo de Fluxo de Escrita

Vamos examinar, agora, um fluxo de escrita personalizado muito simples. Fluxos personalizados são úteis quando você quer usar a API de fluxos numa situação que não é suportada prontamente pelo Node. No código da listagem 7-11, adaptado do exemplo de James Halliday (https://github.com/substack/stream-handbook), o fluxo conta o número de bytes que processa. Toda vez que o método `write()` é chamado, a contagem total de bytes é aumentada com o número de bytes no buffer. Quando `end()` é chamado, ele verifica se um buffer foi passado. Em caso afirmativo, o buffer é passado a `write()`. O fluxo é, então, desativado pelo ajuste da propriedade `writable` para `false` e pela emissão de um evento `finish`. Por fim, o número total de bytes processados pelo fluxo é exibido.

Listagem 7-11. Um fluxo de escrita personalizado que conta os bytes que processa

```
var Stream = require("stream");
var stream = new Stream();
var bytes = 0;

stream.writable = true;

stream.write = function(buffer) {
    bytes += buffer.length;
};

stream.end = function(buffer) {
    if (buffer) {
        stream.write(buffer);
```

```
    }
    stream.writable = false;
    stream.emit("finish");
    console.log(bytes + " bytes escritos");
};
```

Pipes

Vamos voltar à analogia da mangueira de jardim. E se sua mangueira não fosse comprida o suficiente para ir da fonte d'água até o gramado? Você poderia usar múltiplas mangueiras e conectá-las. De forma similar, fluxos de dados podem também ser encadeados para realizar uma tarefa maior. Por exemplo, vamos supor que temos dois programas, Programa A e Programa B. Programa A, cujo código é mostrado na listagem 7-12, gera um inteiro aleatório de um único dígito (0–9) uma vez por segundo e o expõe em `stdout`. Programa B, mostrado na listagem 7-13, lê um número arbitrário de inteiros de `stdin` e expõe a soma em `stdout`. Tudo o que você precisa, agora, é de uma mangueira para conectar os dois programas.

Listagem 7-12. Um gerador de inteiros aleatórios de um único dígito
```
setInterval(function() {
    var random = Math.floor(Math.random() * 10);

    console.log(random);
}, 1000);
```

Listagem 7-13. Um aplicativo que soma números lidos de `stdin`
```
var sum = 0;

process.stdin.on("data", function(data) {
    var number = parseInt(data.toString(), 10);

    if (isFinite(number)) {
        sum += number;
    }

    console.log(sum);
});

process.stdin.resume();
```

■ **Nota** `Math.random()` retorna um número pseudoaleatório de ponto flutuante entre 0 (inclusive) e 1 (exclusivo). Multiplicando-se esse valor por 10, como mostrado na listagem 7-12, obtém-se um número aleatório de ponto flutuante entre 0 (inclusive) e 10 (exclusivo). `Math.floor()` retorna o maior inteiro que é menor que o argumento passado. Portanto, a listagem 7-12 gera um inteiro aleatório entre 0 (inclusive) e 9 (inclusive).

Essas mangueiras metafóricas são chamadas de *pipes* (tubos ou canos, em inglês). Se você já fez algum programa para shell, sem dúvida já se deparou com pipes. Eles permitem que o fluxo de saída de um processo alimente diretamente o fluxo de entrada de outro. Na programação para shell, o operador de pipe, |, implementa os pipes. A listagem 7-14 mostra como usar um pipe para conectar os dois programas de exemplo da linha de comandos. No exemplo, a saída de Programa A é *encanada* para a entrada de Programa B. Quando você roda esse comando, vê um fluxo de números, representando o valor da variável sum de Programa B, impressos no console, numa taxa de um por segundo.

Listagem 7-14. Encanando a saída de um programa para outro

```
$ node Program-A.js | node Program-B.js
```

O Método pipe()

Dentro de aplicativos Node, os fluxos podem ser encanados uns nos outros usando-se o método pipe(), que recebe dois argumentos: um fluxo de escrita obrigatório, que atua como destino para os dados e um objeto opcional, usado para passar opções. No exemplo simples da listagem 7-15, um pipe é criado de stdin para stdout. Quando esse programa é rodado, ele escuta entradas do usuário. Quando a tecla Enter é pressionada, quaisquer dados digitados pelo usuário ecoam de volta em stdout.

Listagem 7-15. Encanando stdin para stdout usando o método pipe()

```
process.stdin.pipe(process.stdout);
```

O segundo argumento, opcional, para pipe() é um objeto que possa conter uma única propriedade booleana, end. Se end for true (o comportamento omissivo), o fluxo de destino é fechado quando o fluxo de origem emite seu evento end. Se end for ajustado para false, porém, o fluxo de destino permanece aberto, e, assim, dados adicionais podem ser escritos nele, sem a necessidade de reabri-lo.

> ■ **Nota** Os fluxos padrões se comportam sincronamente, quando associados a um arquivo ou janela de terminal. Por exemplo, uma escrita em stdout vai bloquear o resto do programa. Contudo, quando eles são encanados, se comportam assincronamente, tal como qualquer outro fluxo. Além disso, os fluxos de escrita padrões, stdout e stderr, não podem ser fechados, até que o processo termine, independente do valor da opção end.

De Volta ao Exemplo do Fluxo de Escrita

Quando a listagem 7-11 introduziu um fluxo de escrita personalizado, você não foi capaz de vê-lo fazer nada. Agora que você aprendeu sobre pipes, aquele fluxo de exemplo pode ser alimentado com alguns dados. A listagem 7-16 mostra como isso é feito. As três últimas linhas são particularmente dignas de nota. Primeiro, um pipe com mesma origem e destino é criado. Depois, o fluxo emite um evento data seguido de um evento end.

Listagem 7-16. Encanando dados para o fluxo de escrita personalizado da listagem 7-11

```
var Stream = require("stream");
var stream = new Stream();
var bytes = 0;

stream.writable = true;

stream.write = function(buffer) {
    bytes += buffer.length;
};

stream.end = function(buffer) {
    if (buffer) {
        stream.write(buffer);
    }

    stream.writable = false;
    stream.emit("finish");
    console.log(bytes + " bytes escritos");
};

stream.pipe(stream);
stream.emit("data", new Buffer("foo"));
stream.emit("end");
```

Esses eventos disparam os métodos `write()` e `end()` do fluxo de escrita. A saída resultante é mostrada na listagem 7-17.

Listagem 7-17. A saída resultante da execução do código da listagem 7-16
```
$ node custom-stream.js
3 bytes escritos
```

Fluxos de Arquivos

No capítulo 6, você viu como ler e escrever em arquivos usando os métodos `readFile()` e `writeFile()` do módulo `fs`, bem como seus correspondentes síncronos. Esses métodos são extremamente convenientes, mas têm o potencial de causar problemas de memória em seus aplicativos. Para relembrar, tome o exemplo de readFile() mostrado na listagem 7-18, onde um arquivo chamado foo.txt é lido assincronamente. Uma vez que a leitura está completa, a função de rechamada é invocada e o conteúdo do arquivo é impresso no console.

Listagem 7-18. Lendo um arquivo usando fs.readFile()

```
var fs = require("fs");
fs.readFile(__dirname + "/foo.txt", function(error, data) {
    console.log(data);
});
```

Para entender o problema, suponha que seu aplicativo seja um servidor web que recebe centenas ou milhares de conexões a cada segundo. Suponha, também, que todos os arquivos sendo servidos sejam, por qualquer razão, significativamente grandes e que readFile() seja usado para ler os arquivos do disco para a memória a cada requisição, antes de retornar os dados aos clientes. Quando readFile() é invocado, ele põe em buffer todo o conteúdo do arquivo, antes de invocar sua função de rechamada. Como seu ocupado servidor está pondo em buffer muitos arquivos grandes simultaneamente, o consumo de memória pode estourar.

Assim, como se pode evitar toda essa situação? Como se vai ver, o módulo do sistema de arquivos fornece métodos para leitura e escrita de arquivos como fluxos. Esses métodos, createReadStream() e createWriteStream(), porém, diferentemente da maioria dos outros métodos de fs, não têm equivalentes síncronos. Portanto, o capítulo 6 os omitiu intencionalmente, até que você tivesse uma apresentação mais clara dos fluxos.

createReadStream()

Como o nome indica, createReadStream() é usado para abrir um arquivo como fluxo de leitura. Em sua forma mais simples, createReadStream() recebe o nome de um arquivo como argumento e retorna um fluxo de leitura do tipo ReadStream. Como o tipo ReadStream, definido no módulo fs, herda do fluxo de leitura padrão, ele pode ser usado da mesma forma.

O exemplo da listagem 7-19 mostra createReadStream() lendo o conteúdo de um arquivo. O tratador do evento data é usado para imprimir porções de dados, à medida que eles chegam pelo fluxo. Como um arquivo pode consistir de múltiplas porções, process.stdout.write() é usado para exibir as porções. Se console.log() fosse usado e o arquivo tivesse mais de uma porção, a saída conteria quebras de linha extras inexistentes no arquivo original. Quando o evento end é recebido, console.log() é usado para simplesmente imprimir um *newline* final na saída.

Listagem 7-19. Lendo um arquivo usando `fs.createReadStream()`
```
var fs = require("fs");
var stream;

stream = fs.createReadStream(__dirname + "/foo.txt");

stream.on("data", function(data) {
    var chunk = data.toString();

    process.stdout.write(chunk);
});

stream.on("end", function() {
    console.log();
});()
```

O Evento open de ReadStream

Como anteriormente mencionado, o tipo `ReadStream` herda do fluxo base de leitura. Isso significa que `ReadStream` pode aumentar o comportamento do fluxo base. O evento `open` é um perfeito exemplo disso. Quando o nome de arquivo passado a `createReadStream()` é aberto com sucesso, o fluxo emite um evento `open`. A função tratadora desse evento é invocada com um único parâmetro, o descrito de arquivo usado pelo fluxo. Ao pôr um manipulador no descritor de arquivo, `createReadStream()` pode ser usado em conjunto com outros métodos de sistema de arquivos que trabalham com tais descritores de arquivos, como `fstat()`, `read()`, `write()` e `close()`. No exemplo da listagem 7-20, quando um tratador do evento `open` é invocado, o descritor de arquivo é passado a `fstat()` para exibir as estatísticas do arquivo.

Listagem 7-20. Chamando `fstat()` usando um descritor de arquivo a partir do tratador do evento `open`
```
var fs = require("fs");
var stream;

stream = fs.createReadStream(__dirname + "/foo.txt");

stream.on("open", function(fd) {
    fs.fstat(fd, function(error, stats) {
        if (error) {
            console.error("erro de fstat: " + error.message);
        } else {
            console.log(stats);
        }
    });
});
```

O Argumento `options`

O segundo argumento, opcional, que `createReadStream()` recebe, é chamado `options`. Se presente, esse argumento é um objeto cujas propriedades permitem que você modifique o comportamento de `createReadStream()`. As várias propriedades suportadas pelo argumento `options` são descritas na tabela 7-1.

Tabela 7-1. Descrição das propriedades suportadas pelo argumento `options`

Nome da propriedade	Descrição
`fd`	Um descritor de arquivo existente. Seu valor omissivo é `null`. Se um valor for fornecido, não é necessário especificar um nome de arquivo como primeiro argumento para `createReadStream()`.
`encoding`	Especifica a codificação de caracteres do fluxo. O valor omissivo é `null`. Os tipos de codificação suportados são descritos na tabela 5-1.
`autoClose`	Se `true`, o arquivo é automaticamente fechado, quando um evento `end` ou `error` é emitido. Se `false`, o arquivo não é fechado. O valor omissivo é `true`.
`flags`	O argumento `flags` passado a `open()`. Veja na tabela 6-3 uma lista de valores disponíveis. O valor omissivo é "`r`".
`mode`	O argumento `mode` passado a `open()`. O omissivo é "`0666`".
`start`	O índice do byte, no arquivo (inclusive) do início da leitura. O omissivo é zero (o início do arquivo).
`end`	O índice do byte, no arquivo (inclusive) do término da leitura. Só pode ser usado se `start` também for especificado. O omissivo é <u>Infinity</u> (o final do arquivo).

No exemplo da listagem 7-21, que utiliza o argumento `options` de `createReadStream()`, um descritor de arquivo retornado por `open()` é passado a `createReadStream()`. Como um descritor de arquivo existente está sendo usado, `null` é passado, em vez de um nome de arquivo, como primeiro argumento para `createReadStream()`. O exemplo também usa as opções `start` e `end` para pular o primeiro e o último byte do arquivo. O método `fstat()` é usado para determinar o tamanho do arquivo, a fim de ajustar `end` apropriadamente. O exemplo também inclui uma série de verificações de erros. Por exemplo, o código não vai funcionar convenientemente se um diretório for usado, em vez de um arquivo normal.

Listagem 7-21. Utilizando o argumento `options` de `createReadStream()`

```
var fs = require("fs");

fs.open(__dirname + "/foo.txt", "r", function(error, fd) {
    if (error) {
        return console.error("erro de open: " + error.message);
    }

    fs.fstat(fd, function(error, stats) {
        var stream;
        var size;

        if (error) {
            return console.error("erro de fstat: " + error.message);
        } else if (!stats.isFile()) {
            return console.error("somente arquivos, por favor");
        } else if ((size = stats.size) < 3) {
            return console.error("arquivo deve ter no mínimo três bytes");
        }

        stream = fs.createReadStream(null, {
            fd: fd,
            start: 1,
            end: size - 2
        });

        stream.on("data", function(data) {
            var chunk = data.toString();

            process.stdout.write(chunk);
        });

        stream.on("end", function() {
            console.log();
        });
    });
});
```

createWriteStream()

Para criar um fluxo de escrita associado a um arquivo, use `createWriteStream()`. Tal como `createReadStream()`, `createWriteStream()` recebe um caminho de arquivo como seu primeiro argumento e um objeto `options` opcional como segundo, e retorna uma instância de `WriteStream`, um tipo de dado definido no módulo `fs` que herda do tipo base de fluxo de escrita.

O exemplo da listagem 7-22, mostra como dados podem ser encanados para um fluxo de escrita em arquivo criado com `createWriteStream()`. Nesse exemplo, um fluxo de leitura de arquivo é criado, o qual extrai dados de `foo.txt`. Os dados são, então, encanados através de um fluxo de escrita para um arquivo chamado `bar.txt`.

Listagem 7-22. Encanando um fluxo de leitura de arquivo para um fluxo de escrita em arquivo

```
var fs = require("fs");
var readStream = fs.createReadStream(__dirname + "/foo.txt");
var writeStream = fs.createWriteStream(__dirname + "/bar.txt");

readStream.pipe(writeStream);
```

O argumento `options` para `createWriteStream()` é ligeiramente diferente do que é usado por `createReadStream()`. A tabela 7-2 descreve as várias propriedades que o objeto `options` passado a `createWriteStream()` pode incluir.

Tabela 7-2. *As propriedades suportadas pelo argumento* `options` *para* `createWriteStream()`

Nome da propriedade	Descrição
fd	Um descritor de arquivo existente. O valor omissivo é `null`. Se um valor for fornecido, não é necessário especificar um nome de arquivo como primeiro argumento para `createWriteStream()`.
flags	Argumento `flags` passado a `open()`. Veja a tabela 6-3 para uma lista de valores disponíveis. O omissivo é "w".
encoding	Especifica a codificação de caracteres do fluxo. O omissivo é `null`.
mode	O argumento `mode` passado a `open()`. O omissivo é "0666,".
start	O índice do byte, no arquivo (inclusive), em que começar a escrever. O omissivo é zero (o início do arquivo).

O Evento open de `WriteStream`

O tipo `WriteStream` também implementa seu próprio evento `open`, que é emitido quando o arquivo de destino é aberto com sucesso. O tratador do evento `open` recebe o descritor de arquivo como único argumento. Um exemplo de tratador do evento `open` para um fluxo de escrita de arquivo é mostrado na listagem 7-23. Este exemplo simplesmente imprime o inteiro que representa o descritor de arquivo do arquivo aberto.

Listagem 7-23. Um tratador do evento `open` para um fluxo de escrita em arquivo
```
var fs = require("fs");
var stream = fs.createWriteStream(__dirname + "/foo.txt");

stream.on("open", function(fd) {
    console.log("Descritor de arquivo: " + fd);
});
```

A Propriedade `bytesWritten`

O tipo `WriteStream` mantém uma contagem do número de bytes escritos no fluxo subjacente. Essa contagem está disponível através da propriedade `bytesWritten` do fluxo. A listagem 7-24 mostra como `bytesWritten` é usada. Voltando ao exemplo da listagem 7-22, o conteúdo de um arquivo é lido usando-se um fluxo de leitura e depois é encanado para outro arquivo, usando-se um fluxo de escrita. No entanto, a listagem 7-24 inclui um tratador para o evento `finish` do fluxo de escrita. Quando esse evento é emitido, esse tratador é invocado e o número de bytes que foi escrito no arquivo é exibido.

Listagem 7-24. Usando a propriedade `bytesWritten` de `WriteStream`
```
var fs = require("fs");
var readStream = fs.createReadStream(__dirname + "/foo.txt");
var writeStream = fs.createWriteStream(__dirname + "/bar.txt");

readStream.pipe(writeStream);

writeStream.on("finish", function() {
    console.log(writeStream.bytesWritten);
});
```

Compressão usando o Módulo `zlib`

Compressão é o processo de codificação de informações usando menos bits que sua representação original. Compressão é útil porque permite que dados sejam armazenados ou transmitidos usando-se menos bytes. Quando os dados precisam ser recuperados, eles simplesmente são descomprimidos para seu estado original. Compressão é muito usada em servidores web para melhorar o tempo de resposta, pela redução do número de bytes enviados pela rede. Entretanto, deve-se notar que a compressão não sai de graça e pode aumentar os tempos de resposta. Compressão também é comumente usada para reduzir tamanhos de arquivos, quando do arquivamento de dados.

O módulo central `zlib` do Node fornece APIs de compressão e descompressão que são implementadas usando-se fluxos. Como o módulo `zlib` é baseado em fluxos, ele permite a fácil compressão e descompressão de dados usando-se pipes. Especificamente, `zlib` fornece conexões para compressão usando-se Gzip, Deflate e DeflateRaw, bem como descompressão usando-se Gunzip, Inflate e InflateRaw. Como todos os três desses esquemas fornecem a mesma interface, alternar entre eles é uma simples questão de mudar nomes de métodos.

O exemplo da listagem 7-25, que usa Gzip para comprimir um arquivo, começa pela importação dos módulos `fs` e `zlib`. Em seguida, o método `zlib.creatGzip()` é usado para criar um fluxo de compressão Gzip. A fonte dos dados, `input.txt`, é usada para criar um fluxo de leitura de arquivo. Da mesma forma, um fluxo de escrita em arquivo é criado para dar saída aos dados comprimidos para `input.txt.gz`. A última linha da listagem realiza a compressão de fato, lendo os dados não comprimidos e encanando-os pelo compressor Gzip. Os dados comprimidos são encanados para o arquivo de saída.

Listagem 7-25. Comprimindo um arquivo usando compressão Gzip

```
var fs = require("fs");
var zlib = require("zlib");
var gzip = zlib.createGzip();
var input = fs.createReadStream("input.txt");
var output = fs.createWriteStream("input.txt.gz");

input.pipe(gzip).pipe(output);
```

Para testar o aplicativo de compressão, simplesmente crie `input.txt` e armazene 100 caracteres A nele (o tamanho do arquivo deve ser de 100 bytes). Depois, rode o compressor Gzip. O arquivo `input.txt.gz` deve ser criado com um tamanho de 24 bytes. É claro que o tamanho do arquivo comprimido depende de algumas coisas. O primeiro fator é o tamanho dos dados descomprimidos. Entretanto, a eficiência da compressão também depende do número de padrões de repetição nos dados originais. Nosso exemplo alcançou excelente compressão, porque todos os caracteres no arquivo eram os mesmos. Ao substituir um único A por um B, o tamanho do arquivo comprimido pula de 24 para 28 bytes, muito embora os dados de origem tenham o mesmo tamanho.

Os dados comprimidos podem ser menores, mas isso não é particularmente útil. Para trabalhar com dados comprimidos, nós precisamos descomprimi-los. Um aplicativo de descompressão Gzip de amostra é mostrado na listagem 7-26. O método `zlib.createGunzip()` cria um fluxo que realiza a descompressão. O arquivo `input.txt.gz` da listagem 7-25 é usado como fluxo de leitura, que é encanado através do fluxo de Gunzip. Os dados descomprimidos são, então, encanados para um novo arquivo de saída, `output.txt`.

Listagem 7-26. Descomprimindo um arquivo comprimido com Gzip usando Gunzip

```
var fs = require("fs");
var zlib = require("zlib");
var gunzip = zlib.createGunzip();
var input = fs.createReadStream("input.txt.gz");
```

```
var output = fs.createWriteStream("output.txt");

input.pipe(gunzip).pipe(output);
```

Deflate/Inflate e DeflateRaw/InflateRaw

O esquema de compressão Deflate pode ser usado como alternativa a Gzip. O esquema DeflateRaw é similar a Deflate, mas omite o cabeçalho zlib que está presente em Deflate. Como anteriormente mencionado, o uso para esses esquemas é o mesmo que para Gzip. Os métodos usados para criar fluxos Deflate e DeflateRaw são `zlib.createDeflate()` e `zlib.createDeflateRaw()`. Similarmente, `zlib.createInflate()` e `zlib.createInflateRaw()` são usados para criar os fluxos de descompressão correspondentes. Um método adicional, `zlib.createUnzip()`, é usado da mesma forma e pode descomprimir tanto dados comprimidos com Gzip quanto com Deflate, detectando automaticamente o esquema de compressão.

Métodos de Conveniência

Todos os tipos de fluxo anteriormente mencionados têm um método de conveniência correspondente para compressão/descompressão de uma string ou `Buffer` de uma vez só. Esses métodos são `gzip()`, `gunzip()`, `deflate()`, `inflate()`, `deflateRaw()`, `inflateRaw()` e `unzip()`. Cada um deles recebe um `Buffer` ou uma string como primeiro argumento e uma função de rechamada como o segundo. A função de rechamada recebe uma condição de erro como primeiro argumento e o resultado da compressão/descompressão (um `Buffer`) como o segundo. A listagem 7-27 mostra como `deflate()` e `unzip()` são usados para comprimir e descomprimir uma string. Depois da compressão e descompressão, os dados são impressos no console. Se tudo correr bem, a mesma string armazenada na variável data é exibida.

Listagem 7-27. Compressão e descompressão usando os métodos de conveniência

```
var zlib = require("zlib");
var data = "This is some data to compress!";

zlib.deflate(data, function(error, compressed) {
    if (error) {
        return console.error("Não pôde comprimir os dados!");
    }

    zlib.unzip(compressed, function(error, decompressed) {
        if (error) {
            return console.error("Não pôde descomprimir os dados!");
        }

        console.log(decompressed.toString());
    });
});
```

Resumo

Esse capítulo apresentou o conceito de fluxos de dados. Você viu como criar seus próprios fluxos e como usar as APIs de fluxos existentes, tais como fluxos de arquivos. Os próximos capítulos mostram fluxos no contexto de programação de rede. Você também vai aprender a fazer *spawn* e controlar processos filhos, que expõem seus próprios fluxos padrões.

Capítulo 8

■ ■ ■

Dados binários

Até aqui, só estudamos aplicativos que processam dados textuais. Frequentemente, porém, os aplicativos devem trabalhar com dados binários, em vez de texto, para poupar espaço e tempo. Além disso, alguns dados de aplicativos, como imagens e áudio, são inerentemente binários. À medida que os aplicativos web aumentam em sofisticação, o uso de dados binários está se tornando mais popular, mesmo no navegador. Assim, o foco deste capítulo se volta para aplicativos que tratam dados binários puros. Ele examina o que são dados binários e como eles são tratados no padrão JavaScript, bem como características únicas do Node.

Visão Geral de Dados Binários

Então, o que, exatamente, são dados binários? Se você fosse pensar, "num computador, todos os dados são binários", você estaria certo. No nível mais básico, praticamente toda porção de dados num computador é armazenada em forma binária – tal como uma série de uns e zeros representando números binários e valores booleanos lógicos. No entanto, quando o termo "dados binários" é usado no contexto das linguagens de programação, ele se refere a dados que não contêm nenhuma abstração ou estrutura adicional. Por exemplo, considere o simples objeto JSON mostrado na listagem 8-1. Esse objeto é considerado JSON porque adere a certa sintaxe. As chaves, as aspas e os dois pontos são todos necessários para que ele seja um objeto JSON válido.

Listagem 8-1. Um simples objeto JSON
```
{"foo": "bar"}
```

Você também poderia ver o exemplo como uma simples série de caracteres. Nesse caso, as chaves subitamente perdem a importância semântica. Em vez de marcarem o início e o término de um objeto JSON, elas simplesmente são dois caracteres a mais numa string. Substituí-las por quaisquer outros caracteres não faria qualquer diferença. Em última instância, você tem uma string contendo 14 caracteres casualmente em conformidade com a sintaxe JSON. Porém, os dados ainda estão sendo interpretados como texto, não como verdadeiros dados binários.

No trabalho com texto, porções de dados são definidas em termos de caracteres. Por exemplo, a string da listagem 8-1 tem 14 caracteres de comprimento. No trabalho com dados binários, fala-se de bytes ou octetos. Para que bytes sejam interpretados como texto, algum tipo de codificação de caracteres deve ser usado. Dependendo do tipo de codificação, pode haver ou não um mapeamento de um para um, de caracteres para bytes.

> ■ **Nota** Um octeto é uma porção de dados de 8 bits. O termo `byte` também é comumente usado para descrever dados de 8 bits. Contudo, historicamente, o byte nem sempre tem sido 8 bits. Este livro considera a definição comum de byte com 8 bits e usa o termo alternadamente com octeto.

O Node suporta uma série de codificações de caracteres, mas normalmente usa por omissão o UTF-8. O UTF-8 é uma codificação de largura variável, que guarda compatibilidade com o ASCII, mas também pode representar todos os caracteres Unicode. Como a codificação UTF-8 tem largura variável, alguns caracteres são representados usando-se um único byte, mas muitos não o são. Mais especificamente, um único caractere UTF-8 pode exigir entre 1 e 4 bytes.

A listagem 8-2 mostra a string da listagem 8-1 representada como dados binários. Como eles consistem de longas sequências de uns (1) e zeros (0), os dados binários são frequentemente exibidos em notação hexadecimal, na qual cada dígito representa 4 bits. Portanto, cada par de dígitos hexa representa um octeto. Nesse exemplo, cada caractere textual está codificado em UTF-8 como um único byte. Assim, a listagem 8-2 contém 14 bytes. Pelo exame do valor de cada byte, você pode começar a ver um padrão no mapeamento para caracteres. Por exemplo, o valor do byte 22 ocorre quatro vezes – onde as aspas estão localizadas na listagem 8-1. O valor 6f, correspondente ao "oo" em "foo", também ocorre duas vezes numa linha.

Listagem 8-2. A string da listagem 8-1 representada como dados binários escritos em hexadecimal

```
7b 22 66 6f 6f 22 3a 20 22 62 61 72 22 7d
```

No último exemplo, cada caractere de texto foi convenientemente mapeado num único byte. Todavia, isso nem sempre acontece. Por exemplo, considere o caractere Unicode do homenzinho de neve (veja a listagem 8-3), o qual, embora raramente usado, é uma string de dados perfeitamente válida em JavaScript. A listagem 8-4 mostra a representação binária do homenzinho de neve. Note que 3 bytes são necessários para representar esse único caractere em codificação UTF-8.

Listagem 8-3. O caractere Unicode do homem de neve

Listagem 8-4. O caractere do homem de neve representado como dados binários

```
e2 98 83
```

Terminação

Outro assunto que às vezes surge quando se trabalha com dados binários é a terminação. Terminação se refere à maneira como uma dada máquina armazena dados na memória e entra em cena quando se armazena dados multibytes, tais como números inteiros e de ponto flutuante. Os dois tipos mais comuns de terminação são *big-endian* (terminação grande) e *little-endian* (terminação pequena). Uma máquina big-endian armazena primeiro o byte mais significativo de um item de dado. Nesse caso, "primeiro" se refere ao menor endereço de memória. Uma máquina little-endian, por outro lado, armazena o byte menos significativo no menor endereço de memória. Para ilustrar a diferença entre os armazenamentos big-endian e little-endian, vamos examinar como o número 1 é armazenado em cada esquema. A figura 8-1 mostra o número 1 codificado como um inteiro sem sinal de 32 bits. Os bytes mais significativo e menos significativo estão rotulados para sua conveniência. Como o comprimento do dado é 32 bits, 4 bytes são necessários para armazenar esses dados na memória.

Figura 8-1. O número 1, codificado como inteiro sem sinal de 32 bits, mostrado em hexadecimal

A figura 8-2 mostra como o dado é armazenado numa máquina big-endian, enquanto a figura 8-3 mostra o mesmo dado representado num formato little-endian. Note que o byte contendo 01 troca de lado, de uma representação para a outra. Os rótulos 0x00000000 e 0xFFFFFFFF denotam os endereços crescentes do espaço de memória.

Figura 8-2. O número 1, como armazenado na memória numa máquina big-endian

Depois de examinar as figuras 8-2 e 8-3, você pode ver porque o entendimento da terminação interessa. Se um número armazenado numa terminação é interpretado na outra, o resultado vai ser completamente errado. Para ilustrar esse ponto, vamos voltar ao exemplo do número 1. Suponha que os dados foram escritos num arquivo numa máquina que usa armazenamento little-endian. E se esse arquivo for passado para outra máquina e lido como dados em big-endian? Como se pode ver, o número 00 00 00 01 seria interpretado como 01 00 00 00. Se você fizer o cálculo, vai perceber que ele passou a ser 2^{24}, ou 16.777.216 – uma diferença de quase 17 milhões!

Figura 8-3. O número 1, conforme armazenado na memória numa máquina little-endian

Determinando a Terminação

O módulo central `os` fornece um método, `endianness()`, que, como o nome indica, é usado para se determinar a terminação da máquina atual. O método `endianness()` não recebe nenhum argumento, e retorna uma string indicando a terminação da máquina. Se a máquina empregar armazenamento big-endian, `endianness()` retorna a string "BE". Inversamente, se little-endian for usado, "LE" é retornado. O exemplo da listagem 8-5 chama `endianness()` e imprime o resultado no console.

Listagem 8-5. Determinando a terminação de uma máquina usando o método `os.endianness()`

```
var os = require("os");
console.log(os.endianness());
```

A Especificação de Matriz Tipificada

Antes de examinar a maneira específica do Node tratar dados binários, vamos examinar os tratadores de dados binários padrões do JavaScript, conhecidos como a *especificação de matriz tipificada*. Este nome vem do fato de que, diferentemente das variáveis normais do JavaScript, uma matriz de dados binários tem um tipo de dado específico que não muda. Como a especificação de matriz tipificada é parte da linguagem JavaScript, o material desta seção tanto é aplicável no navegador (se suportado) quanto no Node. A maioria dos navegadores modernos suporta, ao menos parcialmente, dados binários, mas, quais navegadores suportam quais funcionalidades, são detalhes que fogem ao escopo deste livro.

ArrayBuffers

A API de dados binários do JavaScript consiste de duas partes, um buffer e uma vista. O buffer, implementado usando-se o tipo de dado `ArrayBuffer`, é um contentor genérico que guarda uma matriz de bytes. Como `ArrayBuffers` são estruturas de comprimento fixo, uma vez criadas, elas não podem ser redimensionadas. Também é aconselhável não trabalhar diretamente com o conteúdo de um `ArrayBuffer`. Ao invés, crie uma vista para manipular o conteúdo do `ArrayBuffer` (o tópico de vistas vai ser revisitado logo mais).

Um `ArrayBuffer` é criado chamando-se o construtor `ArrayBuffer()`. A função construtora recebe um único argumento, um inteiro representando o número de bytes no `ArrayBuffer`. O exemplo da listagem 8-6 cria um novo `ArrayBuffer` que pode guardar um total de 1.024 bytes.

Listagem 8-6. Criando um `ArrayBuffer` de 1.024 bytes

```
var buffer = new ArrayBuffer(1024);
```

Trabalhar com um `ArrayBuffer` existente é muito semelhante a trabalhar com uma matriz normal. Os bytes individuais são lidos e escritos usando-se a notação de subscritos de matriz. Mas, como um `ArrayBuffer` não pode ser redimensionado, escrever num índice não existente não muda a estrutura de dados subjacente. Ao invés, a escrita não ocorre e falha silenciosamente. No exemplo da listagem 8-7, que mostra uma tentativa de se escrever além do final de um `ArrayBuffer`, um `ArrayBuffer` de 4 bytes vazio é inicializado. Em seguida, um valor é escrito em cada byte, incluindo uma escrita além do final do `ArrayBuffer`. Por fim, o `ArrayBuffer` é impresso no console.

Listagem 8-7. Escrevendo valores num `ArrayBuffer` e imprimindo o resultado

```
var foo = new ArrayBuffer(4);

foo[0] = 0;
foo[1] = 1;
foo[2] = 2;
foo[3] = 3;

// essa atribuição falha silenciosamente
foo[4] = 4;

console.log(foo);
```

A listagem 8-8 mostra a saída resultante da listagem 8-7. Note que, embora o código tenha escrito além do final do buffer, o valor escrito não está presente na saída. A escrita falha também não gera nenhuma exceção.

Listagem 8-8. O resultado da execução do código da listagem 8-7
```
$ node array-buffer-write.js
{ '0': 0,
  '1': 1,
  '2': 2,
  '3': 3,
  slice: [Function: slice],
  byteLength: 4 }
```

Na saída anterior, você deve ter notado a propriedade byteLength, que denota o tamanho do ArrayBuffer em bytes. Este valor é atribuído quando o ArrayBuffer é criado e não pode ser modificado. Tal como a propriedade length de uma matriz normal, byteLength é útil para se iterar pelo conteúdo de um ArrayBuffer. A listagem 8-9 mostra como a propriedade byteLength é usada num laço for para exibir o conteúdo de um ArrayBuffer.

Listagem 8-9. Percorrendo um ArrayBuffer usando a propriedade byteLength
```
var foo = new ArrayBuffer(4);

foo[0] = 0;
foo[1] = 1;
foo[2] = 2;
foo[3] = 3;

for (var i = 0, len = foo.byteLength; i < len; i++) {
    console.log(foo[i]);
}
```

slice()

Você pode extrair um novo ArrayBuffer de um existente usando o método slice(). Esse método recebe dois argumentos que especificam a posição inicial (inclusive) e final (exclusiva) da faixa a ser copiada. O índice final pode ser omitido. Se não for especificado, a expansão da divisão vai do índice inicial até o final do ArrayBuffer. Ambos os índices podem ser negativos também. Um índice negativo é usado para se calcular uma posição a partir do final do ArrayBuffer, em vez do início. A listagem 8-10 mostra vários exemplos que dividem os mesmos dois bytes de um ArrayBuffer. Os dois primeiros exemplos usam índices explícitos de início e término, enquanto o terceiro omite o índice final. Por fim, o quarto exemplo cria uma divisão usando um índice inicial negativo.

Listagem 8-10. Criando um novo ArrayBuffer usando o método slice()
```
var foo = new ArrayBuffer(4);

foo[0] = 0;
```

```
foo[1] = 1;
foo[2] = 2;
foo[3] = 3;

console.log(foo.slice(2, 4));
console.log(foo.slice(2, foo.byteLength));
console.log(foo.slice(2));
console.log(foo.slice(-2));
// returns [2, 3]
```

É importante notar que o novo `ArrayBuffer` retornado por `slice()` é apenas uma cópia dos dados originais. Consequentemente, se o buffer retornado por `slice()` for modificado, os dados originais não são modificados (veja o exemplo da listagem 8-11).

Listagem 8-11. Criando um novo `ArrayBuffer` usando o método `slice()`

```
var foo = new ArrayBuffer(4);
var bar;

foo[0] = 0;
foo[1] = 1;
foo[2] = 2;
foo[3] = 3;

// Cria uma cópia de foo e a modifica
bar = foo.slice(0);
bar[0] = 0xc;

console.log(foo);
console.log(bar);
```

Na listagem 8-11, um `ArrayBuffer` chamado `foo` é criado e preenchido com dados. Em seguida, todo o conteúdo de `foo` é copiado para `bar` usando-se `slice()`. Depois, o valor hexa `0xc` (binário 12) é escrito na primeira posição de `bar`. Por fim, ambos, `foo` e `bar`, são impressos no console. A listagem 8-12 mostra a saída resultante. Note que os dois `ArrayBuffers` são idênticos, exceto pelo primeiro byte. O valor `0xc`, que foi escrito em `bar`, não foi propagado para `foo`.

Listagem 8-12. A saída da execução do código da listagem 8-11

```
$ node array-buffer-slice.js
{ '0': 0,
  '1': 1,
  '2': 2,
  '3': 3,
  slice: [Function: slice],
  byteLength: 4 }
```

```
{ '0': 12,
  '1': 1,
  '2': 2,
  '3': 3,
  slice: [Function: slice],
  byteLength: 4 }
```

Vistas de `ArrayBuffer`

Trabalhar diretamente com matrizes de bytes é tanto entediante quanto inclinado a erros. Ao acrescentar uma camada de abstração a um `ArrayBuffer`, as vistas dão a ilusão de tipos de dados mais tradicionais. Por exemplo, em vez de trabalhar com um ArrayBuffer de 8 bytes, você pode usar uma vista para fazer com que o dado pareça uma matriz de dois inteiros de 4 bytes, cada um de 32 bits, num total de 64 bits ou 8 bytes. A tabela 8-1 lista os vários tipos de vistas, bem como o tamanho em bytes de cada elemento da matriz. Assim, no cenário de nosso exemplo, poderíamos querer tanto uma vista `Int32Array` quanto uma `Uint32Array`, dependendo de nosso aplicativo exigir números com ou sem sinal.

Tabela 8-1. Descrição de várias vistas de `ArrayBuffer` do JavaScript

Tipo da vista	Tamanho do elemento (Bytes)	Descrição
`Int8Array`	1	Matriz de inteiros com sinal de 8 bits.
`Uint8Array`	1	Matriz de inteiros sem sinal de 8 bits.
`Uint8ClampedArray`	1	Matriz de inteiros sem sinal de 8 bits. Os valores são ajustados para ficarem na faixa de 0–255.
`Int16Array`	2	Matriz de inteiros com sinal de 16 bits
`Uint16Array`	2	Matriz de inteiros sem sinal de 16 bits.
`Int32Array`	4	Matriz de inteiros com sinal de 32 bits.
`Uint32Array`	4	Matriz de inteiros sem sinal de 32 bits.
`Float32Array`	4	Matriz de números de ponto flutuante IEEE de 32 bits.
`Float64Array`	8	Matriz de números de ponto flutuante IEEE de 64 bits.

■ Nota Embora a `Uint8Array` e a `Uint8ClampedArray` sejam muito similares, há uma diferença chave na maneira como os valores fora da faixa de 0–255 são tratados. A `Uint8Array` simplesmente olha para os 8 bits menos significativos na determinação de um valor. Assim, 255, 256 e 257 são interpretados como 255, 0 e 1, respectivamente. Por outro lado, a `Uint8ClampedArray` interpreta qualquer valor maior que 255 como 255, e qualquer valor menor que 0 como 0. Isso equivale dizer que 255, 256 e 257 são todos interpretados como 255.

O exemplo da listagem 8-13 mostra como as vistas são usadas na prática. Nesse caso, uma vista que consista de dois inteiros sem sinal de 32 bits é criada com base num `ArrayBuffer` de 8 bytes. Depois, os dois inteiros são escritos na vista e a vista é exibida.

Listagem 8-13. Um exemplo usando a vista `Uint32Array`

```
var buf = new ArrayBuffer(8);
var view = new Uint32Array(buf);

view[0] = 100;
view[1] = 256;

console.log(view);
```

A listagem 8-14 mostra a saída resultante. Suas duas primeiras linhas mostram os dois valores, 100 e 256, escritos na vista. Em seguida aos valores da matriz, há a propriedade `BYTES_PER_ELEMENT`. Essa propriedade só de leitura, incluída em cada tipo de vista, representa o número de bytes crus em cada elemento da matriz. Seguindo a propriedade `BYTES_PER_ELEMENT`, há uma coleção de métodos a serem revisitados em breve.

Listagem 8-14. Saída da execução do código da listagem 8-13

```
$ node array-buffer-view.js
{ '0': 100,
  '1': 256,
  BYTES_PER_ELEMENT: 4,
  get: [Function: get],
  set: [Function: set],
  slice: [Function: slice],
  subarray: [Function: subarray],
  buffer:
   { '0': 100,
     '1': 0,
     '2': 0,
     '3': 0,
     '4': 0,
```

```
    '5': 1,
    '6': 0,
    '7': 0,
    slice: [Function: slice],
    byteLength: 8 },
  length: 2,
  byteOffset: 0,
  byteLength: 8 }
```

Note que o `ArrayBuffer` subjacente também é exibido como a propriedade `buffer`. Examine o valor de cada byte no `ArrayBuffer` e você vai ver sua correspondência com o valor armazenado na vista. Neste exemplo, os bytes de 0 a 3 correspondem ao valor 100 e os bytes de 4 a 7 representam o valor 256.

> ■ **Nota** Como lembrete, 256 é equivalente a 2^8, o que significa que ele não pode ser representado num único byte. Um único byte sem sinal pode guardar um máximo de 255. Portanto, a representação hexa de 256 é 01 00.

Isso traz à tona outro importante aspecto das vistas. Diferentemente do método `slice()` de `ArrayBuffer`, que retorna uma nova cópia de dados, as vistas manipulam os dados originais diretamente. Portanto, modificar os valores de uma vista muda o conteúdo do `ArrayBuffer` e vice versa. Além disso, duas vistas tendo o mesmo `ArrayBuffer` podem, acidentalmente (ou intencionalmente), mudar os valores uma da outra. O exemplo mostrado na listagem 8-15, onde um `ArrayBuffer` de 4 bytes é compartilhado por uma vista `Uint32Array` e outra `Uint8Array`, começa por escrever 100 em `Uint32Array` e depois imprime o valor. Depois, a `Uint8Array` escreve o valor 1 em seu segundo byte (efetivamente escrevendo o valor 256). Os dados da `Uint32Array` são, então, novamente impressos.

Listagem 8-15. Vistas interagindo uma com a outra

```
var buf = new ArrayBuffer(4);
var view1 = new Uint32Array(buf);
var view2 = new Uint8Array(buf);

// escreve na view1 e imprime o valor
view1[0] = 100;
console.log("Uint32 = " + view1[0]);

// escreve na view2 e imprime o valor da view1
view2[1] = 1;
console.log("Uint32 = " + view1[0]);
```

A listagem 8-16 mostra a saída da listagem 8-15. Como esperado, a primeira sentença de impressão exibe o valor 100. Todavia, quando a segunda sentença de impressão acontece, o valor aumentou para 356. No exemplo, esse comportamento é esperado. Mas, em aplicativos mais complexos, você deve ser cauteloso quando criar múltiplas vistas dos mesmos dados.

Listagem 8-16. A saída da execução do código da listagem 8-15

```
$ node view-overwrite.js
Uint32 = 100
Uint32 = 356
```

Observação sobre Dimensionamento de Vistas

Vistas devem ser dimensionadas de tal forma que cada elemento possa ser completamente composto de dados do `ArrayBuffer`. Isto é, uma vista só pode ser construída a partir de dados cujo comprimento em bytes, seja um múltiplo da propriedade `BYTES_PER_ELEMENT` da vista. Por exemplo, um `ArrayBuffer` de 4 bytes pode ser usado para se construir uma vista `Int32Array` guardando um único inteiro. Porém, o mesmo buffer de 4 bytes não pode ser usado para se construir uma vista `Float64Array`, cujos elementos têm 8 bytes de comprimento.

Informação do Construtor

Cada tipo de vista tem quatro construtores. Uma das formas, que você já viu, recebe um `ArrayBuffer` como primeiro argumento. Essa função construtora também pode, opcionalmente, especificar tanto um byte de deslocamento inicial no `ArrayBuffer` quanto o comprimento da vista. O deslocamento em bytes tem por omissão o valor 0 e deve ser múltiplo de `BYTES_PER_ELEMENT`, do contrário, uma exceção `RangeError` é emitida. Se omitido, o comprimento tenta consumir todo o `ArrayBuffer`, começando no deslocamento de byte. Esses argumentos, se especificados, permitem que a vista seja baseada numa porção do `ArrayBuffer`, em vez da coisa toda. Isso é especialmente útil se o comprimento do `ArrayBuffer` não for um múltiplo exato do `BYTES_PER_ELEMENT` da vista.

No exemplo da listagem 8-17, que mostra como uma vista pode ser construída a partir de um buffer cujo tamanho não é um múltiplo exato de `BYTES_PER_ELEMENT`, uma vista `Int32Array` é construída sobre um `ArrayBuffer` de 5 bytes. O deslocamento de byte 0 indica que a vista deve começar no primeiro byte do `ArrayBuffer`. Enquanto isso, o argumento `length` especifica que a vista deve conter um único inteiro. Sem esses argumentos, não seria possível construir a vista a partir desse `ArrayBuffer`. Além disso, note que o exemplo contém uma escrita no byte em `buf[4]`. Como a vista usa apenas os primeiros quatro bytes, essa escrita no quinto byte não altera os dados da vista.

Listagem 8-17. Construindo uma vista com base em parte de um `ArrayBuffer`
```
var buf = new ArrayBuffer(5);
var view = new Int32Array(buf, 0, 1);

view[0] = 256;
buf[4] = 5;
console.log(view[0]);
```

Criando uma Vista Vazia

O segundo construtor é usado para criar uma vista vazia, de comprimento *n* predefinido. Esta forma do construtor também cria um novo `ArrayBuffer` grande o suficiente para acomodar *n* elementos da vista. Por exemplo, o código da listagem 8-18 cria uma vista `Float32Array` vazia que guarda dois números de ponto flutuante. Nos bastidores, o construtor também cria um `ArrayBuffer` de 8 bytes para guardar os `floats`. Durante a construção, todos os bytes no `ArrayBuffer` são inicializados com 0.

Listagem 8-18. Criando uma vista `Float32Array` vazia
```
var view = new Float32Array(2);
```

Criando uma Vista a Partir de Valores de Dados

A terceira forma de construtor recebe uma matriz de valores que são usados para preencher os dados da vista. Os valores na matriz são convertidos para o tipo de dado apropriado e, depois, armazenados na vista. O construtor também cria um novo `ArrayBuffer` para guardar os valores. A listagem 8-19 mostra um exemplo que cria uma vista `Uint16Array` preenchida com os valores 1, 2 e 3.

Listagem 8-19. Criando uma vista `Uint16Array` a partir de uma matriz contendo três valores
```
var view = new Uint16Array([1, 2, 3]);
```

Criando uma Vista a Partir de Outra

A quarta versão do construtor é muito similar à terceira. A única diferença é que, em vez de passar uma matriz padrão, essa versão recebe outra vista como único argumento. A vista recém-criada também instancia seu próprio `ArrayBuffer` de suporte – isto é, os dados subjacentes não são compartilhados. A listagem 8-20 mostra como essa versão do construtor é usada na prática. Nesse exemplo, um `ArrayBuffer` de 4 bytes é usado para criar uma vista `Int8Array` contendo quatro números. A vista `Int8Array` é, então, usada para criar uma nova vista `Uint32Array`. A vista `Uint32Array` também contém quatro números, correspondentes aos dados na vista `Int8Array`. Entretanto, seu `ArrayBuffer` subjacente tem 16 bytes de comprimento, em vez de 4. É claro que, como as duas vistas têm `ArrayBuffers` diferentes, atualizar uma delas não afeta a outra.

Listagem 8-20. Criando uma vista `Uint32Array` a partir de uma vista `Int8Array`
```
var buf = new ArrayBuffer(4);
var view1 = new Int8Array(buf);
var view2 = new Uint32Array(view1);

console.log(buf.byteLength);    // 4
console.log(view1.byteLength);  // 4
console.log(view2.byteLength);  // 16
```

Propriedades das Vistas

Você já viu que o `ArrayBuffer` de uma vista pode ser acessado através da propriedade `buffer` e que a propriedade `BYTES_PER_ELEMENT` representa o número de bytes por elemento da vista. As vistas também têm duas propriedades, `byteLength` e `length`, relacionadas ao tamanho dos dados e uma propriedade `byteOffset` que indica o primeiro byte de um buffer usado pela vista.

byteLength

A propriedade `byteLength` representa o tamanho dos dados da vista em bytes. Esse valor não é necessariamente igual à propriedade `byteLength` do `ArrayBuffer` subjacente. No exemplo desse caso, mostrado na listagem 8-21, uma vista `Int16Array` é construída a partir de um `ArrayBuffer` de 10 bytes. No entanto, como o construtor de `Int16Array` especifica que ela deve conter apenas dois inteiros, sua propriedade `byteLength` é 4, enquanto que a `byteLength` do `ArrayBuffer` é 10.

Listagem 8-21. Diferindo os `byteLengths` de uma vista e de seu `ArrayBuffer`
```
var buf = new ArrayBuffer(10);
var view = new Int16Array(buf, 0, 2);

console.log(buf.byteLength);
console.log(view.byteLength);
```

length

A propriedade `length`, que funciona como a de uma matriz padrão, indica o número de elementos de dados na vista. Essa propriedade é útil para se iterar pelos dados da vista, como mostrado na listagem 8-22.

Listagem 8-22. Iterando pelos dados da vista usando a propriedade `length`
```
var view = new Int32Array([5, 10]);

for (var i = 0, len = view.length; i < len; i++) {
    console.log(view[i]);
}
```

byteOffset

A propriedade `byteOffset` especifica o deslocamento no `ArrayBuffer`, correspondente ao primeiro byte usado pela vista. Esse valor é sempre 0, a menos que um deslocamento seja passado como segundo argumento para o construtor (veja a listagem 8-17). O `byteOffset` pode ser usado em conjunto com a propriedade `byteLength` para se iterar pelos bytes do `ArrayBuffer` subjacente. No exemplo da listagem 8-23, que mostra como apenas os bytes usados por uma vista podem ser iterados usando-se `byteOffset` e `byteLength`, o `ArrayBuffer` de origem tem 10 bytes de comprimento, mas a vista só usa os bytes de 4 a 7.

Listagem 8-23. Iterando pelo subconjunto utilizado de bytes num `ArrayBuffer`
```
var buf = new ArrayBuffer(10);
var view = new Int16Array(buf, 4, 2);
var len = view.byteOffset + view.byteLength;

view[0] = 100;
view[1] = 256;

for (var i = view.byteOffset; i < len; i++) {
    console.log(buf[i]);
}
```

get()

O método `get()` é usado para se recuperar o valor dos dados em um dado índice da vista. No entanto, como você já viu, a mesma tarefa pode ser realizada usando-se a notação de índice de matriz, que requer menos caracteres. Se você optar por usar `get()`, por qualquer razão, um exemplo de seu uso é mostrado na listagem 8-24.

Listagem 8-24. Usando o método `get()` da vista
```
var view = new Uint8ClampedArray([5]);

console.log(view.get(0));
// poderia também usar view[0]
```

set()

`set()` é usado para atribuir um ou mais valores na vista. Para atribuir um único valor, passe o índice em que escrever, seguido do valor a ser escrito como argumento para `set()` (você também pode fazer isso usando a notação de índice de matriz). Um exemplo atribuindo o valor `3.14` ao quarto elemento da vista é mostrado na listagem 8-25.

Listagem 8-25. Atribuindo um único valor usando `set()`
```
var view = new Float64Array(4);
```

```
view.set(3, 3.14);
// poderia também usar view[3] = 3.14
```

Para atribuir múltiplos valores, `set()` também aceita matrizes e vistas como primeiro argumento. Opcionalmente, use essa forma de `set()` para fornecer um segundo argumento que especifique o deslocamento em que começar a escrever valores. Se esse deslocamento não for incluído, `set()` começa a escrever valores no primeiro índice. Na listagem 8-26, `set()` é usado para preencher todos os quatro elementos de uma `Int32Array`.

Listagem 8-26. Atribuindo múltiplos valores usando `set()`

```
var view = new Int32Array(4);

view.set([1, 2, 3, 4], 0);
```

Há duas coisas importantes a saber sobre essa versão de `set()`. Primeiro, uma exceção é emitida se você tentar escrever além do final da vista. No exemplo da listagem 8-26, se o segundo argumento tivesse sido maior que 0, o limite de quatro elementos teria sido excedido, resultando num erro. Segundo, note que, como `set()` recebe uma vista como primeiro argumento, o `ArrayBuffer` do argumento pode ser compartilhado com o objeto chamador. Se a origem e o destino forem o mesmo, o Node deve copiar inteligentemente os dados, de tal maneira que os bytes não sejam sobrepostos antes de terem a oportunidade de ser copiados. A listagem 8-27 é um exemplo de cenário em que duas vistas `Int8Array` têm o mesmo `ArrayBuffer`. A segunda vista, `view2`, é também menor, representando a primeira metade da vista maior, `view1`. Quando a chamada a `set()` ocorre, 0 é atribuído a `view1[1]`, e 1 é atribuído a `view1[2]`. Como `view1[1]` é parte da origem (bem como do destino), nessa operação, você precisa assegurar que o valor original seja copiado antes de ser sobreposto.

Listagem 8-27. Mostrando onde um único `ArrayBuffer` é compartilhado em `set()`

```
var buf = new ArrayBuffer(4);
var view1 = new Int8Array(buf);
var view2 = new Int8Array(buf, 0, 2);

view1[0] = 0;
view1[1] = 1;
view1[2] = 2;
view1[3] = 3;
view1.set(view2, 1);
console.log(view1.buffer);
```

De acordo com a especificação, "a definição dos valores se dá como se todos os dados fossem primeiro copiados para um buffer temporário, que não se sobrepõe a nenhuma das matrizes, e depois esses dados do buffer temporário fossem copiados para a matriz atual". Em essência, isso significa que o Node cuida de tudo para você. Para verificar isso, a saída resultante do exemplo anterior é mostrada na listagem 8-28. Note que os bytes 1 e 2 guardam os valores corretos de 0 e 1.

Listagem 8-28. A saída da execução do código da listagem 8-27

```
$ node view-set-overlap.js
{ '0': 0,
  '1': 0,
  '2': 1,
  '3': 3,
  slice: [Function: slice],
  byteLength: 4 }
```

subarray()

`subarray()`, que retorna uma nova vista do tipo de dado que se baseia no mesmo `ArrayBuffer`, recebe dois argumentos. O primeiro deles especifica o primeiro índice a ser referenciado na nova vista. O segundo argumento, que é opcional, representa o último índice a ser referenciado na nova vista. Se o índice final for omitido, a expansão da nova vista vai do índice inicial até o final da vista original. Qualquer um dos índices pode ser negativo, o que significa que o deslocamento é computado a partir do final da matriz de dados. Note que a nova vista retornada por `subarray()` tem o mesmo `ArrayBuffer` que a vista `original`. A listagem 8-29 mostra como `subarray()` é usado para criar várias vistas `Uint8ClampedArray` idênticas, compondo um subconjunto da outra.

Listagem 8-29. Usando `subarray()` para criar novas vistas de uma existente

```
var view1 = new Uint8ClampedArray([1, 2, 3, 4, 5]);
var view2 = view1.subarray(3, view1.length);
var view3 = view1.subarray(3);
var view4 = view1.subarray(-2);
```

Os buffers de Node

O Node fornece seu próprio tipo de dado `Buffer` para trabalho com dados binários. Esse é o método preferido de processamento de dados binários no Node, porque ele é ligeiramente mais eficiente que as matrizes tipificadas. Até aqui, você encontrou uma série de métodos que trabalham com objetos `Buffer` – por exemplo, os métodos `read()` e `write()` do módulo `fs`. Esta seção explora em detalhes como os `Buffers` funcionam, incluindo sua compatibilidade com a especificação de matriz tipificada.

O Construtor de Buffer

Objetos Buffer são criados usando-se uma das três funções construtoras Buffer(). O construtor de Buffer é global, o que significa que ele pode ser chamado sem exigir nenhum módulo. Uma vez criado um Buffer, ele não pode ser redimensionado. A primeira forma do construtor Buffer() cria um Buffer vazio, de um dado número de bytes. O exemplo da listagem 8-30, que cria um Buffer vazio de 4 bytes, também demonstra que bytes individuais no Buffer podem ser acessados usando-se a notação de subscrito de matriz.

Listagem 8-30. Criando um Buffer de 4 bytes e acessando bytes individuais
```
var buf = new Buffer(4);

buf[0] = 0;
buf[1] = 1;

console.log(buf);
```

A listagem 8-31 mostra a versão do Buffer transformada em string. Os dois primeiros bytes do Buffer guardam os valores 00 e 01, que foram individualmente atribuídos no código. Note que os dois últimos bytes também têm valores, embora nunca tenham sido atribuídos. Esses são, na verdade, os valores já na memória, quando o programa rodou (se rodar esse código, os valores que você vai ver provavelmente vão ser diferentes), indicando que o construtor Buffer() não inicializa com 0 a memória que ele reserva. Isso é feito intencionalmente – para poupar tempo na requisição de uma grande quantidade de memória (lembre-se que o construtor de ArrayBuffer inicializa seu buffer com 0). Como ArrayBuffers são comumente usados em navegadores web, deixar a memória não inicializada poderia ser um risco de segurança – você provavelmente não ia querer que websites arbitrários lessem o conteúdo da memória de seu computador. Como o tipo Buffer é específico do Node, ele não está sujeito aos mesmos riscos de segurança.

Listagem 8-31. A saída resultante da execução do código da listagem 8-30
```
$ node buffer-constructor-1.js
<Buffer 00 01 05 02>
```

A segunda forma do construtor Buffer() recebe uma matriz de bytes como único argumento. O Buffer resultante é preenchido com os valores armazenados na matriz. Um exemplo dessa forma do construtor é mostrado na listagem 8-32.

Listagem 8-32. Criando um Buffer a partir de uma matriz de octetos
```
var buf = new Buffer([1, 2, 3, 4]);
```

A última versão do construtor é usada para criar um Buffer a partir de dados em string. O código da listagem 8-33 mostra como um Buffer é criado a partir da string "foo".

Listagem 8-33. Criando um `Buffer` a partir de uma string
```
var buf = new Buffer("foo");
```

Anteriormente, neste capítulo, você aprendeu que para converter de dados binários para texto, uma codificação de caracteres deve ser especificada. Quando uma string é passada como primeiro argumento para `Buffer()`, um segundo argumento opcional pode ser usado para especificar o tipo de codificação. Na listagem 8-33, nenhuma codificação é explicitamente definida, de modo que UTF-8 é usada por omissão. A tabela 8-2 esmiúça as várias codificações de caracteres suportadas pelo Node (o leitor astuto deve reconhecer essa tabela do capítulo 5. Contudo, vale a pena repetir a informação neste ponto do livro.)

Tabela 8-2. Os vários tipos de codificação de string suportados pelo Node

Tipo de codificação	Descrição
utf8	Caracteres Unicode codificados em multibyte. A codificação UTF-8 é usada por muitas páginas web e é usada para representar dados em string no Node.
ascii	Codificação de sete bits do Código Padrão Americano para Intercâmbio de Informações (ASCII, na sigla em inglês).
utf16le	Caracteres Unicode codificados como *little endian*. Cada caractere tem dois ou quatro bytes.
ucs2	Este é simplesmente um apelido para a codificação utf16le.
base64	Codificação de strings em Base64. Base64 é comumente usada em codificação de URLs, e-mail e aplicações similares.
binary	Permite que dados binários sejam codificados como uma string, usando apenas os primeiros oito bits de cada caractere. Essa codificação, agora, foi depreciada em favor do objeto `Buffer`, e vai ser removida em futuras versões do Node.
hex	Codifica cada byte como dois caracteres hexadecimais.

Métodos de Transformação em String

`Buffers` podem ser transformados em strings de duas maneiras. A primeira usa o método `toString()`, que tenta interpretar o conteúdo do `Buffer` como um dado string. O método `toString()` recebe três argumentos, todos opcionais. Eles especificam a codificação de caracteres e os índices inicial e final do `Buffer` para transformação em string. Se não especificados, todo o `Buffer` é transformado em string usando-se a codificação UTF-8. O exemplo da listagem 8-34 transforma em string todo um `Buffer` usando `toString()`.

Listagem 8-34. Usando o método `Buffer.toString()`
```
var buf = new Buffer("foo");
console.log(buf.toString());
```

O segundo método de transformação em strings, `toJSON()`, retorna os dados do `Buffer` como uma matriz de bytes JSON. Você obtém resultado similar chamando `JSON.stringify()` no objeto `Buffer`. A listagem 8-35 mostra um exemplo do método `toJSON()`.

Listagem 8-35. Usando o método `Buffer.toJSON()`
```
var buf = new Buffer("foo");

console.log(buf.toJSON());
console.log(JSON.stringify(buf));
```

Buffer.isEncoding()

O método `isEncoding()` é um método de classe (isto é, uma instância específica não é necessária para invocá-lo) que recebe uma string como único argumento e retorna um booleano indicando se a entrada é um tipo de codificação válido. A listagem 8-36 mostra dois exemplos de `isEncoding()`. O primeiro testa a string "utf8" e exibe `true`. O segundo, porém, imprime `false`, porque "foo" não é uma codificação de caracteres válida.

Listagem 8-36. Dois exemplos do método de classe `Buffer.isEncoding()`
```
console.log(Buffer.isEncoding("utf8"));
console.log(Buffer.isEncoding("foo"));
```

Buffer.isBuffer()

O método de classe `isBuffer()` é usado para se determinar se uma porção de dados é um objeto `Buffer`. Ele é usado da mesma maneira que o método `Array.isArray()`. A listagem 8-37 mostra um exemplo de uso de `isBuffer()`. Esse exemplo imprime `true` porque a variável `buf` é, de fato, um `Buffer`.

Listagem 8-37. O método de classe `Buffer.isBuffer()`
```
var buf = new Buffer(1);

console.log(Buffer.isBuffer(buf));
```

Buffer.byteLength() e length

O método de classe `byteLength()` é usado para se calcular o número de bytes numa dada string. Esse método também recebe um segundo argumento opcional para especificar o tipo de codificação da string. Esse método é útil para se calcular comprimentos em bytes, sem realmente instanciar um `Buffer`. Contudo, se você já tiver construído um `Buffer`, sua propriedade `length` serve ao mesmo propósito. No exemplo da listagem 8-38, que mostra `byteLength()` e `length`, `byteLength()` é usado para se calcular o comprimento em bytes da string "`foo`" com codificação UTF-8. Em seguida, um `Buffer` real é construído a partir da mesma string. A propriedade `length` do `Buffer` é, então, usada para se inspecionar o comprimento em bytes.

Listagem 8-38. `Buffer.byteLength()` e a propriedade `length`
```
var byteLength = Buffer.byteLength("foo");
var length = (new Buffer("foo")).length;

console.log(byteLength);
console.log(length);
```

fill()

Há várias maneiras de se escrever dados num `Buffer`. O método apropriado pode depender de vários fatores, incluindo o tipo de dado e sua terminação. O método mais simples, `fill()`, que escreve o mesmo valor no todo ou em parte de um `Buffer`, recebe três argumentos – o valor a ser escrito, um deslocamento opcional para o início do preenchimento e um deslocamento opcional para parar o preenchimento. Tal como com os outros métodos de escrita, o deslocamento inicial tem o valor omissivo de zero e o deslocamento final tem por omissão o final do `Buffer`. Como um `Buffer` não é ajustado para zero por omissão, `fill()` é útil para inicialização de um `Buffer` com um valor. O exemplo da listagem 8-39 mostra como toda a memória de um `Buffer` pode ser zerada.

Listagem 8-39. Zerando a memória de um `Buffer` usando `fill()`
```
var buf = new Buffer(1024);

buf.fill(0);
```

write()

Para escrever uma string num `Buffer`, use o método `write()`. Ele recebe os quatro argumentos seguintes:

- A string a ser escrita;
- O deslocamento até o início da escrita. Esse é opcional e tem por omissão o índice 0;
- O número de bytes a escrever. Se não especificado, toda a string é escrita. Entretanto, se o `Buffer` não dispuser de espaço para toda a string, ela é truncada; e
- A codificação de caracteres da string. Se omitido, esse assume UTF-8.

O exemplo da listagem 8-40 preenche um `Buffer` de 9 bytes com três cópias da string "foo". Como a primeira escrita começa no início do `Buffer`, um deslocamento não é necessário. Porém, a segunda e a terceira escritas exigem um valor de deslocamento. Na terceira, o comprimento da string é incluído, embora ele não seja necessário.

Listagem 8-40. Várias escritas no mesmo `Buffer` usando `write()`

```
var buf = new Buffer(9);
var data = "foo";

buf.write(data);
buf.write(data, 3);
buf.write(data, 6, data.length);
```

Escrevendo Dados Numéricos

Há uma série de métodos usados para se escrever dados numéricos num `Buffer`, cada qual sendo usado para se escrever um tipo específico de número. Isso é análogo às várias vistas de matriz tipificada, das quais cada uma armazena um tipo de dado diferente. A tabela 8-3 lista os métodos usados para se escrever números.

Tabela 8-3. A coleção de métodos usados para escrita de dados numéricos num `Buffer`

Nome do método	Descrição
`writeUInt8()`	Escreve um inteiro de 8 bits sem sinal.
`writeInt8()`	Escreve um inteiro de 8 bits com sinal.
`writeUInt16LE()`	Escreve um inteiro de 16 bits sem sinal, usando formato little-endian.
`writeUInt16BE()`	Escreve um inteiro de 16 bits sem sinal, usando formato big-endian.
`writeInt16LE()`	Escreve um inteiro de 16 bits com sinal, usando formato little-endian.
`writeInt16BE()`	Escreve um inteiro de 16 bits com sinal, usando formato big-endian.
`writeUInt32LE()`	Escreve um inteiro de 32 bits sem sinal, usando formato little-endian.
`writeUInt32BE()`	Escreve um inteiro de 32 bits sem sinal, usando formato big-endian.
`writeInt32LE()`	Escreve um inteiro de 32 bits com sinal, usando formato little-endian.
`writeInt32BE()`	Escreve um inteiro de 32 bits com sinal, usando formato big-endian.

writeFloatLE()	Escreve um número de 32 bits de ponto flutuante, usando formato little-endian.
writeFloatBE()	Escreve um número de 32 bits de ponto flutuante, usando formato big-endian.
writeDoubleLE()	Escreve um número de 64 bits de ponto flutuante, usando formato little-endian.
writeDoubleBE()	Escreve um número de 64 bits de ponto flutuante, usando formato big-endian.

Todos os métodos da tabela 8-3 recebem três argumentos – o dado a ser escrito, o deslocamento no `Buffer` para a escrita do dado e um sinalizador opcional para desativar a verificação de validação. Se o sinalizador de validação for ajustado para `false` (o omissivo), uma exceção é emitida se o valor for muito grande ou o dado estourar o `Buffer`. Se esse sinalizador for ajustado para `true`, valores grandes são truncados e escritas com estouro falham silenciosamente. No exemplo usando `writeDoubleLE()` da listagem 8-41, o valor 3.14 é escrito nos primeiros 8 bytes de um `Buffer`, sem nenhuma verificação de validação.

Listagem 8-41. Usando `writeDoubleLE()`
```
var buf = new Buffer(16);

buf.writeDoubleLE(3.14, 0, true);
```

Lendo Dados Numéricos

Ler dados numéricos de um `Buffer`, tal como escrever, também requer uma série de métodos. A tabela 8-4 lista vários métodos usados para leitura de dados. Note a correspondência de um para um com os métodos de escrita da tabela 8-3.

Tabela 8-4. A coleção de métodos usados para leitura de dados numéricos de um `Buffer`

Nome do método	Descrição
readUInt8()	Lê um inteiro de 8 bit sem sinal.
readInt8()	Lê um inteiro de 8 bits com sinal.
readUInt16LE()	Lê um inteiro de 16 bits sem sinal usando formato little-endian.
readUInt16BE()	Lê um inteiro de 16 bits sem sinal usando formato big-endian.
readInt16LE()	Lê um inteiro de 16 bits com sinal usando formato little-endian.
readInt16BE()	Lê um inteiro de 16 bits com sinal usando formato big-endian.

readUInt32LE()	Lê um inteiro de 32 bits sem sinal usando formato little-endian.
readUInt32BE()	Lê um inteiro de 32 bits sem sinal usando formato big-endian.
readInt32LE()	Lê um inteiro de 32 bits com sinal usando formato little-endian.
readInt32BE()	Lê um inteiro de 32 bits com sinal usando formato big-endian.
readFloatLE()	Lê um número de ponto flutuante de 32 bits usando formato little-endian.
readFloatBE()	Lê um número de ponto flutuante de 32 bits usando formato big-endian.
readDoubleLE()	Lê um número de ponto flutuante de 64 bits usando formato little-endian.
readDoubleBE()	Lê um número de ponto flutuante de 64 bits usando formato big-endian.

Todos os métodos de leitura numérica recebem dois argumentos. O primeiro é o deslocamento no `Buffer` a partir de onde ler os dados. O segundo argumento, opcional, é usado para desativar a verificação de validação. Se for `false` (o omissino), uma exceção é emitida se o deslocamento exceder o tamanho do `Buffer`. Se esse sinalizador for `true`, nenhuma validação ocorre e os dados retornados podem ser inválidos. A listagem 8-42 mostra como um número de ponto flutuante de 64 bits é escrito num `buffer` e depois lido de volta, usando-se `readDoubleLE()`.

Listagem 8-42. Escrevendo e lendo dados numéricos
```
var buf = new Buffer(8);
var value;

buf.writeDoubleLE(3.14, 0);
value = buf.readDoubleLE(0);
```

slice()

O método `slice()` retorna um novo `Buffer` que compartilha memória com o `Buffer` original. Em outras palavras, atualizações feitas no novo `Buffer` afetam o original e vice versa. O método `slice()` recebe dois argumentos opcionais, representando os índices inicial e final da divisão. Os índices também podem ser negativos, significando que são relativos ao final do `Buffer`. A listagem 8-43 mostra como `slice()` é usado para extrair a primeira metade de um `Buffer` de 4 bytes.

Listagem 8-43. Usando `slice()` para criar um novo `Buffer`
```
var buf1 = new Buffer(4);
var buf2 = buf1.slice(0, 2);
```

copy()

O método `copy()` é usado para se copiar dados de um `Buffer` para outro. O primeiro argumento para `copy()` é o `Buffer` de destino. O segundo, se presente, representa o índice inicial no destino para onde copiar. Os terceiro e quarto argumentos, se presentes, são os índices inicial e final, no `Buffer` de origem a copiar. Um exemplo que copia todo o conteúdo de um `Buffer` para outro é mostrado na listagem 8-44.

Listagem 8-44. Copiando o conteúdo de um `Buffer` para outro usando `copy()`

```
var buf1 = new Buffer([1, 2, 3, 4]);
var buf2 = new Buffer(4);

buf1.copy(buf2, 0, 0, buf1.length);
```

Buffer.concat()

O método de classe `concat()` permite a concatenação de múltiplos `Buffers` num único `Buffer` maior. O primeiro argumento para `concat()` é uma matriz de objetos `Buffer` a serem concatenados. Se nenhum `Buffer` for fornecido, `concat()` retorna um `Buffer` de comprimento zero. Se um único `Buffer` for fornecido, uma referência àquele `Buffer` é retornada. Se múltiplos `Buffers` forem fornecidos, um novo `Buffer` é criado. A listagem 8-45 fornece um exemplo que concatena dois objetos `Buffer`.

Listagem 8-45. Concatenando dois objetos `Buffer`

```
var buf1 = new Buffer([1, 2]);
var buf2 = new Buffer([3, 4]);
var buf = Buffer.concat([buf1, buf2]);

console.log(buf);
```

Compatibilidade com Matrizes Tipificadas

Os `Buffers` são compatíveis com vistas de matrizes tipificadas. Quando uma vista é construída a partir de um `Buffer`, o conteúdo do `Buffer` é clonado num novo `ArrayBuffer`. O `ArrayBuffer` clonado não compartilha memória com o `Buffer` original. No exemplo da listagem 8-46, que cria uma vista a partir de um `Buffer`, um `Buffer` de 4 bytes é clonado num `ArrayBuffer` de 16 bytes, que dá suporte a uma vista `Uint32Array`. Note que o `Buffer` é inicializado com 0s antes da criação da vista. Sem isso, a vista conteria dados arbitrários.

Listagem 8-46. Criando uma vista a partir de um `Buffer`

```
var buf = new Buffer(4);
var view;
```

```
buf.fill(0);
view = new Uint32Array(buf);
console.log(buf);
console.log(view);
```

Também vale a pena destacar que, embora uma vista possa ser construída a partir de um `Buffer`, `ArrayBuffers` não podem ser. Um `Buffer` também não pode ser construído a partir de um `ArrayBuffer`. Um `Buffer` pode ser construído a partir de uma vista, mas tenha cuidado quando o fizer, já que as vistas podem conter dados que não sejam bem transferidos. No exemplo simples da listagem 8-47, que ilustra esse ponto, o inteiro 257, quando movido de uma vista `Uint32Array` para um `Buffer`, se torna o valor byte 1.

Listagem 8-47. Perda de dados quando construindo um `Buffer` a partir de uma vista

```
var view = new Uint32Array([257]);
var buf = new Buffer(view);

console.log(buf);
```

Resumo

Muita coisa foi vista nesse capítulo. Começando com uma visão geral de dados binários, você foi exposto a tópicos que incluíram codificação de caracteres e terminação num nível alto. Daí, o capítulo progrediu para a especificação de matriz tipificada. Esperamos que você tenha achado esse material útil. Afinal, ele é parte da linguagem JavaScript e pode ser usado no navegador, bem como no Node. Depois de apresentar os `ArrayBuffers` e as vistas, o capítulo passou para o tipo de dado `Buffer`, do Node, e, por fim, examinou como o tipo `Buffer` trabalha com matrizes tipificadas.

Capítulo 9

Executando código

A preocupação deste capítulo é a execução de código não confiável. Nesse caso, "não confiável" se refere a código que não é parte de seu aplicativo nem de módulos importados, mas que ainda pode ser executado. O foco específico deste capítulo é em dois principais casos de uso para execução de código não confiável. O primeiro envolve a execução de aplicativos e scripts por meio da criação de processos filhos. Esse caso de uso permite que aplicativos Node se comportem como um script de shell, orquestrando múltiplos programas utilitários para atingir um objetivo maior. O segundo caso de uso diz respeito à execução de código fonte JavaScript. Embora esse cenário não seja tão comum quanto a geração de processos, ele é suportado no núcleo do Node e deve ser entendido como alternativa a `eval()`.

O Módulo `child_process`

O módulo central `child_process`, usado para gerar processos filhos e interagir com eles, fornece vários métodos para execução desses processos, com cada método fornecendo diferentes níveis de controle e complexidade de implementação. Esta seção explica como cada método funciona e indica os custos-benefícios associados a cada um.

`exec()`

O método `exec()` é, talvez, a maneira mais simples de se lançar um processo filho. O método `exec()` recebe um comando (p. ex., um que é emitido a partir da linha de comandos) como seu primeiro argumento. Quando `exec()` é invocado, um novo shell – `cmd.exe` no Windows, `/bin/sh` nos demais – é lançado e usado para executar a string de comando. Opções adicionais de configuração podem ser passadas a `exec()` através de um segundo argumento opcional. Esse argumento, se presente, deve ser um objeto contendo uma ou mais das propriedades mostradas na tabela 9-1.

162 ■ Pro Node.js para Desenvolvedores

Tabela 9-1. As opções de configuração suportadas por `exec()`

Propriedade	Descrição
cwd	O valor usado para definir o diretório de trabalho do processo filho.
env	env deve ser um objeto cujos pares de chave-valor especifiquem o ambiente do processo filho. Esse objeto é equivalente a process. env no filho. Se não especificado, o processo filho herda seu ambiente do processo pai.
encoding	A codificação de caracteres usada pelos fluxos stdout e stderr do processo filho. O valor omissivo é utf8 (UTF-8).
timeout	A propriedade usada para terminar o processo filho depois de um certo período de tempo. Se esse valor for maior que 0, o processo é morto após timeout milissegundos. Do contrário, ele roda indefinidamente. A propriedade tem valor omissivo igual a 0.
maxBuffer	A quantidade máxima de dados que podem ser postos em buffer no fluxo stdout ou stderr do processo filho. O valor omissivo é 200 KB. Se esse valor for excedido por qualquer um dos fluxos, o processo filho é morto.
killSignal	O sinal usado para terminar o processo filho. Ele é enviado ao processo filho se, por exemplo, uma expiração ocorrer ou se o tamanho máximo do buffer for excedido. Seu valor omissivo é SIGTERM.

O último argumento para `exec()` é uma função de rechamada chamada após o processo filho terminar. Essa função é invocada com três argumentos. Seguindo a convenção do Node, o primeiro argumento é qualquer condição de erro. Em caso de sucesso, esse argumento é `null`. Se um erro estiver presente, o argumento é uma instância de `Error`. O segundo e o terceiro argumentos são os dados em buffer de `stdout` e `stderr` do processo filho. Como a rechamada é invocada após o processo filho terminar, os argumentos `stdout` e `stderr` não são fluxos, mas, ao invés, strings contendo os dados que passaram pelos fluxos enquanto o filho estava sendo executado. `stdout` e `stderr` podem guardar, cada um, um total de `maxBuffer` bytes. A listagem 9-1 mostra um exemplo de uso de `exec()` que executa o comando `ls` (usuários do Windows devem substituir por `dir`) para exibir o conteúdo do diretório raiz (note que o exemplo não utiliza o argumento de opções de configuração). Um exemplo equivalente, que passa opções de configuração, é mostrado na listagem 9-2. No segundo exemplo, o diretório a ser listado não é mais especificado na string de comando real. No entanto, a opção `cwd` é usada para ajustar o diretório de trabalho para o raiz. Embora a saída das listagens 9-1 e 9-2 deva ser a mesma, ela vai depender do conteúdo de sua máquina local.

Listagem 9-1. Exibindo a saída de um processo usando `exec()`

```
var cp = require("child_process");

cp.exec("ls -l /", function(error, stdout, stderr) {
    if (error) {
        console.error(error.toString());
    } else if (stderr !== "") {
        console.error(stderr);
    } else {
        console.log(stdout);
    }
});
```

Listagem 9-2. Uma saída equivalente à da listagem 9-1 (com opções de configuração)

```
var cp = require("child_process");

cp.exec("ls -l", {
    cwd: "/"
}, function(error, stdout, stderr) {
    if (error) {
        console.error(error.toString());
    } else if (stderr !== "") {
        console.error(stderr);
    } else {
        console.log(stdout);
    }
});
```

execFile()

O método `execFile()` é similar a `exec()`, com duas ligeiras diferenças. A primeira é que `execFile()` não gera um novo shell. Ao invés, `execFile()` executa diretamente o arquivo passado, tornando `execFile()` ligeiramente menos intensivo no consumo de recursos que `exec()`. A segunda diferença é que o primeiro argumento para `execFile()` é o nome do arquivo a ser executado, sem nenhum argumento adicional. A listagem 9-3 mostra como o comando `ls` seria invocado para exibir o conteúdo do diretório atual de trabalho.

Listagem 9-3. Executando um arquivo sem nenhum argumento adicional usando `execFile()`

```
var cp = require("child_process");

cp.execFile("ls", function(error, stdout, stderr) {
    if (error) {
```

```
            console.error(error.toString());
    } else if (stderr !== "") {
            console.error(stderr);
    } else {
            console.log(stdout);
    }
});
```

> ■ Atenção Como `execFile()` não gera um novo shell, usuários do Windows não podem fazê-lo emitir um comando tal como `dir`. No Windows, `dir` é uma funcionalidade incorporada ao shell. Além disso, `execFile()` não pode ser usado para rodar arquivos `.cmd` e `.bat`, que dependem no shell. Você pode, contudo, usar `execFile()` para rodar arquivos `.exe`.

Se precisar passar argumentos adicionais para o comando, especifique uma matriz de argumentos como segundo argumento para `execFile()`. A listagem 9-4 mostra como isso é feito. Nesse exemplo, o comando `ls` é executado novamente. No entanto, dessa vez o sinalizador `-l` e `/` também são passados para exibir o conteúdo do diretório raiz.

Listagem 9-4. Passando argumentos ao arquivo executado por `execFile()`

```
var cp = require("child_process");

cp.execFile("ls", ["-l", "/"], function(error, stdout, stderr) {
    if (error) {
        console.error(error.toString());
    } else if (stderr !== "") {
        console.error(stderr);
    } else {
        console.log(stdout);
    }
});
```

O terceiro argumento – ou segundo, se nenhum argumento de comando for passado – para `execFile()` é um objeto de configuração opcional. Como `execFile()` suporta as mesmas opções que `exec()`, uma explanação das propriedades suportadas pode ser obtida na tabela 9-1. O exemplo da listagem 9-5, que usa a opção `cwd` do objeto de configuração, é semanticamente equivalente ao código da listagem 9-4.

Listagem 9-5. Um equivalente à listagem 9-4 que utiliza a opção `cwd`

```
var cp = require("child_process");

cp.execFile("ls", ["-l"], {
    cwd: "/"
```

```
}, function(error, stdout, stderr) {
    if (error) {
        console.error(error.toString());
    } else if (stderr !== "") {
        console.error(stderr);
    } else {
        console.log(stdout);
    }
}) ;
```

■ Nota Nos bastidores, `exec()` invoca `execFile()`, com o shell de seu sistema operacional como argumento de arquivo. O comando a ser executado é então passado a `execFile()` no argumento matriz.

spawn()

Os métodos `exec()` e `execFile()` são simples, e funcionam bem quando você só precisa emitir um comando e capturar sua saída. No entanto, alguns aplicativos exigem interações mais complexas. É aí que entra em cena `spawn()`, a abstração mais poderosa e flexível que o Node oferece para trabalho com processos filhos (do ponto de vista do desenvolvedor, ele também exige o máximo de trabalho). `spawn()` também é chamado por `execFile()` – e, por extensão, por `exec()` – bem como `fork()` (que é visto mais à frente, neste capítulo).

`spawn()` recebe um máximo de três argumentos. O primeiro, o comando a ser executado, deve ser o caminho até o executável, somente. Ele não deve conter nenhum argumento para o comando. Para passar argumentos para o comando, use o segundo argumento, opcional. Se presente, ele deve ser uma matriz de valores a serem passados para o comando. O terceiro e último argumento, também opcional, é usado para passar opções para o próprio `spawn()`. A tabela 9-2 lista as opções suportadas por `spawn()`.

Tabela 9-2. Lista das opções suportadas por `spawn()`

Propriedade	Descrição
cwd	O valor usado para ajustar o diretório de trabalho do processo filho.
env	`env` deve ser um objeto cujos pares de chave-valor especifiquem o ambiente do processo filho. Esse objeto é equivalente a `process.env` no filho. Se não especificado, o processo filho herda seu ambiente do processo pai.
stdio	Uma matriz ou string usada para configurar os fluxos padrões do processo filho. Esse argumento é abordado abaixo.

detached	Um booleano especificando se o processo filho vai ser líder de um grupo de processos. Se true, o filho pode continuar a ser executado, mesmo que o pai termine. O valor omissivo é false.
uid	Este número, representando a identidade do usuário que vai rodar o processo, permite que programas sejam executados como outro usuário, e que privilégios sejam temporariamente elevados. O valor omissivo é null, fazendo com que o filho rode como o usuário atual.
gid	Um número usado para ajustar a identidade do grupo do processo. O valor omissivo é null, com o valor a ser ajustado baseado no usuário atual.

A Opção stdio

A opção stdio é usada para configurar os fluxos stdin, stdout e stderr do processo filho. Essa opção pode ser uma matriz de três itens ou uma das seguintes strings: "ignore", "pipe" e "inherit". Antes dos argumentos string poderem ser explicados, você deve entender a forma da matriz. Se stdio for uma matriz, o primeiro elemento define o descritor de arquivo para o fluxo stdin do processo filho. Similarmente, o segundo e terceiro elementos definem os descritores de arquivo para os fluxos stdout e stderr do filho, respectivamente. A tabela 9-3 enumera os valores possíveis para cada elemento da matriz.

Tabela 9-3. Os valores possíveis para entradas da matriz stdio

Valor	Descrição
"pipe"	Cria um pipe entre os processos filho e pai. spawn() retorna um objeto ChildProcess (explicado em mais detalhes, mais à frente). O pai pode acessar os fluxos padrões do filho através dos fluxos stdin, stdout e stderr do objeto ChildProcess.
"ipc"	Cria um canal de comunicação interprocessos (IPC) entre o filho e o pai, que pode ser usado para passar mensagens e descritores de arquivos. Um processo filho pode ter, no máximo, um descritor de arquivo IPC (canais de IPC são vistos em mais detalhes numa seção posterior).
"ignore"	Faz com que o fluxo correspondente do filho seja simplesmente ignorado.
Um objeto fluxo	Um fluxo de leitura ou escrita que pode ser compartilhado com o processo filho. O descritor de arquivo subjacente do fluxo é duplicado no processo filho. Por exemplo, o pai poderia configurar um processo filho para ler comandos de um fluxo de arquivos.

Um inteiro positivo	Corresponde a um descritor de arquivo atualmente aberto no processo pai, que é compartilhado com o processo filho.
`null` ou `undefined`	Usa os valores omissivos 0, 1 e 2 para `stdin`, `stdout` e `stderr`, respectivamente.

Se `stdio` for uma string, seu valor pode ser "`ignore`", "`pipe`" ou "`inherit`". Esses valores são atalhos para certas configurações de matriz. O significado de cada valor é mostrado na tabela 9-4.

Tabela 9-4. Tradução de cada valor da string `stdio`

String	Valor
"`ignore`"	[`"ignore"`, `"ignore"`, `"ignore"`]
"`pipe`"	[`"pipe"`, `"pipe"`, `"pipe"`]
"`inherit`"	[`process.stdin`, `process.stdout`, `process.stderr`] ou [0, 1, 2]

A Classe `ChildProcess`

`spawn()` não recebe funções de rechamada, como `exec()` e `execFile()`. Ao invés, ele retorna um objeto `ChildProcess`. A classe `ChildProcess` herda de `EventEmitter` e é usada para se interagir com o processo filho gerado. Objetos `ChildProcess` fornecem três objetos de fluxo, `stdin`, `stdout` e `stderr`, representando os fluxos padrões do processo filho subjacente. O exemplo da listagem 9-6 usa `spawn()` para rodar o comando `ls` no diretório raiz. O processo filho é então configurado para herdar seus fluxos padrões do processo pai. Como os fluxos padrões do filho estão engatados nos fluxos do pai, a saída do filho é impressa no console. Como nosso único interesse real está na saída do comando `ls`, a opção `stdio` também poderia ter sido configurada usando-se a matriz [`"ignore"`, `process.stdout`, `"ignore"`].

Listagem 9-6. Executando um comando usando `spawn()`

```
var cp = require("child_process");
var child = cp.spawn("ls", ["-l"], {
    cwd: "/",
    stdio: "inherit"
});
```

■ Nota Para relembrar o trabalho com os fluxos padrões, volte aos capítulos 5 e 7. Este capítulo foca em material não visto antes.

No último exemplo, o fluxo `stdout` do processo filho era essencialmente controlado pelo uso do valor "inherit" da propriedade `stdio`. Porém, o fluxo também poderia ter sido explicitamente controlado. O exemplo da listagem 9-7 faz uma conexão direta com o fluxo `stdout` do filho e seu tratador do evento `data`.

Listagem 9-7. Uma implementação alternativa da listagem 9-6

```
var cp = require("child_process");
var child = cp.spawn("ls", ["-l", "/"]);

child.stdout.on("data", function(data) {
   process.stdout.write(data.toString());
});
```

O Evento `error`

Um objeto `ChildProcess` emite um evento `error` quando o filho não pode ser gerado ou morto, ou quando falha o envio de uma mensagem IPC para ele. O formato genérico de um tratador do evento `error` de `ChildProcess` é mostrado na listagem 9-8.

Listagem 9-8. Um tratador do evento `error` de `ChildProcess`

```
var cp = require("child_process");
var child = cp.spawn("ls");

child.on("error", function(error) {
   // erro do processo, aqui
   console.error(error.toString());
});
```

O Evento `exit`

Quando o processo filho termina, o objeto `ChildProcess` emite um evento `exit`. O tratador do evento `exit` recebe dois argumentos. O primeiro é o código de saída do processo, se ele foi terminado pelo pai (se o processo não foi terminado pelo pai, o argumento de código é `null`). O segundo é o sinal usado para matar o processo. Se o filho não foi terminado por um sinal do processo pai, esse também é `null`. A listagem 9-9 mostra um tratador genérico do evento `exit`.

Listagem 9-9. Um tratador do evento `exit` de `ChildProcess`

```
var cp = require("child_process");
var child = cp.spawn("ls");

child.on("exit", function(code, signal) {
   console.log("código de saída: " + code);
   console.log("sinal de saída: " + signal);
});
```

O Evento `close`

O evento `close` é emitido quando os fluxos padrões de um processo filho são fechados. Esse é distinto do evento `exit`, porque é possível que múltiplos processos compartilhem os mesmos fluxos. Tal como o evento `exit`, `close` também fornece o código e o sinal de saída como argumentos para o tratador do evento. Um tratador genérico do evento `close` é mostrado na listagem 9-10.

Listagem 9-10. Um tratador do evento `close` de `ChildProcess`
```
var cp = require("child_process");
var child = cp.spawn("ls");

child.on("close", function(code, signal) {
    console.log("código de saída: " + code);
    console.log("sinal de saída: " + signal);
});
```

A Propriedade `pid`

A propriedade `pid` de `ChildProcess` é usada para se obter o identificador do processo filho. A listagem 9-11 mostra como essa propriedade é acessada.

Listagem 9-11. Acessando a propriedade `pid` de um processo filho
```
var cp = require("child_process");
var child = cp.spawn("ls");

console.log(child.pid);
```

`kill()`

`kill()` é usado para emitir um sinal para um processo filho. Esse sinal para o filho é o único argumento para `kill()`. Se nenhum argumento for fornecido, `kill()` envia o sinal `SIGTERM` numa tentativa de matar o processo filho. No exemplo da listagem 9-12, que chama `kill()`, um tratador do evento `exit` também é incluído para exibir o sinal de término.

Listagem 9-12. Enviando um sinal a um processo filho usando `kill()`
```
var cp = require("child_process");
var child = cp.spawn("cat");

child.on("exit", function(code, signal) {
    console.log("Morto usando " + signal);
});

child.kill("SIGTERM");
```

fork()

`fork()`, que é um caso especial de `spawn()`, é usado para criar processos Node (veja a listagem 9-13). O argumento `modulePath` é o caminho para o módulo do Node que é executado no processo filho. O segundo argumento, opcional, é uma matriz usada para se passar argumentos para o processo filho. O último argumento é um objeto opcional usado para se passar opções para `fork()`. As opções que `fork()` suporta são mostradas na tabela 9-5.

Listagem 9-13. Usando o método `child_process.fork()`
```
child_process.fork(modulePath, [args], [options])
```

Tabela 9-5. As opções suportadas por `fork()`

Opção	Descrição
cwd	Valor usado para definir o diretório de trabalho do processo filho.
env	`env` deve ser um objeto cujos pares de chave-valor especifiquem o ambiente do processo filho. O objeto é equivalente a `process.env` no filho. Se não especificado, o processo filho herda seu ambiente do processo pai.
encoding	A codificação de caracteres usada pelo processo filho. O valor omissivo é "utf8" (UTF-8).

■ **Nota** O processo retornado por `fork()` é uma nova instância de Node, contendo uma instância completa de V8. Tenha cuidado para não criar muitos desses processos, já que eles consomem recursos consideráveis.

O objeto `ChildProcess` retornado por `fork()` vem equipado com um canal IPC embutido, que permite que diferentes processos Node se comuniquem através de mensagens JSON. Os fluxos padrões do processo filho também são associados, por omissão, aos do processo pai.

Para demonstrar como `fork()` funciona, dois aplicativos de teste são necessários. O primeiro (veja a listagem 9-14) representa o módulo filho a ser executado. Esse módulo simplesmente imprime os argumentos passados a ele, seu ambiente e seu diretório de trabalho. Salve este código num arquivo chamado `child.js`.

Listagem 9-14. Um módulo filho
```
console.log("argv: " + process.argv);
console.log("env: " + JSON.stringify(process.env, null, 2));
console.log("cwd: " + process.cwd());
```

A listagem 9-15 mostra o processo pai correspondente. Esse código bifurca uma nova instância de Node, que roda o módulo filho da listagem 9-14. A chamada a fork() passa um argumento -foo para o filho. Ela também define o diretório de trabalho do filho como sendo /, e fornece um ambiente personalizado. Quando o aplicativo é executado, as sentenças de impressão do processo filho são exibidas no console do processo pai.

Listagem 9-15. O pai do módulo filho mostrado na listagem 9-14

```
var cp = require("child_process");
var child;

child = cp.fork(__dirname + "/child", ["-foo"], {
  cwd: "/",
  env: {
    bar: "baz"
  }
});
```

send()

O método send() usa o canal IPC embutido para passar mensagens JSON entre processos Node. O processo pai pode enviar dados invocando o método send() do objeto ChildProcess. Os dados podem, então, ser tratados no processo filho pela configuração de um tratador do evento message no objeto process. Similarmente, o filho pode enviar dados a seu pai, chamando o método process.send(). No processo pai, os dados são recebidos através do tratador do evento message de ChildProcess.

O exemplo seguinte contém dois aplicativos Node que passam mensagens adiante e de volta indefinidamente. O módulo filho (veja a listagem 9-16) deve ser armazenado num arquivo chamado message-counter.js. O módulo completo é simplesmente o tratador de mensagens do objeto process. Toda vez que uma mensagem é recebida, o tratador exibe o contador de mensagens. Em seguida, nós verificamos se o processo pai ainda está vivo e o canal IPC está intacto, inspecionando o valor de process.connected. Se o canal estiver conectado, o contador é incrementado, e a mensagem é enviada de volta ao processo pai.

Listagem 9-16. Um módulo filho que passa mensagens de volta a seu pai

```
process.on("message", function(message) {
    console.log("filho recebeu: " + message.count);

    if (process.connected) {
        message.count++;
        process.send(message);
    }
});
```

A listagem 9-17 mostra o processo pai correspondente. O pai começa pela bifurcação de um processo filho e depois configura dois tratadores de eventos. O primeiro trata eventos `message` do filho. Esse tratador exibe a contagem de mensagens e verifica se o canal IPC está conectado através do valor de `child.connected`. Se estiver, o tratador incrementa o contador e depois passa a mensagem de volta ao processo filho.

O segundo tratador escuta o sinal `SIGINT`. Se `SIGINT` for recebido, o filho é morto e o processo pai termina. Esse tratador foi adicionado para permitir que o usuário termine ambos os programas, os quais vão rodar num laço infinito de passagem de mensagens. Ao final da listagem 9-17, a passagem de mensagem é iniciada pelo envio de uma mensagem com uma contagem de 0 ao filho. Para testar esse programa, simplesmente rode o processo pai. Para terminar, simplesmente pressione Ctrl+C.

Listagem 9-17. Um módulo pai que trabalha em conjunto com o filho da listagem 9-16

```
var cp = require("child_process");
var child = cp.fork(__dirname + "/message-counter");

child.on("message", function(message) {
    console.log("pai recebeu: " + message.count);

    if (child.connected) {
        message.count++;
        child.send(message);
    }
});

child.on("SIGINT", function() {
    child.kill();
    process.exit();
});

child.send({
    count: 0
});
```

■ Nota Se o objeto transmitido por meio de `send()` tiver uma propriedade chamada `cmd` cujo valor seja uma string começando com "NODE_", então a mensagem não é emitida como evento `message`. Um exemplo é o objeto `{cmd: "NODE_foo"}`. Essas são mensagens especiais usadas pelo núcleo do Node e fazem com que eventos `internalMessage` sejam emitidos. A documentação oficial desencoraja enfaticamente o uso dessa funcionalidade, já que ela é sujeita a mudanças sem notícias.

disconnect()

Para fechar o canal IPC entre os processos pai e filho, use o método `disconnect()`. A partir do processo pai, invoque o método `disconnect()` de `ChildProcess`. A partir do processo filho, `disconnect()` é um método do objeto `process`.

`Disconnect()`, que não recebe argumentos, faz com que várias coisas aconteçam. Primeiro, `ChildProcess.connected` e `process.connected` são ajustados para `false` nos processos pai e filho. Segundo, um evento `disconnect` é emitido em ambos os processos. Uma vez que `disconnect()` é chamado, uma tentativa de enviar mais mensagens vai causar um erro.

A listagem 9-18 mostra um módulo filho consistindo apenas de um tratador do evento `disconnect`. Quando o pai se desconecta, o processo filho imprime uma mensagem no console. Armazene esse código num arquivo chamado `disconnect.js`. A listagem 9-19 mostra o processo correspondente. O pai bifurca um processo filho, configura um tratador do evento `disconnect` e depois se desconecta do filho imediatamente. Quando o evento `disconnect` é emitido pelo processo filho, o pai também imprime uma mensagem de adeus no console.

Listagem 9-18. Um módulo filho implementando um tratador do evento `disconnect`

```
process.on("disconnect", function() {
    console.log("Despedida do processo filho");
});
```

Listagem 9-19. O pai correspondente ao filho mostrado na listagem 9-18

```
var cp = require("child_process");
var child = cp.fork(__dirname + "/disconnect");

child.on("disconnect", function() {
    console.log("Despedida do processo pai");
});

child.disconnect();
```

O Módulo vm

O módulo `vm` (máquina virtual) é usado para se executar strings puras de código JavaScript. À primeira vista, ele parece ser apenas outra implementação da função `eval()` embutida no JavaScript, mas `vm` é muito mais poderoso. Para os iniciantes, `vm` permite que você processe uma porção de código e o rode num momento posterior – algo que não pode ser feito com `eval()`. `vm` também permite que você defina o contexto em que o código é executado, o que o torna uma alternativa mais segura que `eval()`. Com relação a `vm`, um contexto é uma estrutura de dados do

V8 que consiste de um objeto global e uma série de objetos e funções embutidos. O contexto em que o código é executado pode ser visto como o ambiente do JavaScript. O restante dessa seção descreve os vários métodos que vm oferece para trabalho com contextos e execução de código.

■ Nota eval(), função global que não está associada a nenhum objeto, recebe uma string como único argumento. Essa string pode conter código JavaScript arbitrário que eval() tenta executar. O código executado por eval() tem todos os mesmos privilégios que o chamador, bem como acesso a quaisquer variáveis atualmente no escopo. eval() é considerada um risco de segurança, porque dá acesso de leitura/escrita para seus dados a um código arbitrário, e deve ser geralmente evitada.

runInThisContext()

O método runInThisContext() permite que código seja executado usando-se o mesmo contexto que o resto de seu aplicativo. Esse método recebe dois argumentos. O primeiro é a string do código a ser executado. O segundo argumento, opcional, representa o "nome de arquivo" do código executado. Se presente, esse pode ser qualquer string, já que ele é só um nome de arquivo virtual usado para melhorar a legibilidade de traçados de pilha. A listagem 9-20 é um exemplo simples que imprime no console usando runInThisContext(). A saída resultante é mostrada na listagem 9-21.

Listagem 9-20. Usando vm.runInThisContext()
```
var vm = require("vm");
var code = "console.log(foo);";

foo = "Hello vm";
vm.runInThisContext(code);
```

Listagem 9-21. A saída gerada pelo código da listagem 9-20
```
$ node runInThisContext-hello.js
Hello vm
```

O código executado por runInThisContext() tem acesso ao mesmo contexto que seu aplicativo, o que significa que ele pode acessar todos os dados definidos globalmente. No entanto, o código em execução não tem acesso a variáveis não globais. Essa é provavelmente a maior diferença entre runInThisContext() e eval(). Para ilustrar esse conceito, observe primeiro o exemplo da listagem 9-22, que acessa a variável global foo a partir de runInThisContext(). Lembre-se que variáveis JavaScript que não são declaradas usando-se a palavra-chave var se tornam automaticamente globais.

Listagem 9-22. Atualizando uma variável global dentro de vm.runInThisContext()

```
var vm = require("vm");
var code = "console.log(foo); foo = 'Adeus';";

foo = "Hello vm";
vm.runInThisContext(code);
console.log(foo);
```

A listagem 9-23 mostra a saída da execução do código da listagem 9-22. Nesse exemplo, a variável foo inicialmente guarda o valor "Hello vm". Quando runInThisContext() é executado, foo é impressa no console e depois recebe o valor "Adeus". Por fim, o valor de foo é novamente impresso. A atribuição ocorrendo dentro de runInThisContext() persistiu, e Adeus foi impresso.

Listagem 9-23. A saída resultante do código da listagem 9-22

```
$ node runInThisContext-update.js
Hello vm
Adeus
```

Como mencionado anteriormente, runInThisContext() não pode acessar variáveis não globais. A listagem 9-22 foi reescrita na listagem 9-24 de tal forma que foo é agora uma variável local (declarada usando-se a palavra-chave var). Além disso, note que um parâmetro adicional, especificando um nome de arquivo opcional, foi agora passado para runInThisContext().

Listagem 9-24. Tentando acessar uma variável não global em vm.runInThisContext()

```
var vm = require("vm");
var code = "console.log(foo);";
var foo = "Hello vm";

vm.runInThisContext(code, "example.vm");
```

Quando o código da listagem 9-24 é executado, ocorre um ReferenceError na tentativa de se acessar foo. A exceção e o traçado da pilha são mostrados na listagem 9-25. Note que o traçado da pilha se refere a example.vm, o nome de arquivo associado a runInThisContext().

Listagem 9-25. A saída do traçado da pilha do código da listagem 9-24

```
$ node runInThisContext-var.js
/home/colin/runInThisContext-var.js:5
vm.runInThisContext(code, "example.vm");
   ^
ReferenceError: foo is not defined
    at example.vm:1:13
    at Object.<anonymous> (/home/colin/runInThisContext-var.js:5:4)
    at Module._compile (module.js:456:26)
```

```
      at Object.Module._extensions..js (module.js:474:10)
      at Module.load (module.js:356:32)
      at Function.Module._load (module.js:312:12)
      at Function.Module.runMain (module.js:497:10)
      at startup (node.js:119:16)
      at node.js:901:3
```

A listagem 9-26 substitui a chamada a `runInThisContext()` por uma chamada a `eval()`. A saída resultante também é mostrada na listagem 9-27. Baseado na saída observada, `eval()` é claramente capaz de acessar `foo` no escopo local.

Listagem 9-26. Acessando com sucesso uma variável local usando `eval()`
```
var vm = require("vm");
var code = "console.log(foo);";
var foo = "Hello eval";

eval(code);
```

Listagem 9-27. A saída resultante da listagem 9-26
```
$ node runInThisContext-eval.js
Hello eval
```

`runInNewContext()`

Na seção anterior, você viu como variáveis locais podem ser protegidas usando-se `runInThisContext()` em vez de `eval()`. Entretanto, como `runInThisContext()` trabalha com o contexto atual, ele ainda dá acesso a código não confiável a seus dados globais. Se você precisa restringir ainda mais o acesso, use o método `runInNewContext()` de vm. Como seu nome implica, `runInNewContext()` cria um contexto completamente novo em que o código pode ser executado. A listagem 9-28 mostra o uso de `runInNewContext()`. O primeiro argumento é a string JavaScript a ser executada. O segundo, opcional, é usado como objeto global no novo contexto. O terceiro argumento, que também é opcional, é o nome de arquivo mostrado nos traçados de pilha.

Listagem 9-28. Usando `vm.runInNewContext()`
```
vm.runInNewContext(code, [sandbox], [filename])
```

O argumento `sandbox` (caixa de areia) é usado para definição das variáveis globais no contexto, bem como para recuperação de valores após `runInNewContext()` ter completado. Lembre-se que com `runInThisContext()` nós pudemos modificar variáveis globais diretamente e as modificações podiam persistir. Contudo, como `runInNewContext()` usa um conjunto diferente de globais, os mesmos truques não são aplicáveis. Por exemplo, pode-se esperar que o código da listagem 9-29 exiba "`Hello vm`" quando executado, mas esse não é o caso.

Listagem 9-29. Tentando executar código usando `vm.runInNewContext()`
```
var vm = require("vm");
var code = "console.log(foo);";

foo = "Hello vm";
vm.runInNewContext(code);
```

Em vez de rodar com sucesso, esse código quebra, com o erro mostrado na listagem 9-30. O erro acontece porque o novo contexto não tem acesso ao objeto `console` do aplicativo. Vale a pena destacar que somente um erro é emitido antes do programa quebrar. Todavia, mesmo que `console` estivesse disponível, uma segunda exceção seria emitida, porque a variável global `foo` não está disponível no novo contexto.

Listagem 9-30. O `ReferenceError` emitido pelo código da listagem 9-29
```
ReferenceError: console is not defined
```

Por sorte, nós podemos passar `foo` e o objeto `console` explicitamente para o novo contexto, usando o argumento `sandbox`. A listagem 9-31 mostra como conseguir isso. Quando executado, esse código exibe "Hello vm", como esperado.

Listagem 9-31. Um uso de sucesso de `vm.runInNewContext()`
```
var vm = require("vm");
var code = "console.log(foo);";
var sandbox;

foo = "Hello vm";
sandbox = {
  console: console,
  foo: foo
};
vm.runInNewContext(code, sandbox);
```

Pondo dados na caixa de areia

Coisa boa com `runInNewContext()` é que modificações feitas nos dados postos em caixa de areia não modificam de fato os dados de seu aplicativo. No exemplo mostrado na listagem 9-32, as variáveis globais `foo` e `console` são passadas a `runInNewContext()` através de uma caixa de areia. Dentro de `runInNewContext()`, uma nova variável chamada `bar` é definida, `foo` é impressa no console, e depois `foo` é modificada. Depois que `runInNewContext()` é completado, `foo` é impressa novamente, juntamente com vários valores da caixa de areia.

Listagem 9-32. Criando e modificando dados em caixa de areia
```
var vm = require("vm");
var code = "var bar = 1; console.log(foo); foo = 'Adeus'";
var sandbox;
```

```
foo = "Hello vm";
sandbox = {
  console: console,
  foo: foo
};
vm.runInNewContext(code, sandbox);
console.log(foo);
console.log(sandbox.foo);
console.log(sandbox.bar);
```

A listagem 9-33 mostra a saída resultante. A primeira instância de "Hello vm" vem da sentença de impressão dentro de `runInNewContext()`. Como esperado, esse é o valor de `foo` passado através da caixa de areia. Em seguida, `foo` é ajustada para "Adeus". Porém, a próxima sentença de impressão mostra o valor original de `foo`. Isso se dá porque a sentença de atribuição dentro de `runInNewContext()` atualiza a cópia em caixa de areia de `foo`. As duas sentenças finais de impressão refletem os valores em caixa de areia de `foo` ("Adeus") e `bar` (1) no final de `runInNewContext()`.

Lisagem 9-33. A saída resultante da listagem 9-32
```
$ node runInNewContext-sandbox.js
Hello vm
Hello vm
Adeus
1
```

runInContext()

O Node permite que você crie objetos individuais de contexto do V8 e execute código neles, usando o método `runInContext()`. Contextos individuais são criados usando-se o método `createContext()` de vm. `runInContext()` pode ser chamado sem argumentos, fazendo com que ele retorne um mero contexto. Alternativamente, um objeto caixa de areia pode ser passado a `createContext()`, o qual sofre uma cópia rasa para o objeto global do contexto. O uso de `createContext()` é mostrado na listagem 9-34.

Listagem 9-34. Usando `vm.createContext()`
```
vm.createContext([initSandbox])
```

Objetos de contexto retornados por `createContext()` podem então ser passados como segundo argumento para o método `runInContext()` de vm, que é quase idêntico a `runInNewContext()`. A única diferença é que o segundo argumento para `runInContext()` é um objeto de contexto, em vez de uma caixa de areia. A listagem 9-35 mostra como a listagem 9-32 pode ser reescrita usando-se `runInContext()`. As diferenças são que `runInContext()` substituiu `runInNewContext()` e context, criado com `createContext()`, substituiu a variável `sandbox`. A saída da execução desse código é a mesma que é mostrada na listagem 9-33.

Listagem 9-35. Reescrevendo a listagem 9-34 usando `vm.createContext()`

```
var vm = require("vm");
var code = "var bar = 1; console.log(foo); foo = 'Adeus'";
var context;

foo = "Hello vm";
context = vm.createContext({
  console: console,
  foo: foo
});
vm.runInContext(code, context);
console.log(foo);
console.log(context.foo);
console.log(context.bar);
```

createScript()

O método `createScript()`, usado para compilar uma string JavaScript para execução futura, é útil quando você quer executar código múltiplas vezes. O método `createScript()`, que retorna um objeto `vm.Script` que pode ser repetidamente executado sem a necessidade de se reinterpretar o código, recebe dois argumentos. O primeiro é o código a ser compilado. O segundo, opcional, representa o nome de arquivo que vai ser exibido em traçados da pilha.

O objeto `vm.Script` retornado por `createScript()` tem três métodos para execução do código. Esses métodos são versões modificadas de `runInThisContext()`, `runInNewContext()` e `runInContext()`. O uso desses três métodos é mostrado na listagem 9-36. Eles se comportam da mesma forma que os métodos de `vm` de mesmos nomes. A diferença é que esses métodos não aceitam os argumentos de string de código JavaScript ou de nome de arquivo, uma vez que eles já são parte do objeto script.

Listagem 9-36. Os métodos de execução de scripts do tipo `vm.Script`

```
script.runInThisContext()
script.runInNewContext([sandbox])
script.runInContext(context)
```

A listagem 9-37 mostra um exemplo que roda um script múltiplas vezes dentro de um laço. No exemplo, um script simples é compilado usando-se `createScript()`. Em seguida, uma caixa de areia é criada com um único valor, `i`, que é ajustado para 0. O script é então executado dez vezes, dentro de um laço `for` usando-se `runInNewContext()`. Cada iteração incrementa o valor em caixa de areia de `i`. Quando o laço é completado, a caixa de areia é impressa. Quando a caixa de areia é exibida, o efeito cumulativo das operações de incremento é aparente, já que o valor de i é 10.

Listagem 9-37. Executando múltiplas vezes um script compilado

```
var vm = require("vm");
var script = vm.createScript("i++;", "example.vm");
var sandbox = {
    i: 0
}

for (var i = 0; i < 10; i++) {
  script.runInNewContext(sandbox);
}

console.log(sandbox);
// exibe {i: 10}
```

Resumo

Esse capítulo mostrou como executar código de várias maneiras. Cobrimos primeiro o caso comum, em que seu programa precisa executar outro aplicativo. Nessas situações, os métodos no módulo `child_process` são usados. Os métodos `exec()`, `execFile()`, `spawn()` e `fork()` foram examinados em detalhes, bem como os diferentes níveis de abstração oferecidos por cada um. Em seguida, vimos a execução de strings de código JavaScript. O módulo `vm` foi explorado e seus vários métodos foram comparados com a função `eval()` native do JavaScript. O conceito de contextos e os vários tipos de contextos oferecidos por `vm` também foram abordados. Por fim, você aprendeu a compilar scripts e a executá-los num momento posterior, usando o tipo `vm.Script`.

Capítulo 10

■ ■ ■

Programação para Redes

Até agora, os código de exemplo fornecidos neste livro focaram em sua máquina local. Fosse acessando o sistema de arquivos, processando argumentos de linha de comandos ou executando código não confiável, todos os exemplos estavam isolados num único computador. Este capítulo começa a explorar o mundo fora de local host. Ele cobre a programação de rede e introduz muitos tópicos importantes, incluindo soquetes, programação cliente-servidor, o Protocolo de Controle de Transmissão (TCP), o Protocolo de Datagrama de Usuário (UDP) e o Serviço de Nomes de Domínio (DNS). Uma explanação completa de todos esses conceitos está fora do escopo deste livro, mas um entendimento deles é crucial, já que eles são a fundação para o material sobre aplicativos web vistos nos próximos capítulos.

Soquetes

Quando dois aplicativos se comunicam por uma rede, eles o fazem usando soquetes. Um soquete é uma combinação de um endereço de Protocolo de Internet (IP) e um número de porta. Um endereço IP é usado para identificar unicamente um dispositivo numa rede, a qual pode ser uma pequena rede doméstica ou toda a própria Internet. O dispositivo pode ser um PC, um tablet, um smartphone, uma impressora ou qualquer outro dispositivo habilitado à Internet. Endereços IP são números de 32 bits formatados como quatro números de 8 bits separados por pontos. Exemplos de endereços IP são 184.168.230.128 e 74.125.226.193. Esses correspondem aos servidores web em www.cjihrig.com e www.google.com.

■ **Nota** Os endereços IP descritos aqui são conhecidos como endereços IPv4, a variedade mais comum. Esses endereços são baseados no Protocolo de Internet versão 4. Devido ao crescimento da Internet, previu-se que o número de endereços Ipv4 ia se esgotar. Para mitigar esse problema, o Protocolo de Internet versão 6 (IPv6) foi desenvolvido. Endereços IPv6 têm 128 bits de comprimento, o que significa que mais endereços podem ser representados. As strings de endereços IPv6 também são mais compridas e incluem valores hexadecimais, com dois pontos como separadores, em vez de pontos.

O componente porta de um soquete é um número de 16 bits usado para identificar unicamente uma ponta de comunicação num computador. Portas permitem que um único computador mantenha muitas conexões de soquete simultaneamente. Para melhor entender o conceito de portas, imagine-se chamando alguém que trabalha no prédio de uma grande corporação. Quando você faz a chamada, precisa saber o número do telefone do escritório. Nessa analogia, o escritório é um computador remoto e seu número de telefone é seu endereço IP. Escritórios corporativos fornecem extensões para se chegar aos indivíduos. A extensão telefônica é análoga ao número da porta, e o parceiro que você está tentando alcançar representa um processo ou segmento na máquina remota. Uma vez que você digite a extensão de seu parceiro e esteja conectado, pode começar a conversar. Similarmente, uma vez que dois soquetes tenham estabelecido um canal de comunicação, eles podem começar a enviar e receber dados entre si.

Anteriormente, foi mencionado que o endereço IP `74.125.226.193` corresponde a um servidor web em `www.google.com`. Para verificar isso, digite `http://74.125.226.193` na barra de endereços de seu navegador. Claramente, essa requisição inclui o endereço IP do servidor, mas onde está o número da porta? Como se pode concluir, o servidor web do Google aceita conexões na porta 80. A sintaxe de URL permite que você identifique explicitamente a porta à qual se conectar, pela inclusão de dois pontos e o número da porta, após o hospedeiro. Para verificar isso, tente se conectar a `http://74.125.226.193:80` (ou `www.google.com:80`) em seu navegador. Você deve ver a página base do Google mais uma vez. Agora, tente se conectar a `http://74.125.226.193:81` (`www.google.com:81`). Subitamente, a página não mais pode ser encontrada. Como é que um navegador sabe se conectar à porta 80, quando `www.google.com` é digitado em sua barra de endereços? Para responder a essa pergunta, vamos voltar a nossa analogia do telefone. Nos Estados Unidos, como é que você sabe que precisa chamar 911 e não 912 numa emergência? A resposta: porque toda criança desse país foi ensinada a chamar 911 em caso de emergência. É uma convenção com a qual a sociedade concordou.

Na Internet, serviços comuns seguem uma convenção similar. Os números de porta de 0 a 1023 são conhecidos como *portas bem conhecidas* ou *portas reservadas*. Por exemplo, a porta 80 é reservada para servir tráfego HTTP. Portanto, quando você navega até um URL que começa com `http://`, seu navegador considera que o número da porta é 80, a menos que você explicitamente afirme o contrário. Foi por isso que o servidor web do Google respondeu à nossa requisição na porta 80, mas não na 81. Um experimento similar pode ser feito com o protocol HTTPS (HTTP seguro). A porta 443 é reservada para o tráfego HTTPS. Se você entrar o URL `http://74.125.226.193:443` na barra de endereços de seu navegador, você vai se deparar com um erro. Porém, se mudar o URL para `https://74.125.226.193:443`, você vai parar na página base do Google, através de uma conexão segura. Note que você pode encontrar um aviso do navegador, durante o processo de navegação. Esse aviso pode seguramente ser ignorado, nesse caso.

Se você planeja implementar um serviço comum, tal como um servidor web, usar seu número bem conhecido de porta é aconselhável. Contudo, nada impede que você rode um servidor web numa porta não padrão. Por exemplo, você pode rodar um servidor web na porta 8080, desde que todo o mundo que tente se conectar ao servidor especifique explicitamente a porta 8080 nos URLs. Similarmente, se você está criando um aplicativo personalizado, evite usar portas normalmente usadas para outros fins. Antes de selecionar uma porta para seu aplicativo, você pode querer conduzir uma rápida pesquisa na Internet para saber de outros serviços comuns que possam conflitar com ele. Além disso, evite usar um dos números de porta reservados.

Programação Cliente-Servidor

O modelo cliente-servidor é um paradigma em que tarefas computacionais são divididas entre servidores (máquinas que fornecem recursos) e clientes (máquinas que requisitam e consomem esses recursos). A Web é um perfeito exemplo do modelo cliente-servidor em ação. Quando você abre uma janela do navegador e navega até um website, seu computador atua como um cliente. O recurso que seu computador requisita e consome é uma página web. Essa página web é fornecida por um servidor, ao qual seu computador se conecta pela Internet, usando soquetes. Uma abstração de alto nível desse modelo é vista na figura 10-1.

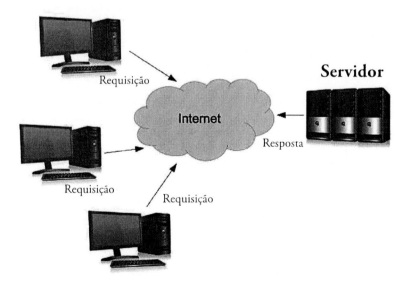

Figura 10-1. O modelo cliente-servidor funcionando pela Internet

■ **Dica** O endereço IP 127.0.0.1 é usado para identificar a máquina local, conhecida como localhost. Muitos aplicativos cliente-servidor podem ser testados usando-se uma única máquina, fazendo-se com que os clientes se conectem ao servidor rodando em localhost.

■ **Nota** A última seção discutiu as portas bem conhecidas. No modelo cliente-servidor, esse conceito geralmente se aplica somente a aplicativos servidores. Como um cliente inicia conexões com um servidor, o cliente deve saber a qual porta se conectar. Um servidor, por outro lado, não precisa se preocupar com a porta sendo usada no lado cliente da conexão.

O Protocolo de Controle de Transmissão

O Protocolo de Controle de Transmissão, ou TCP, é um protocolo de comunicação usada para transmissão de dados pela Internet. A transferência de dados pela Internet não é confiável. Quando seu computador envia uma mensagem pela rede, a mensagem é primeiro dividida em porções menores, conhecidas como pacotes, que são, então, enviados pela rede e começam a percorrer seu caminho até o destino. Como seu computador não tem uma conexão direta com todos os outros computadores do mundo, cada pacote deve atravessar uma série de máquinas intermediárias, até encontrar uma rota para seu destino. Cada pacote pode tomar uma rota exclusiva para o destino, o que significa que a ordem da chegada dos pacotes pode ser diferente da ordem em que eles foram enviados. E mais, a Internet não é confiável e pacotes individuais podem ser perdidos ou danificados ao longo do caminho.

O TCP ajuda a trazer confiabilidade para o caos que é a Internet. O TCP é o que é conhecido como *protocolo orientado por conexão*, termo que se refere à conexão virtual estabelecida entre máquinas. Duas máquinas entram numa conexão TCP enviando pequenas porções de dados entre si, num padrão conhecido como saudação (handshake, em inglês). Ao final da saudação de múltiplos passos, as duas máquinas estabeleceram uma conexão. Usando essa conexão, o TCP garante a ordenação entre os pacotes, e confirma que eles estão sendo recebidos com sucesso no destino. Além disso, dentre as funcionalidades que o TCP oferece estão a verificação de erros e a retransmissão de pacotes perdidos.

No ecossistema do Node, a programação de rede usando o TCP é implementada usando-se o módulo central net. A listagem 10-1 mostra como o módulo net é importado para um aplicativo Node. Esse módulo inclui métodos para criação de aplicativos tanto clientes quanto servidores. O restante desta seção explora os vários métodos fornecidos por net para trabalho com o TCP.

Listagem 10-1. Importando o módulo `net` para um aplicativo
```
var net = require("net");
```

Criando um Servidor TCP

Servidores TCP podem ser facilmente criados usando-se o método `createServer()` (veja a listagem 10-2). Esse método recebe dois argumentos opcionais. O primeiro é um objeto contendo opções de configuração. `createServer()` suporta uma única opção, `allowHalfOpen`, cujo valor omissivo é `false`. Se essa opção for explicitamente ajustada para `true`, o servidor deixa abertas as conexões dos clientes, mesmo que o cliente as termine. Nessa situação, o soquete se torna não legível, mas ainda é escrivível pelo servidor. Adicionalmente, se `allowHalfOpen` for `true`, a conexão deve ser explicitamente fechada no lado servidor, independente do que o cliente faça. Esse assunto é explicado em mais detalhes posteriormente, quando o método `end()` for abordado.

Listagem 10-2. Criando um servidor TCP usando `net.createServer()`
```
var net = require("net");
var server = net.createServer({
    allowHalfOpen: false
}, function(socket) {
    // trata a conexão
});
```

O segundo argumento para `createServer()` na listagem 10-2 é um tratador de eventos usado para tratar conexões de clientes. O tratador de eventos recebe um único argumento, um objeto `net.Socket` representando a conexão de soquete com o cliente. A classe `net.Socket` também é examinada em maiores detalhes posteriormente, neste capítulo. Por fim, `createServer()` retorna o servidor TCP recém-criado como uma instância de `net.Server`. A classe `net.Server` herda de `EventEmitter` e emite eventos relacionados com soquetes.

Escutando Conexões

O servidor retornado por `createServer()` não pode ser acessado por clientes, porque ele não está associado a uma porta específica. Para torná-lo acessível, ele deve escutar conexões que cheguem dos clientes numa porta. O método `listen()`, cujo uso é mostrado na listagem 10-3, é usado para ligar o servidor a uma porta especificada. O único argumento exigido por `listen()` é o número da porta a se ligar. Para escutar numa porta aleatoriamente selecionada, passe 0 como argumento `port` (note que fazer isso deve, em geral, ser evitado, já que os clientes não vão saber a que porta se conectar).

Listagem 10-3. Usando o método `net.Server.listen()`
```
server.listen(port, [host], [backlog], [callback])
```

Se o argumento `host` for omitido, o servidor aceita conexões direcionadas a qualquer endereço IPv4 válido. Para restringir as conexões que o servidor aceita, especifique o hospedeiro como o qual o servidor vai responder. Essa funcionalidade é útil em servidores que têm múltiplas interfaces de rede, já que ela permite que um aplicativo fique no escopo de uma rede individual. Você pode experimentar essa funcionalidade se sua máquina tiver apenas um endereço IP. Como exemplo, o código da listagem 10-4 só aceita conexões direcionadas a `localhost` (127.0.0.1). Isso permite que você crie uma interface web para seu aplicativo, enquanto não o expõe a conexões remotas, potencialmente maliciosas.

Listagem 10-4. Código que só aceita conexões de `localhost` na porta 8000

```
var net = require("net");
var server = net.createServer(function(socket) {
    // trata a conexão
});

server.listen(8000, "127.0.0.1");
```

O *backlog* (registro passado, em inglês) do servidor é uma fila de conexões de clientes que foram feitas com o servidor, mas que ainda não foram tratadas. Uma vez que o backlog esteja cheio, qualquer nova conexão que chegue àquela porta é descartada. O argumento `backlog` é usado para se especificar o comprimento máximo dessa fila. O valor omissivo é 511.

O último argumento para `listen()` é um tratador de eventos que responde a eventos `listening`. Quando o servidor se liga com sucesso a uma porta e está escutando conexões, ele emite um evento `listening`. Esse evento não fornece argumentos a sua função tratadora, mas é muito útil para coisas como depuração e registro. Por exemplo, o código da listagem 10-5 tenta escutar numa porta aleatória. Um tratador do evento `listening` é incluído, o qual exibe a porta aleatoriamente selecionada.

Listagem 10-5. Um servidor com um tratador do evento `listening`

```
var net = require("net");
var server = net.createServer(function(socket) {
    // trata a conexão
});

server.listen(0, function() {
    var address = server.address();

    console.log("Escutando na porta " + address.port);
});
```

■ **Nota** O tratador do evento para `listen()` é fornecido estritamente por conveniência. Também é possível adicionar-se tratadores do evento `listening` usando-se o método `on()`.

address()

Na listagem 10-5, o método `address()` de `server` foi usado para exibir a porta aleatoriamente selecionada. Esse método retorna um objeto contendo o endereço de ligação do servidor, a família de endereços e a porta. Como já mostrado, a propriedade `port` representa a porta de ligação. O endereço de ligação obtém seu valor do argumento `host` para `listen()` ou é "0.0.0.0" se `host` não for especificado. A família de endereços representa o tipo de endereço (IPv4, IPv6 etc.). Note que, como os valores retornados por `address()` dependem dos argumentos passados a `listen()`, esse método não deve ser invocado antes do evento `listening` ter sido emitido. No exemplo da listagem 10-6, que mostra outro uso de `address()`, uma porta aleatória é usada, juntamente com o endereço `::1` (localhost no IPv6). A saída resultante é mostrada na listagem 10-7. É claro que, como é aleatório, o número de sua porta provavelmente é diferente.

Listagem 10-6. Usando `net.Server.address()`
```
var net = require("net");
var server = net.createServer(function(socket) {
    // trata a conexão
});

server.listen(0, "::1", function() {
   var address = server.address();

   console.log(address);
});
```

Listagem 10-7. A saída resultante do código da listagem 10-6
```
$ node server-address.js
{ address: '::1', family: 'IPv6', port: 64269 }
```

Variações de `listen()`

O método `listen()` tem duas assinaturas menos comumente usadas. A primeira variação permite que um servidor escute num servidor/soquete existente que já foi ligado. O novo servidor começa a aceitar conexões que, do contrário, teriam sido direcionadas ao servidor/soquete existente. Um exemplo que cria dois servidores, `server1` e `server2`, é mostrado na listagem 10-8 (com saída de amostra mostrada na listagem 10-9). Em seguida, um tratador do evento `listening` é configurado no `server2`, o qual chama `address()` e exibe o resultado. Depois, o método listen() de server1 é invocado com seu próprio tratador do evento listening. Esse tratador também exibe o resultado de address(), mas depois diz a server2 para escutar na configuração de server1.

Listagem 10-8. Passando uma instância de servidor a listen()
```
var net = require("net");
var server1 = net.createServer();
var server2 = net.createServer(function(socket) {
    // trata a conexão
});

server2.on("listening", function() {
    console.log("server2:");
    console.log(server2.address());
});

server1.listen(0, "127.0.0.1", function() {
    console.log("server1:");
    console.log(server1.address());
    server2.listen(server1);
});
```

Listagem 10-9. A saída resultante da execução do código da listagem 10-8
```
$ node server-listen-handle.js
server1:
{ address: '127.0.0.1', family: 'IPv4', port: 53091 }
server2:
{ address: '127.0.0.1', family: 'IPv4', port: 53091 }
```

Note que o resultado de address() (veja a listagem 10-9) é o mesmo para ambos os servidores. Você ainda não viu como realmente processar conexões, mas vale destacar que as conexões para server1 são direcionadas para server2, nesse exemplo. Também é interessante destacar que essa encarnação de listen() aceita um tratador do evento listening como segundo argumento opcional.

A variação final de listen() recebe um nome de arquivo soquete do Unix ou um pipe nomeado do Windows, como primeiro argumento, e um tratador do evento listening como segundo argumento opcional. Um exemplo de uso de um soquete do Unix é mostrado na listagem 10-10.

Listagem 10-10. Passando um arquivo de soquete do Unix a listen()
```
var net = require("net");
var server = net.createServer(function(socket) {
    // handle connection
});

server.listen("/tmp/foo.sock");
```

Tratando Conexões

Uma vez que o servidor esteja ligado e escutando, ele pode começar a aceitar conexões. Toda vez que o servidor recebe uma nova conexão, um evento `connection` é emitido. Para processar conexões que chegam, um tratador do evento connection dever ser passado a `createServer()` ou anexado usando-se um método tal como `on()`. O tratador de conexões recebe um objeto `net.Socket` como único argumento. Esse soquete é então usado para enviar e receber dados do cliente. A mesma classe de soquete é usada para implementar clientes TCP, e, portanto, toda a API é vista naquela seção. Por ora, a listagem 10-11 mostra um servidor que escuta na porta 8000 e responde a requisições de clientes.

Listagem 10-11. Um servidor que responde aos clientes com uma mensagem simples
```
var net = require("net");
var server = net.createServer(function(socket) {
    socket.end("Olá e adeus!\n");
});

server.listen(8000);
```

Para testar o servidor, rode o código da listagem 10-11 como faria com qualquer outro aplicativo Node. Em seguida, conecte-se ao servidor usando `telnet` ou um navegador web (`telnet` é um utilitário de linha de comandos usado para se estabelecer conexões de rede e enviar e receber dados). Para testar o servidor com `telnet`, emita o comando `telnet localhost 8000` a partir de uma janela de terminal. Se estiver usando um navegador web, simplesmente navegue até `http://localhost:8000`. Se tudo estiver funcionando adequadamente, o terminal ou o navegador deve exibir a mensagem "`Olá e adeus!`". A listagem 10-12 mostra a saída usando `telnet`. Note que o aplicativo `telnet` imprime várias linhas adicionais que não estão realmente relacionadas com o servidor.

Listagem 10-12. A saída de `telnet` da conexão com o servidor da listagem 10-11
```
$ telnet localhost 8000
Trying 127.0.0.1...
Connected to localhost.
Escape character is '^]'.
Olá e adeus!
Connection closed by foreign host.
```

Encerrando o Servidor

Para terminar o servidor, use o método `close()`. Chamar `close()` impede o servidor de aceitar novas conexões. No entanto, qualquer conexão existente tem permissão de terminar seu trabalho. Quando não restar mais nenhuma conexão, o servidor emite um evento `close`. O método `close()` recebe opcionalmente um tratador de evento que trata o evento `close`. O exemplo da listagem 10-13 inicia um novo servidor e, depois, quando ele está escutando, imediatamente o encerra. Um tratador do evento `close` também foi definido, usando-se `on()` em vez de um argumento para `close()`.

Listagem 10-13. Um servidor que escuta e, depois, imediatamente é encerrado

```
var net = require("net");
var server = net.createServer();

server.on("close", function() {
    console.log("E agora ele está fechado.");
});

server.listen(function() {
    console.log("O servidor está escutando.");
    server.close();
});
```

ref() e unref()

O capítulo 4 introduziu dois métodos, `ref()` e `unref()`, no contexto de temporizadores e intervalos. Esses métodos são usados para impedir ou permitir o término de um aplicativo Node se o temporizador/intervalo for o único item restando no laço de eventos. Servidores TCP têm métodos equivalentes de mesmos nomes. Se um servidor ligado é o único item restando na fila do laço de eventos, chamar `unref()` permite que o programa termine. Esse cenário é demonstrado na listagem 10-14. Por outro lado, chamar `ref()` restaura o comportamento omissivo, impedindo que o aplicativo termine se o servidor for o único item restando no laço de eventos.

Listagem 10-14. Um servidor que encerra imediatamente após chamar-se `unref()`

```
var net = require("net");
var server = net.createServer();

server.listen();
server.unref();
```

Eventos error

Quando alguma coisa dá errado, as instâncias de `net.Server` emitem eventos `error`. Uma exceção comumente encontrada é o erro `EADDRINUSE`, que ocorre quando um aplicativo tenta usar uma porta que já está em uso por outro aplicativo. A listagem 10-15 mostra como esse tipo de erro pode ser detectado e tratado. Depois que o erro foi detectado, seu aplicativo pode tentar se conectar a outra porta, esperar antes de tentar se conectar à mesma porta novamente ou simplesmente terminar.

Listagem 10-15. Um tratador que detecta erros de porta já em uso
```
server.on("error", function(error) {
    if (error.code === "EADDRINUSE") {
        console.error("Porta já está em uso");
    }
});
```

Outro erro comumente encontrado é EACCES, uma exceção emitida quando você não tem permissões suficientes para se ligar a uma porta. Em sistemas operacionais tipo Unix, esses erros ocorrem quando você tenta se ligar a uma porta reservada. Por exemplo, servidores web tipicamente exigem privilégios de administrador para se ligar à porta 80.

Criando um Cliente TCP

O módulo net fornece dois métodos, connect() e createConnection(), que podem ser usados alternadamente para criar soquetes de cliente TCP. Esses soquetes de cliente são usados para se conectar com os aplicativos servidores criados neste capítulo. Ao longo deste livro, connect() é usado porque seu nome é mais curto. Apenas saiba que createConnection() pode substituir connect() em qualquer cenário. connect() tem três encarnações, a primeira das quais é mostrada na listagem 10-16.

Listagem 10-16. Um uso do método net.connect()
```
net.connect(port, [host], [connectListener])
```

Na listagem 10-16, uma conexão TCP é criada com a máquina especificada por host na porta especificada por port. Se host não for especificado, a conexão é feita com localhost. Se a conexão for estabelecida com sucesso, o cliente emite um evento connect sem argumentos. O terceiro argumento, opcional, connectListener, é um tratador de evento que vai processar o evento connect. A listagem 10-17 mostra um cliente que se conecta à porta 8000 em localhost. Esse cliente pode ser testado com o servidor criado na listagem 10-11. Comece por abrir uma janela de terminal e rodar o aplicativo servidor. Em seguida, abra uma outra janela de terminal e rode o aplicativo cliente. O cliente exibe uma mensagem ao se conectar com sucesso ao servidor. Os dados reais retornados pelo servidor não são exibidos (mais a esse respeito posteriormente).

Listagem 10-17. Um cliente que se conecta a localhost na porta 8000
```
var net = require("net");
var client = net.connect(8000, "localhost", function() {
    console.log("Conexão estabelecida");
});
```

A segunda versão de `connect()` recebe um nome de arquivo soquete do Unix, ou um pipe nomeado do Windows, como primeiro argumento, e um opcional tratador do evento `connect` como segundo. A listagem 10-17 foi reescrita para usar um arquivo de soquete Unix na listagem 10-18. Para testar esse cliente, use o servidor modificado mostrado na listagem 10-19, que se liga ao mesmo arquivo de soquete.

Listagem 10-18. *Um cliente que se conecta ao arquivo de soquete* `/tmp/foo.sock`

```
var net = require("net");
var client = net.connect("/tmp/foo.sock", function() {
    console.log("Conexão estabelecida");
});
```

Listagem 10-19. *Um servidor usado para testar o cliente da listagem 10-18*

```
var net = require("net");
var server = net.createServer(function(socket) {
    socket.end("Olá e adeus!\n");
});

server.listen("/tmp/foo.sock");
```

A última versão de `connect()` recebe um objeto de configuração e um tratador opcional do evento `connect` como argumentos. A tabela 10-1 mostra as propriedades suportadas pelo objeto de configuração. A listagem 10-20 reescreve a listagem 10-17 para usar essa forma de `connect()`. Similarmente, a listagem 10-21 reescreve a listagem 10-18.

Tabela 10-1. *Lista de opções de configuração suportadas por* `connect()`

Propriedade	Descrição
`port`	Se estiver se conectando por meio de um soquete TCP (em vez de um arquivo de soquete Unix ou de um pipe nomeado do Windows), especifica o número da porta a que o cliente deve se conectar. Obrigatória.
`host`	Se estiver se conectando por meio de um soquete TCP, especifica o hospedeiro ao qual se conectar. Se omitida, o omissivo é `localhost`.
`localAddress`	A interface local a ser usada quando criando a conexão. Esta opção é útil quando uma única máquina tem múltiplas interfaces de rede.
`path`	Se estiver se conectando por meio de um arquivo de soquete Unix ou de um pipe nomeado do Windows, esta é usada para especificar o caminho.
`allowHalfOpen`	Se `true`, o cliente não fecha a conexão quando o servidor o fizer. Ao invés, a conexão deve ser manualmente fechada. Por omissão é `false`.

Listagem 10-20. Um cliente que se conecta a `localhost` na porta 8000
```
var net = require("net");
var client = net.connect({
    port: 8000,
    host: "localhost"
}, function() {
    console.log("Conexão estabelecida");
});
```

Listagem 10-21. Um cliente que se conecta ao arquivo de soquete `/tmp/foo.sock`
```
var net = require("net");
var client = net.connect({
    path: "/tmp/foo.sock"
}, function() {
    console.log("Conexão estabelecida");
});
```

A classe `net.Socket`

Entender a classe `net.Socket` é imperativo para o desenvolvimento tanto de clientes quanto de servidores. No lado servidor, um soquete é passado ao tratador do evento `connection`. No lado cliente, `connect()` retorna um soquete. Como a classe de soquete usa fluxos para mover dados, você já sabe alguns princípios (se precisar de uma revisão, revisite o capítulo 7). Por exemplo, ler dados de um soquete usa todos os fundamentos de fluxos de leitura que você conheceu e adora, incluindo os eventos de dados e os métodos `pause()` e `resume()`. A listagem 10-22 mostra como é simples ler dados de um soquete usando fluxos. Esse cliente, que trabalha com o servidor da listagem 10-11, usa um tratador do evento `data` para ler dados do soquete e imprimi-los no console.

Listagem 10-22. Um cliente exibindo dados lidos do servidor da listagem 10-11
```
var net = require("net");
var clientSocket = net.connect({
    port: 8000,
    host: "localhost"
});

clientSocket.setEncoding("utf8");

clientSocket.on("data", function(data) {
    process.stdout.write(data);
});
```

Escrever dados num soquete também pode ser feito usando-se o método `write()` do fluxo. Soquetes têm um método adicional, `end()`, que fecha a conexão. `end()` pode receber opcionalmente argumentos de dados e codificação, similar a `write()`.

Assim, pode-se escrever num soquete e fechá-lo usando-se uma única chamada a função (`end()` é usado dessa forma no servidor da listagem 10-11). Note que `end()` deve ser chamado no mínimo uma vez para que a conexão seja fechada. Além disso, tentar escrever no soquete depois de chamar `end()` causa um erro.

A classe de soquetes tem vários outros eventos e métodos que você já deve reconhecer. Por exemplo, os soquetes têm os métodos `ref()` e `unref()`, que afetam a habilidade de um aplicativo de terminar, se o soquete for o único item restando no laço de eventos. Os soquetes também têm um método `address()`, que retorna o endereço de ligação, o número da porta e a família de endereços de um soquete conectado. Com relação a eventos, um evento `drain` é emitido quando o buffer de escrita se torna vazio, e um evento `error` é emitido quando ocorre uma exceção.

Endereços Locais e Remotos

Como mencionado anteriormente, o método `address()` retorna um objeto contendo o endereço de ligação local, o tipo de sua família e a porta em uso. Há também quatro propriedades – `remoteAddress`, `remotePort`, `localAddress` e `localPort` – que fornecem informações sobre as pontas remota e local do soquete. Um exemplo dessas propriedades é mostrado na listagem 10-23.

Listagem 10-23. Um exemplo que exibe endereços e portas locais e remotas

```
var net = require("net");
var client = net.connect(8000, function() {
   console.log("Ponta local " + client.localAddress + ":" +
               client.localPort);
   console.log("está conectada à");
   console.log("Ponta remota " + client.remoteAddress + ":" +
               client.remotePort);
});
```

Fechando um Soquete

Como previamente mencionado, um soquete é fechado usando-se o método `end()`. Tecnicamente, `end()` só fecha o soquete pela metade. Ainda é possível que a outra ponta da conexão continue a enviar dados. Se você precisa encerrar completamente o soquete – por exemplo, no caso de um erro – pode usar o método `destroy()`, que assegura que nenhuma E/S vai ocorrer mais, no soquete.

Quando o hospedeiro remoto chama `end()` ou `destroy()`, o lado local emite um evento `end`. Se o soquete foi criado com a opção `allowHalfOpen` ajustada para `false` (o valor omissivo), o lado local escreve quaisquer dados pendentes e fecha seu lado da conexão, também. No entanto, se `allowHalfOpen` for `true`, o lado local deve explicitamente chamar `end()` ou `destroy()`. Uma vez que ambos os lados da conexão estejam fechados, um evento `close` é emitido. Se um tratador desse evento estiver presente, ele recebe um único argumento booleano, que é `true` se o soquete tiver tido qualquer erro de transmissão ou `false` em caso contrário.

A listagem 10-24 inclui um cliente que ajusta sua opção `allowHalfOpen` para true. O exemplo também inclui tratadores dos eventos `end` e `close`. Note que o método `end()` é explicitamente chamado no tratador de end. Se essa linha não estivesse presente, a conexão não seria completamente fechada, e o evento `close` jamais seria emitido.

Listagem 10-24. Um cliente com os tratadores dos eventos `end` e `close`

```
var net = require("net");
var client = net.connect({
    port: 8000,
    host: "localhost",
    allowHalfOpen: true
}));

client.on("end", function() {
    console.log("tratador de end");
    client.end();
});

client.on("close", function(error) {
    console.log("tratador de close");
    console.log("houve erros: " + error);
});
```

Expiração

Por omissão, os soquetes não têm expiração. Isso pode ser ruim, porque se a rede ou o hospedeiro remoto falhar, a conexão fica indefinidamente desocupada. Contudo, você pode definir uma expiração no soquete, usando seu método `setTimeout()` (não confunda com o método central do JavaScript usado para criar temporizadores). Essa versão de `setTimeout()` recebe um tempo de expiração em milissegundos como primeiro argumento. Se o soquete ficar desocupado por essa quantidade de tempo, um evento `timeout` é emitido. Um tratador do evento `timeout` de instante pode opcionalmente ser passado como segundo argumento para `setTimeout()`. Um evento `timeout` não fecha o soquete; você é responsável por fechá-lo, usando `end()` ou `destroy()`. Adicionalmente, você pode remover uma expiração existente, passando 0 para `setTimeout()`. A listagem 10-25 mostra como uma expiração de dez segundos é criada num soquete. Nesse exemplo, uma mensagem de erro é impressa e o soquete é fechado quando ocorre uma expiração.

Listagem 10-25. Um cliente com uma expiração de dez segundos

```
var net = require("net");
var client = net.connect(8000, "localhost");
client.setTimeout(10000, function() {
    console.error("Dez segundos de expiração se passaram");
    client.end();
});
```

Soquetes, Servidores e Processos Filhos

O capítulo 9 mostrou como criar processos filhos do Node, usando o método `fork()`. Dados podem ser transferidos entre esses processos num canal de comunicação interprocessos, usando o método `send()`. Os dados a serem transmitidos são passados como primeiro argumento para `send()`. O que não foi mencionado no capítulo 9 é que o método `send()` recebe um segundo argumento opcional, um servidor ou soquete TCP, que permite que uma única conexão de rede seja compartilhada entre múltiplos processos. Como você já sabe, os processos Node são monossegmentados. A geração de múltiplos processos que compartilhem um único soquete permite a melhor utilização dos modernos hardwares de múltiplos núcleos. Esse caso de uso vai ser revisitado em mais detalhes no capítulo 16, quando o módulo `cluster` for abordado.

A listagem 10-26 contém código que cria um novo servidor TCP, gera um processo filho e passa o servidor para o filho como uma mensagem `server`. O código para o processo filho (veja a listagem 10-27) deve ser salvo num arquivo chamado `child.js`. O processo filho detecta mensagens `server` e configura um tratador de `connection`. Para verificar se o soquete é compartilhado por dois processos, faça uma série de conexões na porta 8000. Você vai ver que algumas das conexões respondem com "`Tratado pelo processo pai`" e outras com "`Tratado pelo processo filho`".

Listagem 10-26. Passando um servidor TCP a um processo filho gerado
```
var cp = require("child_process");
var net = require("net");
var server = net.createServer();
var child = cp.fork("child");

server.on("connection", function(socket) {
    socket.end("Tratado pelo processo pai");
});

server.listen(8000, function() {
    child.send("server", server);
});
```

Listagem 10-27. O código para `child.js` que trabalha com a listagem 10-26
```
process.on("message", function(message, server) {
    if (message === "server") {
        server.on("connection", function(socket) {
            socket.end("Tratado pelo processo filho");
        });
    }
});
```

O Protocolo de Datagrama de Usuário

O Protocolo de Datagrama de Usuário, ou UDP, é uma alternativa ao TCP. O UDP, como o TCP, opera sobre o IP. Todavia, o UDP não inclui muitas das funcionalidades que tornam o TCP tão confiável. Por exemplo, o UDP não estabelece uma conexão durante a comunicação. Ele também não tem ordenação de mensagens, entrega garantida e retransmissão de dados perdidos. Como há menos ônus no protocolo, a comunicação UDP é tipicamente mais rápida e simples que a do TCP. O outro lado da moeda é que o UDP só é tão confiável quanto a rede subjacente, e, assim, dados podem ser facilmente perdidos. O UDP é tipicamente útil em aplicativos, tais como streaming de áudio e vídeo, onde o desempenho é chave e alguns dados podem ser perdidos sem problema. Nesses aplicativos, alguns pacotes perdidos podem afetar minimamente a qualidade da reprodução, mas o áudio ou vídeo ainda vão ser satisfatórios. Por outro lado, o UDP não seria conveniente para visualização de uma página web, já que mesmo um pacote perdido poderia arruinar a capacidade da página ser exibida.

Para incluir funcionalidade de UDP em aplicativos Node, use o módulo central `dgram`. A listagem 10-28 mostra como esse módulo é importado. O restante dessa seção explora os vários métodos fornecidos pelo módulo `dgram`.

Listagem 10-28. Importando o módulo central `dgram`
```
var dgram = require("dgram");
```

Criando Soquetes UDP

Os soquetes tanto do cliente quanto do servidor são criados usando-se o método `createSocket()`. O primeiro argumento para `createSocket()`, que especifica o tipo de soquete, deve ser "udp4" ou "udp6" (correspondendo a IPv4 e IPv6). O segundo argumento (opcional) é uma função de rechamada usada para tratar eventos `message` que são emitidos quando dados são recebidos pelo soquete. Um exemplo que cria um novo soquete UDP é mostrado na listagem 10-29. Este exemplo inclui um tratador do evento `message`, que vai ser revisitado quando o recebimento de dados for abordado.

Listagem 10-29. Criando um soquete UDP e um tratador do evento `message`
```
var dgram = require("dgram");
var socket = dgram.createSocket("udp4", function(msg, rinfo) {
    console.log("Dados recebidos");
});
```

Ligando-se a uma Porta

Quando um soquete é criado, ele usa um número de porta atribuído aleatoriamente. Porém, aplicativos servidores normalmente precisam escutar numa porta predefinida.

Soquetes UDP podem escutar numa porta especificada usando-se o método `bind()`, cujo uso é mostrado na listagem 10-30. O argumento `port` é o número da porta a se ligar. O argumento opcional `address` especifica o endereço IP em que se escutar (útil se o servidor tiver múltiplas interfaces de rede). Se este for omitido, o soquete escuta em todos os endereços. A função de rechamada opcional é um tratador de evento `listening` de instante.

Listagem 10-30. *Usando o método* `bind()`
```
socket.bind(port, [address], [callback])
```

Um exemplo de `bind()` é mostrado na listagem 10-31. Esse exemplo cria um soquete UDP e o liga à porta 8000. Para verificar se tudo funcionou apropriadamente, o endereço ligado é impresso no console. A listagem 10-32 mostra a saída resultante.

Listagem 10-31. *Ligando um soquete UDP à porta 8000*
```
var dgram = require("dgram");
var server = dgram.createSocket("udp4");

server.bind(8000, function() {
    console.log("ligado a ");
    console.log(server.address());
});
```

Listagem 10-32. *A saída da execução do código da listagem 10-31*
```
$ node udp-bind.js
ligado a
{ address: '0.0.0.0', family: 'IPv4', port: 8000 }
```

Recebendo Dados

Quando dados são recebidos num soquete UDP, um evento `message` é emitido, o qual dispara qualquer tratador existente desse evento. Um tratador do evento `message` recebe dois argumentos, um `Buffer` representando os dados e um objeto contendo informações sobre o emissor. Na listagem 10-33, um servidor UDP é criado, o qual se liga à porta 8000. Quando mensagens são recebidas, o servidor exibe o tamanho da mensagem, o endereço IP e a porta do hospedeiro remoto, e o conteúdo da mensagem.

Listagem 10-33. *Um servidor que recebe e exibe mensagens*
```
var dgram = require("dgram");
var server = dgram.createSocket("udp4", function(msg, rinfo) {
    console.log("recebidos " + rinfo.size + " bytes");
    console.log("de " + rinfo.address + ":" + rinfo.port);
    console.log("a mensagem é: " + msg.toString());
});

server.bind(8000);
```

Em seguida, vamos ver como enviar dados para testar o servidor.

Enviando Dados

Dados são enviados por um soquete UDP usando-se o método `send()`. A listagem 10-34 mostra como este método é usado. Os dados transmitidos por `send()` vêm de um `Buffer`, representado pelo argumento `buffer`. O argumento `offset` especifica a posição inicial dos dados relevantes no buffer, e `length` especifica o número de bytes a serem enviados, começando no deslocamento. Como o UDP é um protocolo sem conexão, não é necessário conectar-se a uma máquina remota antes do envio. Assim, o endereço e a porta remotos são argumentos para `send()`. O último argumento para `send()` é uma função de rechamada opcional invocada após os dados terem sido enviados. Essa função recebe dois argumentos, representando potenciais erros e o número de bytes enviados. Incluir essa rechamada é a única maneira de se verificar se os dados foram realmente enviados. Entretanto, o UDP não tem mecanismo embutido para verificação de que os dados foram recebidos.

Listagem 10-34. Usando o método `send()`
```
socket.send(buffer, offset, length, port, address, [callback])
```

O código cliente na listagem 10-35 pode ser usado em conjunto com o servidor da listagem 10-33. O cliente envia uma mensagem ao servidor, a qual o servidor depois exibe. Note que a função de rechamada do cliente verifica erros e reporta o número de bytes enviados, e depois fecha a conexão. Uma vez que o soquete é fechado, um evento `close` é emitido, e nenhum novo evento `message` é emitido.

Listagem 10-35. Um cliente que envia dados ao servidor da listagem 10-33
```
var dgram = require("dgram");
var client = dgram.createSocket("udp4");
var message = new Buffer("Olá, UDP");

client.send(message, 0, message.length, 8000, "127.0.0.1",
function(error, bytes) {
    if (error) {
        console.error("Ocorreu um erro durante o envio");
    } else {
        console.log("Enviou " + bytes + " bytes com sucesso");
    }

    client.close();
});
```

O Sistema de Nomes de Domínio

O Sistema de Nomes de Domínio (DNS) é uma rede distribuída que, dentre outras coisas, mapeia nomes de domínios para endereços IP. O DNS é necessário porque as pessoas lembram melhor de nomes que de longas sequências de números. O DNS pode ser visto como um catálogo telefônico da Internet. Quando você quer alcançar um website, digita seu nome de domínio na barra de navegação. Seu navegador, então, faz uma requisição de busca DNS para aquele nome do domínio. A busca DNS então retorna o endereço IP correspondente para aquele domínio, supondo-se que ele exista.

No ecossistema do Node, o DNS é normalmente tratado nos bastidores, o que significa que o desenvolvedor fornece um endereço IP ou um nome de domínio, e tudo simplesmente funciona. No entanto, acaso surja a necessidade, o DNS pode ser acessado diretamente usando-se o módulo central `dns`. Esta seção explora os métodos mais importantes usados para buscas e buscas inversas de DNS, que mapeiam endereços IP para nomes de domínio.

Fazendo Buscas

O método de DNS mais importante é provavelmente `lookup()`, que recebe um nome de domínio como entrada e retorna o primeiro registro DNS de IPv4 ou IPv6 encontrado. O método `lookup()` recebe um segundo argumento opcional especificando a família de endereços a ser buscada. Esse argumento é `null` por omissão, mas também pode ser `4` ou `6`, correspondendo às famílias de endereços IPv4 ou IPv6. Se o argumento da família for `null`, ambas as famílias IPv4 e Ipv6 são buscadas.

O último argumento para `lookup()` é uma função de rechamada que é invocada depois que a busca DNS termina. Essa função recebe três argumentos, `error`, `address` e `family`. O argumento `error` representa qualquer exceção que ocorra. Se a busca falhar por qualquer razão, `error.code` é ajustado para a string "ENOENT". O argumento `address` é o endereço IP resultante, como uma string, e o argumento `family` é 4 ou 6.

Na listagem 10-36, uma busca DNS por `google.com` é realizada. Sua saída é mostrada na listagem 10-37. Nesse exemplo, a busca DNS é limitada a endereços IPv4. Note que, como o Google usa múltiplos endereços IP, o endereço IP que você encontra pode ser diferente.

Listagem 10-36. Realizando uma busca DNS

```
var dns = require("dns");
var domain = "google.com";

dns.lookup(domain, 4, function(error, address, family) {
    if (error) {
        console.error("A busca DNS falho com código " + error.code);
    } else {
        console.log(domain + " -> " + address);
    }
});
```

Listagem 10-37. A saída resultante do código da listagem 10-36

```
$ node dns-lookup.js
google.com -> 74.125.226.229
```

resolve()

O método `lookup()` retorna o primeiro registro DNS de IPv4 ou IPv6 encontrado. Há outros tipos de registro, porém, e pode haver múltiplos registros de cada tipo. Para recuperar múltiplos registros de DNS de um tipo específico em formato de matriz, use `resolve()`, ao invés. O uso de `resolve()` é mostrado na listagem 10-38.

Listagem 10-38. Usando o método `resolve()`

```
dns.resolve(domínio, [tipoDeRegistro], callback)
```

O argumento `domínio` é o nome de domínio a ser resolvido. O argumento opcional `tipoDeRegistro` especifica o tipo de registro de DNS a ser buscado. A tabela 10-2 lista os vários tipos de registro de DNS suportados por `resolve()`. Se nenhum `tipoDeRegistro` for fornecido, `resolve()` busca registros A (registros de endereço Ipv4). O terceiro argumento é uma função de rechamada invocada em seguida à busca DNS. Um possível objeto `Error` e uma matriz de respostas de DNS são passados à função de rechamada.

■ **Nota** Há, ainda, uma série de métodos (mostrados na terceira coluna da tabela 10-2) usados para se resolver tipos específicos de registros. Cada método se comporta como `resolve()`, mas trabalha apenas com um único tipo de registro e, portanto, não exige um argumento `tipoDeRegistro`. Por exemplo, se você está interessado em recuperar registros CNAME, simplesmente chame `dns.resolveCname()`.

Tabela 10-2. Os vários tipos de registro de DNS suportados por `resolve()`

Tipo de registro	Descrição	Método
A	Registros de endereço Ipv4. Esse é o comportamento omissivo de `resolve()`.	`dns.resolve4()`
AAAA	Registros de endereço IPv6.	`dns.resolve6()`
MX	Registros de permuta de correio. Esses registros mapeiam um domínio para agentes de transferência de mensagens.	`dns.resolveMx()`
TXT	Registros de texto. Esses registros devem incluir texto humanamente legível.	`dns.resolveTxt()`
SRV	Registros de localizador de serviços. Esses registros mapeiam um serviço para uma localização. São usados para mapear novos protocolos, em vez de criar novos tipos de registro de DNS para cada protocolo.	`dns.resolveSrv()`
PTR	Registros de ponteiro. Esses registros são usados em buscas DNS inversas.	Nenhum
NS	Registros de servidor de nomes. Esses delegam uma zona de DNS para usar os nomes de servidores dados.	`dns.resolveNs()`
CNAME	Registros de nome canônico. Esses são usados para apelidar um domínio como outro.	`dns.resolveCname()`

A listagem 10-39 mostra um exemplo de uso de `resolve()`, buscando endereços IPv6 (registros de DNS AAAA) associados ao domínio `google.com`. Se nenhum erro ocorrer, o domínio e a matriz de endereços são impressos no console.

Listagem 10-39. Usando `resolve()` para buscar endereços IPv6 para `google.com`

```
var dns = require("dns");
var domain = "google.com";

dns.resolve(domain, "AAAA", function(error, addresses) {
    if (error) {
        console.error("A busca DNS falhou com código " + error.code);
    } else {
        console.log(domain + " -> " + addresses);
    }
});
```

Buscas Inversas

Uma busca DNS inversa resolve um endereço IP para um domínio. No Node, esse tipo de busca é conseguido usando-se o método `reverse()` do módulo `dns`. Esse método recebe dois argumentos, um endereço IP e uma função de rechamada. Os argumentos da função de rechamada são `error`, representando potenciais erros, e `domains`, uma matriz de nomes de domínio. No exemplo usando `reverse()`, mostrado na listagem 10-40, uma busca DNS é realizada para www.google.com. O endereço IP resultante é então usado para realizar uma busca DNS inversa.

Listagem 10-40. Realizando uma busca DNS, seguida de uma busca inversa

```
var dns = require("dns");
var domain = "www.google.com";

dns.lookup(domain, 4, function(error, address, family) {
    dns.reverse(address, function(error, domains) {
        console.log(domain + " -> " + address + " -> " + domains);
    });
});
```

■ **Nota** Dependendo da configuração do DNS do site, o resultado de uma busca inversa pode surpreender. Se um site não tiver configurado nenhum registro PTR, uma busca inversa pode não ser possível. Por exemplo, quando o código da listagem 10-40 é executado para www.nodejs.org, a busca inversa retorna undefined.

Detectando um Endereço IP Válido

Para finalizar este capítulo, vamos voltar ao módulo `net` e examinar alguns métodos úteis. O módulo `net` fornece três métodos para identificação de endereços IP válidos: `isIP()`, `isIPv4()` e `isIPv6()`. Cada método recebe um único argumento para teste como entrada. `isIP()` verifica se sua entrada é um endereço IPv4 ou IPv6 válido. `isIP()` retorna 4, 6 ou 0 se a entrada for IPv4, IPv6 ou inválida. `isIPv4()` e `isIPv6()` são mais específicos, e retornam `true` ou `false` para indicar se a entrada pertence à família de endereços dada. A listagem 10-41 mostra todos os três métodos chamados para várias strings de entrada. A listagem 10-42 mostra os resultados.

Listagem 10-41. Classificando endereços IP

```
var net = require("net");
var input1 = "127.0.0.1";
var input2 = "fe80::1610:9fff:fee4:d63d";
var input3 = "foo";
```

```
function classify(input) {
    console.log("isIP('" + input + "') = " + net.isIP(input));
    console.log("isIPv4('" + input + "') = " + net.isIPv4(input));
    console.log("isIPv6('" + input + "') = " + net.isIPv6(input));
    console.log();
}

classify(input1);
classify(input2);
classify(input3);
```

Listagem 10-42. A saída do código da listagem 10-41
```
$ node ip-address-classification.js
isIP('127.0.0.1') = 4
isIPv4('127.0.0.1') = true
isIPv6('127.0.0.1') = false

isIP('fe80::1610:9fff:fee4:d63d') = 6
isIPv4('fe80::1610:9fff:fee4:d63d') = false
isIPv6('fe80::1610:9fff:fee4:d63d') = true

isIP('foo') = 0
isIPv4('foo') = false
isIPv6('foo') = false
```

Resumo

Esse capítulo apresentou uma grande quantidade de informação sobre programação de rede. Muito de seu conteúdo é aplicável fora do mundo do Node. Um conhecimento geral de tópicos populares de rede, tais como IP, TCP, UDP e DNS, vão ser úteis, não importa a linguagem em que você desenvolva. É claro que o foco primário desse capítulo foi a programação de rede e seu relacionamento com o Node. Por ora, você deve ter um sólido entendimento dos módulos centrais net, dgram e dns. Porém, como todo o material desses módulos não pode ser abordado num único capítulo, sinta-se encorajado a navegar pela documentação do Node para ver o que mais é possível.

Os próximos capítulos do livro vão focar na criação de aplicativos web. A maioria das pessoas associa o Node a servidores/aplicativos web (embora você deva perceber, agora, que o Node pode fazer muito mais). Como os aplicativos web funcionam primariamente com protocolos de nível mais alto (tais como o HTTP) que são construídos em cima dos protocolos discutidos neste capítulo, você precisa entender o material coberto aqui.

Capítulo 11

HTTP

O Protocolo de Transferência de Hipertexto, ou HTTP, dirige a Web. O HTTP é um protocolo sem estado, baseado em texto, que funciona sobre o TCP. Uma versão encriptada do HTTP, chamada de HTTP Seguro, ou HTTPS, também é comumente usada quando se trabalha com dados sensíveis. O HTTP é um protocolo de requisição-resposta implementado usando-se o modelo de programação cliente-servidor discutido no capítulo 10. Tradicionalmente, um navegador é usado como cliente, numa transação HTTP, mas você vai ver que nem sempre esse é o caso. Quando um navegador navega até um dado URL, uma requisição HTTP é feita ao servidor que hospeda o URL. Como você aprendeu no capítulo 10, essa requisição é normalmente feita na porta 80 TCP (ou 443, se o HTTPS estiver em uso). O servidor processa a requisição e depois responde ao cliente. É assim que o HTTP trabalha, num nível muito alto. Este capítulo mergulha mais fundo no HTTP, no mundo do Node.js.

Um Servidor Básico

Antes de olharmos para os bastidores do HTTP, vamos criar um simples aplicativo servidor usando o código da listagem 11-1. A API do HTTP do Node está implementada no módulo central `http`, que é importado na primeira linha da listagem 11-1. Na linha seguinte, o método `createServer()` do módulo `http` é usado para criar uma nova instância de servidor HTTP. Tal como o método equivalente do TCP de mesmo nome, o servidor retornado por `createServer()` é um emissor de eventos e não está ligado a nenhuma porta específica. Na última linha da listagem 11-1, o servidor é ligado à porta 8000 usando-se o método `listen()`. A versão do `http` de `listen()` também é usada da mesma forma que o método `listen()` TCP.

Listagem 11-1. Um servidor HTTP simples

```
var http = require("http");
var server = http.createServer(function(request, response) {
    response.write("Olá, <strong>HTTP</strong>!");
    response.end();
});

server.listen(8000);
```

A função passada a `createServer()` é um tratador opcional do evento `request`, que é invocada toda vez que uma nova requisição HTTP é recebida. O tratador do evento recebe dois argumentos, `request` e `response`. O argumento `request` é uma instância de `http.IncomingMessage` e contém informações sobre a requisição do cliente. O argumento `response`, por sua vez, é uma instância de `http.ServerResponse` e é usado para se responder ao cliente. O tratador da listagem 11-1 responde a todas as conexões com uma simples string de HTML usando os métodos `write()` e `end()`. Como você deve ter notado, esses métodos se comportam como os métodos TCP de mesmos nomes.

Anatomia de uma Requisição HTTP

Agora que temos um servidor HTTP simples, nós podemos começar a enviar requisições a ele. Um exemplo de requisição HTTP é mostrado na listagem 11-2. A primeira linha da requisição, conhecida como *linha de requisição*, especifica o método de requisição, o URL requisitado e o protocolo em uso. Nesse exemplo, o método de requisição é `GET`, o URL é / e o protocolo é `HTTP version 1.1`. O significado de cada um desses vai ser explicado em breve, mas vamos primeiro examinar o resto da requisição HTTP do exemplo. Seguindo a linha de requisição há uma coleção de *cabeçalhos de requisição*, que são usados para parametrizar a requisição. Na listagem 11-2, somente o cabeçalho `Host` foi incluído. Esse cabeçalho é obrigatório no HTTP 1.1, e é usado para especificar o nome de domínio e a porta do servidor que está sendo requisitado. Embora não incluído nesse exemplo, uma requisição também pode incluir um corpo, que é usado para passar informações adicionais ao servidor.

Listagem 11-2. Uma requisição HTTP feita à mão
```
GET / HTTP/1.1
Host: localhost:8000
```

Como o HTTP é um protocolo baseado em texto, nós podemos facilmente fazer manualmente uma requisição usando `telnet`. A listagem 11-3 mostra como a requisição da listagem 11-2 é feita ao servidor do exemplo usando `telnet`. É importante notar que as requisições HTTP devem ser terminadas com uma linha em branco. Na listagem 11-3, essa linha em branco é mostrada em seguida ao cabeçalho Host.

Listagem 11-3. Uma seção de `telnet` se conectando ao servidor da listagem 11-1
```
$ telnet localhost 8000
Trying 127.0.0.1...
Connected to localhost.
Escape character is '^]'.
GET / HTTP/1.1
Host: localhost:8000

HTTP/1.1 200 OK
Date: Sun, 21 Jul 2013 22:14:26 GMT
```

```
Connection: keep-alive
Transfer-Encoding: chunked

1c
Olá, <strong>HTTP</strong>!
0
```

   Tudo o que segue a linha em branco que encerra a requisição é parte da resposta enviada do servidor. A resposta começa com uma *linha de status*, que especifica o protocolo, o *código de status* e a *frase de motivo*. Mais uma vez, o protocolo é HTTP 1.1. O código de status 200 indica que a requisição teve sucesso, e a frase de motivo é usada para fornecer uma breve descrição do código de status. Uma série de cabeçalhos de resposta segue a linha de status. O servidor usa cabeçalhos de resposta da mesma forma que o cliente usa cabeçalhos de requisição. Seguindo os cabeçalhos de resposta, há uma outra linha em branco, e depois o corpo da resposta. O valor 1b é um hexa indicando o comprimento do corpo. Nesse caso, o corpo é a string HTML retornada pelo servidor.

Métodos de Requisição

   A linha de requisição de uma requisição HTTP começa com um método de requisição, seguido do URL do recurso requisitado. O método de requisição, também chamado de verbo HTTP, é usado para especificar a ação a ser realizada no URL especificado. Por exemplo, na listagem 11-2, uma requisição GET foi feita para o recurso localizado em /. A finalidade da requisição GET é visualizar o recurso especificado (por exemplo, obter (*get*, em inglês) uma página web a ser exibida num navegador). Outro verbo HTTP comum é POST, que permite que o cliente remeta dados ao servidor. Requisições POST são comumente usadas para envio de formulários HTML. A tabela 11-1 lista os vários verbos HTTP suportados pelo HTTP 1.1. Antes, o HTTP 1.0 (que ainda está em uso) só suportava requisições GET, POST e HEAD.

Tabela 11-1. Vários métodos de requisição HTTP

Método	Descrição
GET	Recupera uma representação do recurso especificado. Uma requisição GET não deve alterar o estado do servidor, e é essencialmente uma operação de leitura.
HEAD	Recupera os mesmos dados que uma requisição GET equivalente, exceto pelo corpo da resposta, que deve ser omitido. É útil para rápida recuperação dos cabeçalhos de resposta de um recurso, sem se incorrer no trabalho de transferir todo o corpo. Um exemplo de caso de uso para uma requisição HEAD é simplesmente verificar se um recurso existe, sem baixar todo o seu conteúdo.
POST	Usado para se criar novos recursos no servidor. Usos típicos de requisições POST são o envio de formulários HTML e a adição de dados a uma base de dados.

PUT	Requisições PUT são similares a requisições POST; porém, PUTs são usadas para atualizar recursos existentes no servidor. Se o recurso não existir, o servidor pode criá-lo.
DELETE	Usado para excluir um recurso de um servidor.
TRACE	Ecoado de volta para o cliente. É útil para se detectar qualquer modificação feita por servidores intermediários.
OPTIONS	Retorna uma lista dos verbos suportados para o URL dado.
CONNECT	Usado para criar um túnel através de um servidor proxy. O proxy vai fazer a conexão em favor do cliente. Depois que a conexão é estabelecida, o proxy simplesmente encaminha o tráfego TCP entre o cliente e o servidor remoto. Essa técnica permite que tráfego HTTPS encriptado seja passado através de um canal HTTP não encriptado.
PATCH	O método PATCH é similar ao PUT. Contudo, PATCH é usado para fazer atualizações parciais a um recurso existente. Isso é diferente de PUT, que deve reenviar todo o recurso, durante uma atualização.

O exemplo da listagem 11-4 exibe a linha de requisição para cada conexão. Toda a informação na linha de requisição é acessível através da classe http.IncomingMessage. Especificamente, esse exemplo usa as propriedades method, url e httpVersion para recriar a linha de requisição.

Listagem 11-4. Um servidor que exibe a linha de requisição de cada conexão que chega até ele

```
var http = require("http");
var server = http.createServer(function(request, response) {
    var requestLine = request.method + " " + request.url +
                      " HTTP/" + request.httpVersion;
    console.log(requestLine);
    response.end();
});

server.listen(8000);
```

Cabeçalhos de Requisição

A coleção de cabeçalhos de requisição enviados pelo cliente informa ao servidor como tratar devidamente a requisição. Você já viu um exemplo incluindo o cabeçalho Host; todavia, há muitos outros, comumente usados. Por exemplo, o cabeçalho Accept é usado para requisitar dados num certo formato. Esse cabeçalho é útil quando um recurso está disponível em múltiplos formatos (JSON, XML, HTML e assim por diante). Nesse cenário, um cliente poderia simplesmente requisitar um certo formato de dados ajustando o cabeçalho Accept para o Content-Type apropriado (application/json, application/xml, text/html e assim por diante). Content-Types são discutidos em mais detalhes quando os cabeçalhos de resposta forem abordados. Uma lista não exaustiva de cabeçalhos de requisição comuns é mostrada na tabela 11-2.

Tabela 11-2. Vários cabeçalhos de requisição HTTP comuns

Cabeçalho	Descrição
Accept	Especifica os Content-Types que o cliente quer aceitar para essa requisição.
Accept-Encoding	Fornece uma lista de codificações aceitáveis. Muitos servidores podem comprimir dados para acelerar os tempos de transmissão da rede. Esse cabeçalho diz ao servidor quais tipos de compressão (gzip, deflate etc.) o cliente pode tratar.
Cookie	Pequenas porções de dados que o servidor armazena no cliente. O cabeçalho Cookie contém todos os cookies que o cliente está atualmente armazenando para o servidor.
Content-Length	O comprimento do corpo da requisição, em octets.
Host	O domínio e a porta do servidor. Esse cabeçalho é obrigatório no HTTP 1.1. Ele é útil quando múltiplos servidores estão hospedados na mesma máquina.
User-Agent	Uma string identificando o tipo de cliente. Normalmente, contém informações tais como o nome e a versão do navegador e o sistema operacional.

Os cabeçalhos de requisição estão acessíveis através da propriedade headers da classe http.IncomingMessage. A listagem 11-5 fornece um exemplo que imprime os cabeçalhos a cada requisição.

Listagem 11-5. Um servidor que exibe os cabeçalhos de requisição de cada conexão que chega

```
var http = require("http");
http.createServer(function(request, response) {
    console.log(request.headers);
    response.end();
}).listen(8000);
```

Códigos de Resposta

A linha de status de toda resposta HTTP inclui um código de status numérico, bem como uma frase de motivo que descreve o código. A frase de motivo é simplesmente cosmética, enquanto o código de status é realmente usado pelo cliente e, em conjunto com os cabeçalhos de resposta, dita como a resposta é tratada. A tabela 11-3 contém uma lista de vários códigos de status e frases de motivo de resposta HTTP comuns (e um incomum).

Tabela 11-3. Vários códigos e frases de motivo de resposta HTTP comuns (e um cômico)

Código de Status e frase de motivo	Descrição
200 OK	Indica que a requisição HTTP foi tratada com sucesso.
201 Created	Indica que a requisição foi satisfeita, e um novo recurso foi criado no servidor.
301 Moved Permanently	O recurso requisitado foi movido permanentemente para um novo URL. O cabeçalho de resposta Location deve conter o novo URL para redirecionamento.
303 See Other	O recurso requisitado pode ser encontrado através de uma requisição GET ao URL especificado no cabeçalho de resposta Location.
304 Not Modified	Indica que um recurso cacheado não foi modificado. Para melhorar o desempenho, uma resposta 304 não deve conter corpo.
400 Bad Request	Indica que a requisição foi mal formada e não pôde ser entendida. Um exemplo disso é uma requisição que apresenta falta de um parâmetro exigido.
401 Unauthorized	Se um recurso exige autenticação, e as credenciais fornecidas forem recusadas, então o servidor vai responder com esse código de status.
404 Not Found	O servidor não pôde localizar o URL requisitado.
418 I'm a Teapot	Esse código de status foi introduzido como pegadinha do Dia da Mentira. Servidores reais não devem retornar esse código de status.
500 Internal Server Error	O servidor encontrou um erro enquanto tentava satisfazer a requisição.

Uma lista mais extensiva dos códigos de status HTTP está disponível no módulo http, através de sua propriedade STATUS_CODES. STATUS_CODES é um objeto que mapeia códigos de status numéricos para strings de frases de motivo. O exemplo na listagem 11-6 exibe a frase de motivo correspondente ao código de status 404.

Listagem 11-6. Um exemplo de uso de `http.STATUS_CODES`
```
var http = require("http");
console.log(http.STATUS_CODES[404]);
// exibe "Not Found"
```

Você pode definir o código de status de um objeto de resposta usando sua propriedade `statusCode`. Se não o fizer explicitamente, o valor omissivo é 200. Um servidor de exemplo que define a propriedade `statusCode` é mostrado na listagem 11-7. Se uma requisição for feita para o URL /foo, o servidor vai responder com um código de status 200 e um corpo de resposta HTML. No entanto, se qualquer outro URL for requisitado, o servidor responde com um erro 404.

Listagem 11-7. Este exemplo fornece diferentes respostas, dependendo do URL requisitado
```
var http = require("http");

http.createServer(function(request, response) {
    if (request.url === "/foo") {
        response.end("Olá, <strong>HTTP</strong>");
    } else {
        response.statusCode = 404;
        response.end();
    }
}).listen(8000);
```

Cabeçalhos de Resposta

Os cabeçalhos de resposta, combinados com o código de status de resposta, são usados para interpretar os dados enviados de volta do servidor. Alguns dos cabeçalhos de resposta mais comumente encontrados são mostrados na tabela 11-4.

Tabela 11-4. Vários cabeçalhos de resposta HTTP comuns

Cabeçalho	Descrição
`Cache-Control`	Especifica se um recurso pode ser cacheado. Se puder, esse cabeçalho informa o tempo total, em segundos, que ele pode ser armazenado em qualquer cache.
`Content-Encoding`	Especifica a codificação usada nos dados. Isso permite que o servidor comprima respostas para transmissão mais rápida pela rede.
`Content-Length`	O comprimento do corpo da resposta, em bytes.
`Content-Type`	Especifica o tipo MIME do corpo da resposta. Essencialmente, esse cabeçalho diz ao cliente como interpretar os dados.

Location	Quando o cliente é redirecionado, o URL alvo é armazenado nesse cabeçalho.
Set-Cookie	Cria um novo cookie no cliente. Esse cookie vai ser incluído no cabeçalho Cookie de requisições futuras.
Vary	Usado para ditar quais cabeçalhos de requisição afetam o cacheamento. Por exemplo, se um dado recurso tem mais de uma representação, e o cabeçalho de requisição Accept é usado para diferenciar entre elas, então Accept deve ser incluído no cabeçalho Vary.
WWW-Authenticate	Se um esquema de autenticação for implementado para um dado recurso, esse cabeçalho é usado para identificar o esquema. Um valor de exemplo é Basic, correspondente à autenticação HTTP Basic.

Um cabeçalho particularmente importante, na tabela 11-4, é Content-Type. Isso porque esse cabeçalho informa ao cliente o tipo de dado com que ele está lidando. Para demonstrar esse ponto, conecte-se ao servidor de exemplo da listagem 11-1 usando um navegador. A figura 11-1 mostra o resultado usando-se o navegador Google Chrome. Adicionalmente, as ferramentas do desenvolvedor do Chrome foram usadas para gravar a requisição HTTP. Note que as marcas HTML na resposta são mostradas na tela, em vez de fazerem a composição do texto. Pelo exame da resposta, você pode ver que nenhum cabeçalho Content-Type foi enviado de volta do servidor.

```
Hello <strong>HTTP</strong>!
```

Figura 11-1. *Conectando-se ao servidor da listagem 11-1 usando o navegador Google Chrome*

Por sorte, o módulo http fornece várias maneiras de se criar cabeçalhos de resposta. A maneira mais simples é com o método setHeader() do argumento response. Esse método recebe dois argumentos, o nome do cabeçalho e o/s valor/es. O nome do cabeçalho é sempre uma string. O valor deve ser ou uma string ou uma matriz de strings, se você precisar criar múltiplos cabeçalhos com o mesmo nome.

Na listagem 11-8, o servidor foi modificado para retornar um cabeçalho `Content-Type`. Como o servidor está enviando de volta uma string de HTML, o cabeçalho `Content-Type` deve informar ao cliente para interpretar a resposta como HTML. Isso é feito ajustando-se o valor do cabeçalho para o tipo MIME `text/html`.

Listagem 11-8. Definindo um cabeçalho de resposta `Content-Type` usando o método `setHeader()`

```
var http = require("http");
var server = http.createServer(function(request, response) {
    response.setHeader("Content-Type", "text/html");
    response.write("Olá, <strong>HTTP</strong>!");
    response.end();
});

server.listen(8000);
```

■ **Nota** Cabeçalhos de resposta criados com `setHeader()` podem ser removidos usando-se o método `response.removeHeader()`. Esse método recebe um único argumento, o nome do cabeçalho a ser removido. Você deve estar se perguntando por que isso seria importante. Suponha que você tem um recurso que está definido para ser cacheado usando um cabeçalho de cache. Entretanto, antes da resposta poder ser enviada, um erro é encontrado. Como você não quer cachear uma resposta de erro, o método `removeHeader()` pode ser usado para remover o cabeçalho de cache.

Agora, tente se conectar ao servidor da listagem 11-8 usando um navegador. Desta vez, a palavra `HTTP` deve ser exibida em negrito. A figura 11-2 mostra a página resultante, usando-se o Chrome, bem como a requisição HTTP gravada. Note que os cabeçalhos de resposta incluem, agora, o cabeçalho `Content-Type`.

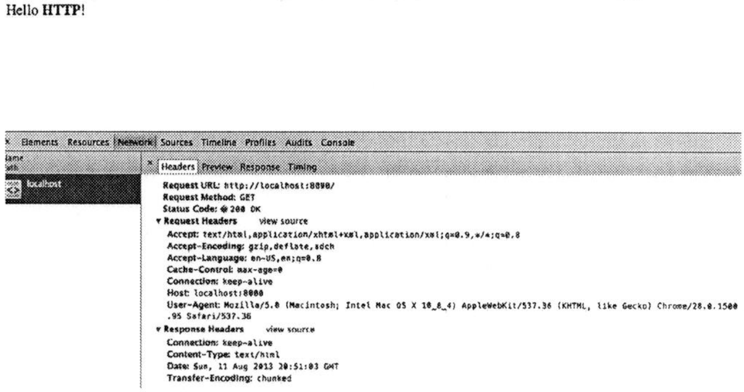

Figura 11-2. Conectando-se ao servidor da listagem 11-8 usando o Chrome

A segunda maneira de se escrever cabeçalhos de resposta é com o método `writeHead()`. Esse método recebe três argumentos. O primeiro é o código de status a ser retornado. O segundo é uma frase de motivo opcional. O último argumento é um objeto opcional contendo os cabeçalhos de resposta. A listagem 11-9 mostra como o servidor da listagem 11-8 é implementado usando `writeHead()` em vez de `setHeader()`.

Listagem 11-9. Um exemplo usando o método `writeHead()`

```
var http = require("http");
var server = http.createServer(function(request, response) {
    response.writeHead(200, {
        "Content-Type": "text/html"
    });
    response.write("Olá, <strong>HTTP</strong>!");
    response.end();
});

server.listen(8000);
```

Note que informações de cabeçalho devem ser definidas antes de se chamar `write()` ou `end()`. Depois que esses métodos são chamados, o Node vai chamar implicitamente `writeHead()`, se você não já o fez explicitamente. Se você tentar escrever novamente os cabeçalhos depois deste ponto, você vai obter um erro "Can't set headers after they are sent" (não é possível definir cabeçalhos depois deles serem enviados). Adicionalmente, `writeHead()` deve ser chamado apenas uma vez por requisição. Se você estiver incerto de que os cabeçalhos já foram escritos, pode usar a propriedade `response.headersSent` para descobrir. `headersSent` guarda um valor booleano que é `true` se os cabeçalhos já foram enviados, caso contrário é `false`.

Trabalhando com Cookies

Como o HTTP é um protocolo sem estado, ele não pode lembrar diretamente de detalhes de interações anteriores de um cliente com um servidor. Por exemplo, se você fosse visitar a mesma página 1.000 vezes, o HTTP trataria cada requisição como se fosse a primeira. Obviamente, páginas web podem lembrar de detalhes sobre você, tais como se você está logado. Então, como é que o estado é mantido com um protocolo sem estado? Há algumas opções. O estado poderia ser mantido no servidor usando-se uma base de dados ou uma sessão. A alternativa é armazenar os dados no cliente, num cookie. Cada abordagem tem vantagens e desvantagens. A vantagem de armazenar dados no servidor é que eles são menos sujeitos a mexidas. A desvantagem é que toda a informação de estado consome memória no servidor. Para um servidor pesadamente carregado, o consumo de memória pode rapidamente se tornar um problema. Do outro lado da moeda, manter estado no cliente usando cookies é muito mais escalonável, ainda que menos seguro.

■ **Dica** Embora cookies sejam mais escalonáveis que o estado armazenado no servidor, você ainda deve usá-los com parcimônia. Os cookies de um site são enviados de volta ao servidor no cabeçalho `Cookie` de cada requisição HTTP, incluindo requisições de imagens, scripts, folhas de estilo e assim por diante. Todos esses dados podem aumentar as latências da rede. Uma maneira de mitigar esse problema é armazenar recursos estáticos, como imagens, num domínio ou subdomínio separado, que não use nenhum cookie.

Em sua forma mais simples, um cookie é apenas um par nome/valor, separados por um sinal de igual. Múltiplos cookies são concatenados usando-se um ponto e vírgula como delimitador. Um exemplo de dois cabeçalhos de resposta `Set-Cookie` é mostrado na listagem 11-10. Os nomes desses cookies são `name` e `foo`, enquanto seus valores são `Colin` e `bar`, respectivamente. Uma vez que esses cookies são definidos, eles são incluídos em futuros cabeçalhos de requisição `Cookie`, como mostrado na listagem 11-11.

Listagem 11-10. Um exemplo de dois cabeçalhos `Set-Cookie`
```
Set-Cookie: name=Colin
Set-Cookie: foo=bar
```

Listagem 11-11. O cabeçalho `Cookie` resultante dos cabeçalhos `Set-Cookie` da listagem 11-10
```
Cookie: name=Colin; foo=bar
```

Cookies também podem ser parametrizados usando-se atributos. Os vários atributos dos cookies são mostrados na tabela 11-5. Alguns desses atributos – tais como `Domain` e `Path` – recebem valores, enquanto outros – tais como `Secure` e `HttpOnly` – são atributos booleanos cujo valor é definido ou não.

Tabela 11-5. Descrição de vários atributos de cookies

Atributo	Descrição
Domain	Limita o escopo do cookie, de forma que ele só é enviado ao servidor em requisições do dado domínio. Se omitido, o valor omissivo é o domínio do recurso que definiu o cookie.
Path	Limita o escopo do cookie a todos os recursos contidos no caminho fornecido. Se omitido, `Path` assume o valor /, aplicando-se a todos os recursos.
Expires	Inclui a data em que o cookie deve ser excluído e não mais é válido.

Max-Age	Também especifica quando o cookie deve expirar. Contudo, Max-Age é especificado como o número de segundos que o cookie deve persistir, desde o momento em que ele foi definido.
Secure	Cookies marcados com o sinalizador Secure só são usados em conexões seguras. Os navegadores só devem enviar esses cookies através de uma conexão segura (HTTPS), enquanto que os servidores só devem defini-los quando o cliente fizer uma conexão segura.
HttpOnly	Cookies marcados com HttpOnly só podem ser acessados por HTTP e HTTPS. Esses cookies não podem ser acessados através do JavaScript no navegador, o que ajuda a mitigar ataques de script entre sites.

Um exemplo de uso de setHeader() que cria dois cookies com atributos é mostrado na listagem 11-12. Nesse exemplo, o cookie name é definido para expirar em 10 de janeiro de 2015. Esse cookie também é seguro e é um cookie somente de HTTP. O cookie foo, por outro lado, usa o atributo Max-Age e expira em uma hora.

Listagem 11-12. Definindo dois cookies que incluem atributos
```
response.setHeader("Set-Cookie",
  ["name=Colin; Expires=Sat, 10 Jan 2015 20:00:00 GMT;\
    Domain=foo.com; HttpOnly; Secure",
   "foo=bar; Max-Age=3600"]);
```

Middleware

Mesmo com a ajuda dos módulos centrais do Node, implementar todas as funcionalidades de um servidor é uma tarefa assustadora. Exemplos podem incluir a implementação de autenticação HTTP Basic e a compressão gzip. Você poderia escrever todo esse código, mas a alternativa mais popular é usar *middleware*. Middleware são funções que processam requisições num estilo de linha de montagem. Isso significa que uma porção de middleware inicialmente processa uma requisição que chega. Esse middleware pode processar a requisição por completo, ou realizar uma operação na requisição, e depois passá-la para outra porção de middleware, para processamento adicional.

Um exemplo de middleware que não realiza nenhum processamento é mostrado na listagem 11-13. Note que o middleware recebe três argumentos, request, response e next. request e response são os mesmíssimos objetos usados para processar requisições que você conheceu. next é uma função que é chamada para invocar a próxima porção de middleware. Note que next() foi incluída numa sentença return, nesse exemplo. Isso não é necessário, mas é boa prática retornar quando chamando next(), para assegurar que a execução não vai continuar quando o próximo middleware for completado.

Listagem 11-13. Um exemplo de função de middleware
```
function middleware(request, response, next) {
    return next();
}
```

Connect

Agora que vimos a aparência que tem um, vamos construir algo com ele. O primeiro passo é instalar o módulo Connect (`npm install connect`). Connect se anuncia como um "middleware de alta qualidade para o node.js." Connect não só permite que você construa aplicativos usando seu próprio middleware, mas também vem acompanhado de alguns middlewares muito útil. Há, ainda, uma abundância de middlewares de terceiros, gratuitamente disponível, construídos usando-se o Connect.

Depois de instalar o Connect, crie um novo servidor contendo o código mostrado na listagem 11-14. As duas primeiras linhas desse exemplo importam os módulos `http` e `connect`. Na terceira linha, um aplicativo Connect é inicializado usando-se o módulo `connect`. Em seguida, uma porção de middleware é adicionada ao aplicativo através do método `use()`. O corpo do middleware deve parecer familiar, já que estivemos usando em exemplos anteriores. Essa é uma das belezas do middleware Connect – ele é construído sobre o módulo `http`, e, portanto, compatível com tudo o que você já aprendeu. Por fim, um servidor HTTP é construído com base no aplicativo Connect. Você deve lembrar que `createServer()` recebe um tratador do evento `request` (função) como argumento. Como se vê, o objeto `app` retornado por `connect()` é exatamente uma função que pode ser usada para tratar eventos `request`.

Listagem 11-14. Um servidor de exemplo construído usando-se middleware
```
var http = require("http");
var connect = require("connect");
var app = connect();

app.use(function(request, response, next) {
    response.setHeader("Content-Type", "text/html");
    response.end("Olá, <strong>HTTP</strong>!");
});

http.createServer(app).listen(8000);
```

Acabamos de mostrar como nosso simples servidor de HTTP pode ser recriado usando-se middleware. Entretanto, para realmente apreciar o middleware, vamos examinar outro exemplo que usa múltiplas porções de middleware. O servidor da listagem 11-15 usa três funções de middleware. A primeira é o middleware `query()` embutido em Connect. `query()` processa automaticamente o URL requisitado e aumenta o objeto `request` com um objeto `query` contendo todos os parâmetros da string de consulta e seus valores. A segunda porção de middleware é personalizada e itera por todos os parâmetros processados da string de consulta, imprimindo cada um deles. Depois de chamar `next()`, o controle é passado para o terceiro e último middleware, que responde ao cliente. Note que os middlewares são executados na mesma ordem em que foram anexados (pela chamada a `use()`). Nesse exemplo, `query()` deve ser chamado antes do middleware personalizado. Se a ordem for invertida, vai ocorrer um erro, mas nenhuma saída no console vai ser observada no middleware personalizado.

Listagem 11-15. Encadeando múltiplas porções de middleware de Connect

```
var http = require("http");
var connect = require("connect");
var app = connect();

app.use(connect.query());

app.use(function(request, response, next) {
    var query = request.query;

    for (q in query) {
        console.log(q + ' = ' + query[q]);
    }
    next();
});

app.use(function(request, response, next) {
    response.setHeader("Content-Type", "text/html");
    response.end("Olá, <strong>HTTP</strong>!");
});

http.createServer(app).listen(8000);
```

■ **Nota** A string de consulta é parte opcional de um URL usada para se passar parâmetros específicos da requisição. Um ponto de interrogação (?) é usado para separar o recurso requisitado da string de consulta. Na string de consulta, os parâmetros individuais são formatados como `parâmetro=valor`. Um "e comercial" (`&`) é usado para separar pares de parâmetro-valor.

Um exemplo de saída no console da listagem 11-15 é mostrado na listagem 11-16. Para recriar essa saída, simplesmente aponte um navegador para `http://localhost:8000?foo=bar&fizz=buzz`. Note que `query()` extrai com sucesso os dois parâmetros da string de consulta, `foo` e `fizz`, e seus valores, `bar` e `buzz`.

Listagem 11-16. Exemplo de saída após conexão com o servidor da listagem 11-15
```
$ node connect-query.js
foo = bar
fizz = buzz
```

`query()` é apenas um dos mais de 20 métodos de middleware que acompanham Connect. Os middleware `bodyParser()` e `cookieParser()` oferecem funcionalidade similar para o trabalho com corpos e cookies de requisições, respectivamente. Para uma lista de todos os middlewares fornecidos com Connect, o leitor é encorajado a verificar a página do projeto no GitHub, em `https://github.com/senchalabs/connect`. A página base de Connect, localizada em `http://www.senchalabs.org/connect/`, também oferece links para middlewares populares de terceiros.

Emitindo Requisições HTTP

Além de criar servidores, o módulo `http` também permite que você faça requisições usando o método chamado `request()`. `request()` recebe dois argumentos, `options` e `callback`. `options` é um objeto usado para parametrizar a requisição HTTP. Uma descrição de várias propriedades suportadas por `options` é mostrada na tabela 11-6. O argumento `callback` é uma função que é invocada quando uma resposta à requisição é recebida. Uma instância de `http.IncomingMessage` é o único argumento passado à função de rechamada. `request()` também retorna uma instância de `http.ClientRequest`, que é um fluxo de escrita.

Tabela 11-6. Várias propriedades suportadas pelo argumento options para request()

Opção	Descrição
hostname	O domínio ou endereço IP com que se conectar. Se omitido, seu valor é `localhost`. Você também pode especificá-lo usando a propriedade `host`, mas `hostname` é preferida.
port	A porta do servidor em que se conectar. O valor omissivo é `80`.
method	O método HTTP da requisição. O valor omissivo é `GET`.
path	O caminho para o recurso sendo requisitado. Se a requisição incluir uma string de consulta, ela deve ser especificada como parte do caminho. Se omitido, seu valor é `/`.
headers	Um objeto contendo os cabeçalhos da requisição.
auth	Se a autenticação Basic estiver em uso, a propriedade `auth` é usada para gerar um cabeçalho `Authorization`. O nome de usuário e senha usados para autenticação devem ser formatados como `NomeDeUsuário:Senha`. Ajustar o cabeçalho `Authorization` no campo `headers` sobrepõe essa opção.

socketPath	O soquete UNIX a ser usado. Se essa opção for usada, `hostname` e `port` devem ser omitidos e vice versa.

Um cliente que trabalha com nosso servidor de exemplo é mostrado na listagem 11-17. O cliente faz uma requisição `GET` a `http://localhost:8000/`. Várias das opções passadas a `request()` poderiam ser omitidas, porque têm os valores omissivos (especificamente, `hostname`, `path` e `method`), mas foram incluídas a bem do exemplo. Quando uma resposta é recebida, a função de rechamada recria a resposta HTTP, imprimindo a linha de status, os cabeçalhos e o corpo. O corpo é exibido como dados UTF-8 usando-se um tratador do evento `data` do fluxo. Coisa importante a se notar é a chamada a `end()` na linha final do exemplo. Fosse essa requisição uma `POST` ou `PUT`, provavelmente teria havido um corpo de requisição criado por uma chamada a `request.write()`. Para marcar o final do corpo da requisição, mesmo que não haja nenhum, `end()` é chamado. Se `end()` não fosse chamado, a requisição nunca teria sido feita.

Listagem 11-17. Fazendo uma requisição HTTP usando o método `request()`

```
var http = require("http");
var request = http.request({
    hostname: "localhost",
    port: 8000,
    path: "/",
    method: "GET",
    headers: {
        "Host": "localhost:8000"
    }
}, function(response) {
    var statusCode = response.statusCode;
    var headers = response.headers;
    var statusLine = "HTTP/" + response.httpVersion + " " +
                    statusCode + " " + http.STATUS_CODES[statusCode];
    
    console.log(statusLine);
    
    for (header in headers) {
        console.log(header + ": " + headers[header]);
    }
    
    console.log();
    response.setEncoding("utf8");
    response.on("data", function(data) {
        process.stdout.write(data);
    });
    
    response.on("end", function() {
        console.log();
```

```
    });
});

request.end();
```

request() tem uma assinatura mais simples, ainda que menos poderosa, que recebe uma string de URL como primeiro argumento. A listagem 11-17 foi reescrita na listagem 11-18 para usar essa versão de request(). A desvantagem dessa versão é que o método e os cabeçalhos da requisição não podem ser especificados. Portanto, esse exemplo faz uma requisição GET sem cabeçalhos. Note, também, que nós ainda devemos chamar end().

Listagem 11-18. Um uso alternativo de http.request()

```
var http = require("http");
var request = http.request("http://localhost:8000/", function(response)
{
    response.setEncoding("utf8");

    response.on("data", function(data) {
        process.stdout.write(data);
    });

    response.on("end", function() {
        console.log();
    });
});

request.end();
```

Como conveniência, o módulo http também fornece um método get() para se fazer requisições GET, sem chamar end(). Um exemplo de get() é mostrado na listagem 11-19. Vale destacar que get() suporta ambas as assinaturas de argumentos suportadas por request().

Listagem 11-19. Um exemplo de http.get()

```
var http = require("http");

http.get("http://localhost:8000/", function(response) {
    response.setEncoding("utf8");

    response.on("data", function(data) {
        process.stdout.write(data);
    });

    response.on("end", function() {
        console.log();
```

    });
});

Dados de Formulários

Até aqui, nós só lidamos com requisições GET, que não incluem corpos de requisição. Agora, vamos examinar requisições que postam dados para o servidor. O exemplo da listagem 11-20 faz uma requisição POST para o nosso servidor de exemplo (que vai precisar ser atualizado para tratar os dados adicionais). A primeira coisa a se notar é que o módulo central querystring é importado na segunda linha do exemplo. O método stringify() do módulo querystring cria uma string de consulta a partir de um objeto. Nesse exemplo, stringify() cria a string de consulta foo=bar&baz=1&baz=2. Vale destacar que matrizes, como baz, podem ser transformadas em string, mas objetos aninhados, não.

Listagem 11-20. Um exemplo de requisição POST

```
var http = require("http");
var qs = require("querystring");
var body = qs.stringify({
    foo: "bar",
    baz: [1, 2]
});
var request = http.request({
    hostname: "localhost",
    port: 8000,
    path: "/",
    method: "POST",
    headers: {
        "Host": "localhost:8000",
        "Content-Type": "application/x-www-form-urlencoded",
        "Content-Length": Buffer.byteLength(body)
    }
}, function(response) {
    response.setEncoding("utf8");

    response.on("data", function(data) {
        process.stdout.write(data);
    });

    response.on("end", function() {
        console.log();
    });
});

request.end(body);
```

As opções passadas a `request()` são a próxima coisa a se notar. Obviamente, o método de requisição é ajustado para POST, mas também note os cabeçalhos Content-Type e Content-Length. O cabeçalho Content-Type indica para o servidor que o corpo da requisição contém dados de formulário em codificação de URL (que é gerado por `querystring.stringify()`). O cabeçalho Content-Length diz ao servidor quantos bytes (não caracteres) estão incluídos no corpo da requisição. Por fim, o corpo da requisição é enviado ao servidor usando-se `end()` (`write()` seguido de `end()` também poderia ser usado, alternativamente).

Nosso servidor atual vai trabalhar bem com o cliente atualizado, mas não tem como processar os dados do formulário. A listagem 11-21 mostra como o corpo da requisição pode ser processado usando-se a familiar API de fluxos e o módulo querystring. O tratador de data do fluxo request é usado para coletar todo o corpo da requisição na variável bodyString. Quando o evento end é emitido, o corpo da requisição é processado num objeto usando o método `querystring.parse()`. Em seguida, itera-se por cada campo do corpo e escrito de volta para o cliente.

Listagem 11-21. Um servidor de exemplo que trata requisições POST

```
var http = require("http");
var qs = require("querystring");
var server = http.createServer(function(request, response) {
    var bodyString = "";
    request.setEncoding("utf8");

    request.on("data", function(data) {
        bodyString += data;
    });

    request.on("end", function() {
        var body = qs.parse(bodyString);

        for (var b in body) {
            response.write(b + ' = ' + body[b] + "\n");
        }

        response.end();
    });
});

server.listen(8000);
```

Agora que o servidor foi configurado para tratar requisições POST, nós podemos testar nosso cliente. Se tudo funcionar como devido, o cliente deve gerar a saída mostrada na listagem 11-22.

Listagem 11-22. Saída de exemplo da requisição POST
```
$ node post-client.js
foo = bar
baz = 1,2
```

Processar o corpo da requisição que chega não é terrivelmente difícil, mas é um pouco mais entediante do que precisava ser. Para mitigar esse problema, nós podemos partir para o middleware bodyParser() de Connect. A listagem 11-23 mostra como o servidor pode ser reescrito usando-se Connect. O middleware bodyParser() processa o corpo da requisição que chega e armazena o resultado em request.body para processamento futuro.

Listagem 11-23. Usando o middleware bodyParser() de Connect para tratar requisições POST
```
var http = require("http");
var connect = require("connect");
var app = connect();

app.use(connect.bodyParser());

app.use(function(request, response, next) {
    var body = request.body;

    for (b in body) {
        response.write(b + ' = ' + body[b] + "\n");
    }

    response.end();
});

http.createServer(app).listen(8000);
```

Objetos Aninhados

Anteriormente, foi mencionado que querystring.stringify() não trata objetos aninhados. O jeito de se contornar o problema é definir parâmetros de consulta usando-se a notação de colchetes, como mostrado na listagem 11-24. Nesse exemplo, um objeto chamado name é criado com duas propriedades, first e last.

Listagem 11-24. Passando objetos aninhados para querystring.stringify()
```
var body = qs.stringify({
    "name[first]": "Colin",
    "name[last]": "Ihrig"
});
```

O middleware `bodyParser()` de Connect vai interpretar essa requisição como o objeto mostrado na listagem 11-25. Infelizmente, se você estiver passando a requisição manualmente, usando `querystring.parse()`, esse truque não vai funcionar, e os dados vão ser armazenados como mostrado na listagem 11-26.

Listagem 11-25. A interpretação de Connect dos dados da listagem 11-24

```
{
    name: {
        first: "Colin",
        last: "Ihrig"
    }
}
```

Listagem 11-26. Os dados da listagem 11-24 como processados usando-se `querystring.parse()`

```
{
    "name[first]": "Colin",
    "name[last]": "Ihrig"
}
```

O Módulo `request`

`request` é um módulo de terceiros, escrito por Mikeal Rogers, que simplifica o processo de se fazer requisições HTTP. Quando da escrita deste livro, `request` era o terceiro módulo do qual mais se dependia, no registro do npm. A popularidade de `request` é devida à abstração simplista que ele oferece em cima da funcionalidade central do Node. Para demonstrar a simplicidade de `request`, a listagem 11-20 foi reescrita na listagem 11-27. Você vai perceber, imediatamente, que não há fluxos nem o módulo `querystring` – tudo isso ocorre nos bastidores de `request`. Todos os parâmetros da requisição são passados no primeiro argumento para `request()`. A maioria desses parâmetros vai ser auto-explicativa, a essa altura, mas um resumo de muitas opções comuns suportadas por `request` é fornecido na tabela 11-7.

Listagem 11-27. Um exemplo de uso do módulo `request`

```
var request = require("request");

request({
    uri: "http://localhost:8000/",
    method: "POST",
    headers: {
        Host: "localhost:8000"
    },
    form: {
        foo: "bar",
        baz: [1, 2]
```

```
   }
}, function(error, response, body) {
   console.log(body);
});
```

Tabela 11-7. Opções comuns usadas com o módulo `request`

Opção	Descrição
`uri` (ou `url`)	O URL sendo requisitado. Essa é a única opção exigida.
`method`	O método de requisição HTTP. O valor omissivo é `GET`.
`headers`	Os cabeçalhos da requisição a serem enviados. O valor omissivo é um objeto vazio.
`body`	O corpo da requisição como uma string ou um Buffer.
`form`	Uma representação em objeto do corpo da requisição. Internamente, ela vai ajustar a opção `body` para a string codificada equivalente do URL. Adicionalmente, o cabeçalho `Content-Type` vai ser ajustado para `application/x-www-form-urlencoded; charset=utf-8`.
`qs`	Uma representação em objeto de quaisquer parâmetros de string de consulta. Internamente, essa vai ser convertida numa string de consulta de URL codificada e apensada ao URL requisitado.
`jar`	Um objeto jar cookie usado para definir os cookies para a requisição. Isso vai ser abordado em mais detalhes, posteriormente.
`followRedirect`	Se `true` (o valor omissivo), a requisição vai seguir automaticamente os redirecionamentos de respostas HTTP 3xx.
`followAllRedirects`	Se true, a requisição vai automaticamente seguir os redirecionamentos de respostas HTTP 3xx, mesmo em requisições não `GET`. O valor omissivo é `false`.
`maxRedirects`	O número máximo de redirecionamentos a seguir. O valor omissivo é dez.
`timeout`	O número de milissegundos a esperar por uma resposta, antes de abortar a requisição.

O segundo argumento para `request()` é uma função de rechamada que é invocada assim que uma resposta é recebida. O primeiro argumento para a rechamada é usado para se passar qualquer informação de erro. O segundo, é a resposta completa, e é uma instância de `http.IncomingMessage`. O terceiro argumento, `body`, é o corpo da resposta.

Cookies em `request`

Muitos sites exigem cookies para funcionar apropriadamente. Por exemplo, a maioria dos sites de comércio eletrônico usa cookies para mapear requisições para cestas de compras. Se você fosse capaz de adivinhar (ou roubar) os cookies de outro usuário, poderia manipular a cesta de compras dele. Usando apenas o núcleo do Node, você teria de ajustar o cabeçalho `Cookie` de cada requisição, e examinar os cabeçalhos `Set-Cookie` de cada resposta. `request` abstrai isso através do conceito de um pote de cookies. Um pote de cookies é um objeto contendo representações de cookies. Esse pote é, então, passado a `request()`, em vez de um cabeçalho `Cookie`. Depois que uma resposta é recebida, `request` cuida de atualizar o pote de cookies com quaisquer cabeçalhos `Set-Cookie`.

Um cliente de `request` de exemplo, que usa cookies, é mostrado na listagem 11-28. O método `request.jar()` é usado para criar um novo pote de cookies vazio. Em seguida, um novo cookie chamado `count`, com valor um, é criado usando-se o método `request.cookie()`. O cookie é então adicionado ao pote, usando-se o método `add()`. Quando a requisição é feita, o pote de cookies é passado através da opção `jar`. Por fim, uma vez que a resposta é recebida, o conteúdo do pote de cookies é impresso.

Listagem 11-28. Uma requisição de exemplo usando cookies

```
var request = require("request");
var jar = request.jar();
var cookie = request.cookie("count=1");

jar.add(cookie);

request({
    url: "http://localhost:8000/",
    jar: jar
}, function(error, response, body) {
    console.log(jar);
});
```

Para verificar se `request` automaticamente atualiza o pote de cookies, vamos criar um servidor que atualiza o valor do cookie. O servidor de exemplo, mostrado na listagem 11-29, usa o middleware `cookieParser()` de Connect para processar o cabeçalho `Cookie` e criar o objeto `request.cookies`. Em seguida, o valor do cookie `count` é lido e convertido num inteiro. Por fim, um cabeçalho de resposta

Set-Cookie é criado com uma contagem incrementada. A saída do cliente resultante da conexão com esse servidor é mostrada na listagem 11-30.

Listagem 11-29. Um servidor de exemplo que atualiza o valor de um cookie

```
var http = require("http");
var connect = require("connect");
var app = connect();

app.use(connect.cookieParser());

app.use(function(request, response, next) {
    var cookies = request.cookies;
    var count = parseInt(cookies.count, 10);
    var setCookie = "count=" + (count + 1);

    response.setHeader("Set-Cookie", setCookie);
    response.end();
});

http.createServer(app).listen(8000);
```

Listagem 11-30. Saída do exemplo dos cookies

```
$ node cookie-update.js
{ cookies:
   [ { str: 'count=2',
       name: 'count',
       value: '2',
       expires: Infinity,
       path: '/' } ] }
```

HTTPS

O HTTP transmite dados em puro texto, tornando-o inerentemente inseguro. Quando da transmissão de dados privados/sensíveis, tais como números de seguro social, informações de cartão de crédito, e-mails ou mesmo mensagens instantâneas, um protocolo seguro deve ser usado. Por sorte, o HTTP tem um protocolo irmão seguro no HTTPS. O HTTPS é simplesmente o HTTP padrão executado num canal seguro. Para ser mais específico, o canal é segurado usando-se o protocolo SSL/TLS (abreviações em inglês de Camada de Soquete Seguro / Segurança de Camada de Transporte).

Sob o SSL/TLS, cada cliente e servidor deve ter uma chave criptográfica privada. Portanto, a primeira coisa que precisamos fazer é criar uma chave privada. Isso pode ser feito usando-se o utilitário disponível gratuitamente, OpenSSL. Para maiores informações sobre a obtenção do OpenSSL, visite www.openssl.org. Em seguida, crie uma chave privada chamada key.pem usando o comando mostrado na listagem

11-31. Certifique-se de lembrar onde a chave foi salva, já que você vai precisar dela, mais tarde!

Listagem 11-31. Criando uma chave privada usando o OpenSSL
```
$ openssl genrsa -out key.pem 1024
```

Além de uma chave privada, cada servidor deve ter um *certificado*, que é uma chave criptográfica pública que foi assinada por uma Autoridade Certificadora (CA, abreviação em inglês). Essencialmente, um certificado é uma prova de que o proprietário de uma chave pública é quem ele diz ser. Qualquer um pode assinar um certificado, então, sua legitimidade depende realmente da reputação do assinante. Portanto, as CAs são tipicamente terceiros confiáveis. Para obter um certificado, você deve primeiro gerar uma requisição de assinatura de certificado. Usando o OpenSSL, isso pode ser feito através do comando mostrado na listagem 11-32.

Listagem 11-32. Criando uma requisição de assinatura de certificado usando o OpenSSL
```
$ openssl req -new -key key.pem -out request.csr
```

Nesse ponto, você enviaria sua `request.csr` para uma CA, para ser assinado. No entanto, isso frequentemente tem uma taxa, e não é necessário para os exemplos mostrados aqui. Para nossas finalidades, podemos simplesmente criar um certificado auto-assinado usando o comando OpenSSL mostrado na listagem 11-33.

Listagem 11-33. Criando um certificado auto-assinado usando o OpenSSL
```
$ openssl x509 -req -in request.csr -signkey key.pem -out cert.pem
```

Usando os arquivos `key.pem` e `cert.pem` que acabamos de criar, nós podemos construir um servidor HTTPS simples (mostrado na listagem 11-34). O Node fornece um módulo central `https` que fornece alternativas seguras a muitas das funcionalidades incluídas no módulo `http`. Note que a versão `https` de `createServer()` recebe um argumento adicional, antes do escutador do evento `request`. Esse argumento é usado para passar a chave privada e o certificado do servidor. Se necessário, ajuste o caminho para apontar para o local de sua chave e certificado. O resto do servidor é idêntico a nosso velho servidor HTTP.

Listagem 11-34. Um exemplo de servidor HTTPS
```
var fs = require("fs");
var https = require("https");
var server = https.createServer({
    key: fs.readFileSync(__dirname + "/key.pem"),
    cert: fs.readFileSync(__dirname + "/cert.pem")
}, function(request, response) {
    response.writeHead(200, {
        "Content-Type": "text/html"
    });
```

```
        response.end("Olá, <strong>HTTP</strong>!");
});
server.listen(8000);
```

Para testar nosso novíssimo servidor HTTPS, precisamos de um novo cliente. Você pode simplesmente navegar até `https://localhost:8000` num navegador. Ignore quaisquer advertências sobre um certificado inválido/não confiável, já que elas são devidas ao uso de um certificado auto-assinado. O módulo `https` também fornece seu próprio método `request()`, que é demonstrado na listagem 11-35. Nada de especial precisa ser feito para se usar o `request()` https. Na verdade, a listagem 11-35 é idêntica ao nosso exemplo de HTTP, com a exceção da primeira linha e do uso do módulo `https` em vez do `http`. A primeira linha é usada para suprimir um erro que é emitido por causa do certificado não confiável do servidor. Em código de produção, você vai querer remover essa linha, e, ao invés, tratar o erro conforme necessário, em seu aplicativo.

Listagem 11-35. Um cliente HTTPS de exemplo

```
process.env.NODE_TLS_REJECT_UNAUTHORIZED = "0";

var https = require("https");
var request = https.request({
    hostname: "localhost",
    port: 8000
}, function(response) {
    response.setEncoding("utf8");

    response.on("data", function(data) {
        process.stdout.write(data);
    });

    response.on("end", function() {
        console.log();
    });
});

request.end();
```

■ **Nota** Enquanto estamos no assunto de clientes HTTPS, vale destacar que o módulo `request` é completamente compatível com o HTTPS.

Resumo

Esse capítulo introduziu um monte de material relacionado com o HTTP. Embora o HTTP não seja um protocolo terrivelmente complicado, há muitos conceitos associados que devem ser entendidos para se usar apropriadamente o HTTP. Esse capítulo também tocou em assuntos como cookies e segurança através do protocolo HTTPS. Além dos módulos centrais `http`, `https` e `querystring`, esse capítulo apresentou `connect` e `request`, dois dos mais populares módulos no registro do npm. O próximo capítulo é dedicado ao Express, uma estrutura para criação de aplicativos web que é construída sobre o `http` e o `connect`. Assim, é importante entender o material coberto aqui, antes de passar para o próximo capítulo.

Capítulo 12

A estrutura Express

No capítulo 10, você aprendeu a criar aplicativos TCP de baixo nível, usando o módulo net. Depois, no capítulo 11, os detalhes de baixo nível do TCP foram abstraídos usando-se o módulo http. A passagem para um nível mais alto de abstração nos permitiu fazer mais, escrevendo menos código. O capítulo 11 também apresentou o conceito de middleware através da biblioteca Connect. O Middleware promove a reutilização de código e permite que você requisite processamento num estilo de linha de montagem. No entanto, a criação de aplicativos complexos usando os módulos http e connect ainda podem ser um pouco entediantes.

A estrutura Express, criada por TJ Holowaychuk, oferece um outro nível de abstração em cima de http e connect. Express é baseada na estrutura Sinatra do Ruby, e se proclama como "uma estrutura mínima e flexível de aplicativos web Node.js, oferecendo um conjunto robusto de funcionalidades para construção de aplicativos web de página única e multipáginas, e híbridos". O Express fornece métodos de conveniência e doce sintático para muitas tarefas comuns que, de outra forma, seriam entediantes ou redundantes. Este capítulo examina a estrutura Express em detalhes. E lembre-se, como o Express é construído sobre o http e o connect, tudo o que você aprendeu no capítulo 11 é aplicável.

Rotas do Express

Antes de ver o que o Express tem a oferecer, vamos identificar alguns pontos fracos do http e do connect. A listagem 12-1 inclui um exemplo que suporta três URLs de GET únicos, e retorna um 404 para tudo o mais. Note que cada combinação recém-suportada de verbo/URL exige um ramo adicional na sentença if. Há também uma boa quantidade de código duplicado. Parte dessa duplicação poderia ser eliminada pela melhor otimização do código, mas isso exigiria o sacrifício da legibilidade e consistência do código.

Listagem 12-1. Suportando múltiplos recursos usando o módulo http

```
var http = require("http");

http.createServer(function(request, response) {
    if (request.url === "/" && request.method === "GET") {
        response.writeHead(200, {
            "Content-Type": "text/html"
```

```
        });
        response.end("Olá, <strong>página base</strong>");
    } else if (request.url === "/foo" && request.method === "GET") {
        response.writeHead(200, {
            "Content-Type": "text/html"
        });
        response.end("Olá, <strong>foo</strong>");
    } else if (request.url === "/bar" && request.method === "GET") {
        response.writeHead(200, {
            "Content-Type": "text/html"
        });
        response.end("Olá, <strong>bar</strong>");
    } else {
        response.writeHead(404, {
            "Content-Type": "text/html"
        });
        response.end("404 Não Encontrado");
    }
}).listen(8000);
```

As combinações de URL e verbo HTTP são chamadas de *rotas*, e o Express tem uma sintaxe eficiente para tratar delas. A listagem 12-2 mostra como as rotas da listagem 12-1 são escritas usando-se a sintaxe do Express. Primeiro, o módulo express deve ser instalado (npm install express) e importado para o aplicativo. O módulo http também deve ser importado. Na terceira linha da listagem 12-2, um aplicativo Express é criado pela chamada à função express(). Esse aplicativo se comporta como um aplicativo Connect e é passado ao método http.createServer() na última linha da listagem 12-2.

Listagem 12-2. Reescrevendo o servidor da listagem 12-1 usando o Express

```
var express = require("express");
var http = require("http");
var app = express();

app.get("/", function(req, res, next) {
    res.send("Olá, <strong>página base</strong>");
});

app.get("/foo", function(req, res, next) {
    res.send("Olá, <strong>foo</strong>");
});

app.get("/bar", function(req, res, next) {
    res.send("Olá, <strong>bar</strong>");
});

http.createServer(app).listen(8000);
```

Três chamadas ao método `get()` de `app` são usados para definir as rotas. O método `get()` define rotas para tratamento de requisições GET. O Express também define métodos similares para os outros verbos HTTP (`put()`, `post()`, `delete()` e assim por diante). Todos esses métodos recebem um caminho de URL e uma sequência de middleware como argumentos. O caminho é uma string ou expressão regular representando o URL a que a rota responde. Note que a string de consulta não é considerada parte do URL da rota. Além disso, note que não definimos uma rota 404, já que esta é o comportamento omissivo do Express quando uma requisição não corresponde a nenhuma das rotas definidas.

> ■ **Nota** O middleware Express segue a mesma assinatura `request-response-next` que o Connect. O Express também aumenta os objetos `request` e `response` com métodos adicionais. Um exemplo disso é o método `response.send()`, mostrado na listagem 12-2 como `res.send()`. `send()` é usado para enviar um código de status e/ou corpo de resposta de volta ao cliente. Se o primeiro argumento para `send()` for um número, então ele é tratado como código de status. Se um código de status não for fornecido, o Express envia de volta um 200. O corpo da resposta pode ser especificado no primeiro ou segundo argumento, e pode ser uma string, um `Buffer`, uma matriz ou um objeto. `send()` também ajusta o cabeçalho `Content-Type`, a menos que você o faça explicitamente. Se o corpo da resposta for um `Buffer`, o cabeçalho `Content-Type` também é ajustado para `application/octet-stream`. Se o corpo for uma string, o Express ajusta o cabeçalho `Content-Type` para `text/html`. Se o corpo for uma matriz ou um objeto, então o Express envia de volta JSON. Por fim, se nenhum corpo for fornecido, a frase de motivo do código de status é usada.

Parâmetros de Rota

Suponha que você esteja criando um site de comércio eletrônico que venda centenas ou milhares de produtos diferentes, cada um com sua própria ID única de produto. Você certamente não vai querer especificar centenas de rotas únicas manualmente. Uma opção é criar uma única rota e especificar a ID do produto como argumento da string de consulta. Embora essa seja uma opção perfeitamente válida, ela leva a URLs desinteressantes. Não seria melhor se o URL do suéter se parecesse com `/products/sweater` em vez de `/products?productId=sweater`?

Como se vê, as rotas do Express, que podem ser definidas como expressões regulares, são muito boas em suportar esse cenário. A listagem 12-3 mostra como uma rota pode ser parametrizada usando-se uma expressão regular. Nesse exemplo, a ID do produto pode ser qualquer caractere, com exceção da barra (/). No middleware da rota, quaisquer parâmetros que correspondam são tornados acessíveis através do objeto `req.params`.

Listagem 12-3. Parametrizando uma rota do Express usando uma expressão regular

```
var express = require("express");
var http = require("http");
var app = express();

app.get(/\/products\/([^\/]+)\/?$/, function(req, res, next) {
    res.send("Requesitou " + req.params[0]);
});

http.createServer(app).listen(8000);
```

Para melhor conveniência, as rotas podem ser parametrizadas mesmo quando o URL seja descrito usando-se uma string. A listagem 12-4 mostra como isso é feito. Nesse exemplo, um parâmetro nomeado, `productId`, é criado usando-se o caractere de dois pontos (:). No middleware da rota, esse parâmetro é acessado pelo nome, usando-se o objeto `req.params`.

Listagem 12-4. Uma rota com parâmetros nomeados

```
var express = require("express");
var http = require("http");
var app = express();

app.get("/products/:productId", function(req, res, next) {
    res.send("Requesitou " + req.params.productId);
});

http.createServer(app).listen(8000);
```

Você pode até definir uma expressão regular para o parâmetro a partir da string. Supondo que agora o parâmetro `productId` só possa ser composto de dígitos, a listagem 12-5 mostra como uma expressão regular é definida. Note a barra invertida adicional na classe de caractere `\d`. Como a expressão regular é definida numa constante string, uma barra invertida extra é necessária como caractere de escape.

Listagem 12-5. Definindo uma expressão regular com uma string de rota

```
var express = require("express");
var http = require("http");
var app = express();

app.get("/products/:productId(\\d+)", function(req, res, next) {
    res.send("Requesitou " + req.params.productId);
});

http.createServer(app).listen(8000);
```

> ■ **Nota** Parâmetros nomeados opcionais são seguidos de pontos de interrogação. Por exemplo, nos exemplos anteriores, se `productId` fosse opcional, ele seria escrito como `:productId?`.

Criando um Aplicativo Express

O Express inclui um script executável chamado `express(1)`, que é usado para gerar um esqueleto de aplicativo Express. A maneira preferida de se rodar o `express(1)` é instalando-se globalmente o módulo `express` usando-se o comando mostrado na listagem 12-6. Para lembrar o que significa instalar globalmente um módulo, veja o capítulo 2.

Listagem 12-6. Instalando globalmente o módulo `express`

```
npm install -g express
```

Depois de instalar globalmente o Express, você pode criar um esqueleto de aplicativo em qualquer parte de sua máquina emitindo o comando mostrado na listagem 12-7. Essa listagem também inclui a saída do comando, que detalha os arquivos criados, bem como as instruções para configuração e execução do aplicativo. Note que a única coisa que você realmente digita nesse exemplo é `express testapp`.

Listagem 12-7. Criando um esqueleto de aplicativo usando `express(1)`

```
$ express testapp

   create : testapp
   create : testapp/package.json
   create : testapp/app.js
   create : testapp/public
   create : testapp/public/stylesheets
   create : testapp/public/stylesheets/style.css
   create : testapp/routes
   create : testapp/routes/index.js
   create : testapp/routes/user.js
   create : testapp/public/javascripts
   create : testapp/views
   create : testapp/views/layout.jade
   create : testapp/views/index.jade
   create : testapp/public/images

   install dependencies:
     $ cd testapp && npm install

   run the app:
     $ node app
```

O esqueleto de aplicativo Express vai ser criado numa nova pasta. Nesse caso, a pasta vai receber o nome de testapp. Em seguida, instale as dependências do aplicativo usando o comando mostrado na listagem 12-8.

Listagem 12-8. Instalando as dependências do esqueleto de aplicativo
```
$ cd testapp && npm install
```

Depois que o npm tiver terminado de instalar as dependências, nós podemos rodar o programa esqueleto. O ponto de entrada para um aplicativo Express está localizado no arquivo app.js. Assim, para rodar testapp, emita o comando node app a partir do diretório raiz do projeto. Você pode acessar o aplicativo de teste conectando-se à porta 3000 de localhost. O aplicativo esqueleto define duas rotas – / e /users – ambas as quais respondem a requisições GET. A figura 12-1 mostra o resultado de se conectar à rota / usando o Chrome.

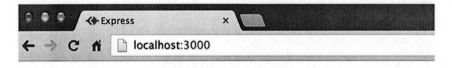

Express

Welcome to Express

Figura 12-1. A página de índice retornada pelo aplicativo esqueleto

Examinando o aplicativo esqueleto

app.js é o coração de um aplicativo Express. O conteúdo do arquivo app.js gerado durante a listagem 12-7 é mostrado na listagem 12-9. O arquivo começa importando os módulos express, http e path, bem como dois arquivos do projeto, /routes/index.js e /routes/user.js. Os dois arquivos importados do diretório routes contêm o middleware usado pelas rotas do aplicativo esqueleto. Em seguida às sentenças require(), um aplicativo Express é criado usando a função express().

Listagem 12-9. O conteúdo do `app.js` gerado

```
/**
 * Module dependencies.
 */

var express = require('express');
var routes  = require('./routes');
var user    = require('./routes/user');
var http    = require('http');
var path    = require('path');

var app = express();

// all environments
app.set('port', process.env.PORT || 3000);
app.set('views', __dirname + '/views');
app.set('view engine', 'jade');
app.use(express.favicon());
app.use(express.logger('dev'));
app.use(express.bodyParser());
app.use(express.methodOverride());
app.use(app.router);
app.use(express.static(path.join(__dirname, 'public')));

// development only
if ('development' == app.get('env')) {
    app.use(express.errorHandler());
}

app.get('/', routes.index);
app.get('/users', user.list);

http.createServer(app).listen(app.get('port'), function(){
    console.log('Express server listening on port ' + app.get('port'));
});
```

■ **Nota** Se o caminho do módulo passado para `require()` se resolver para um diretório, o Node vai procurar por um arquivo `index` no diretório. É por isso que a expressão `require("./routes")` é resolvida para `/routes/index.js`.

Em seguida, você vai ver três chamadas ao método `set()` do aplicativo, o qual é usado para definir ajustes do aplicativo. A primeira chamada define um ajuste chamado `port`, que define o número da porta a que o servidor vai se ligar. O número de porta é 3000 por omissão, mas esse valor pode ser sobreposto pela definição de uma variável ambiental chamada `PORT`. As duas próximas definições, `views` e `view engine`, são usadas pelo sistema de gabaritagem do Express. O sistema de gabaritagem vai ser revisitado posteriormente, neste capítulo. Por ora, basta saber que essas definições usam a linguagem de gabaritagem Jade para produzir vistas armazenadas no diretório `views`.

Seguindo as definições de ajustes, há várias chamadas a `use()` que definem middlewares usados para processar todas as requisições. A tabela 12-1 contém uma breve descrição dos vários middlewares incluídos no aplicativo esqueleto. Muitas dessas funções simplesmente usam o middleware Connect de mesmo nome.

Tabela 12-1. Middlewares usados no `app.js`

Middleware	Descrição
`favicon`	Se você tiver testado seus servidores web usando um navegador, deve ter notado requisições pelo arquivo `favicon.ico`. Este middleware trata de tais requisições, servindo seu arquivo `favicon.ico` ou o omissivo de Connect, se você não fornecer um.
`logger`	Este middleware registra informações sobre cada requisição que recebe. No modo `dev`, que é usado no aplicativo esqueleto, `logger` exibe o verbo e o URL da requisição, bem como o código de resposta, o tempo levado para processar a requisição e o tamanho dos dados retornados.
`BodyParser`	Este middleware foi explicado no capítulo 11. Ele transforma a string do corpo da requisição num objeto e o anexa ao objeto da requisição como `request.body`.
`methodOverride`	Alguns navegadores só permitem que formulários HTML façam requisições `GET` e `POST`. Para fazer outros tipos de requisições (`PUT`, `DELETE` e assim por diante), o formulário pode incluir uma entrada chamada `X-HTTP-Method-Override` cujo valor é o tipo de requisição desejado. Esse middleware detecta essa situação e ajusta a propriedade `request.method` convenientemente.
`app.router`	Este é o roteador do Express que é usado para mapear requisições de chegada para rotas definidas. Se você não usar explicitamente este, o Express vai montá-lo da primeira vez que encontrar uma rota. Contudo, montar manualmente o roteador assegura seu lugar na sequência de middlewares.

static	Este middleware recebe um caminho de diretório como entrada. Esse diretório é tratado como diretório raiz de um servidor de arquivos estático. Isso é útil para servir conteúdo como imagens, folhas de estilo e outros recursos estáticos. No aplicativo esqueleto, o diretório estático é public.
errorHandler	Como o nome indica, errorHandler é o middleware para processamento de erros. Diferentemente de outros middlewares, errorHandler recebe quatro argumentos – error, request, response e next. No aplicativo esqueleto, esse middleware é usado apenas em modo de desenvolvimento (veja o comentário de development only).

Seguindo as chamadas a set() e use(), duas rotas GET são definidas usando-se o método get(). Como anteriormente mencionado, os URLs dessas rotas são / e /users. A rota /users usa uma única porção de middleware armazenada na variável user.list. Observando novamente as sentenças require(), a variável user vem do arquivo /routes/user, cujo conteúdo é mostrado na listagem 12-10. Como você pode ver, essa rota simplesmente retorna a string "respond with a resource".

Listagem 12-10. O conteúdo gerado de /routes/user.js

```
/*
 * GET users listing.
 */

exports.list = function(req, res){
    res.send("respond with a resource");
};
```

A rota / é mais interessante. Ela é definida em /routes/index.js, que é mostrado na listagem 12-11. O código mostrado aqui não parece poder criar a página mostrada na figura 12-1. A chave é o método render(), que amarra o sistema de gabaritagem do Express. Essa é provavelmente uma boa hora para se explorar a gabaritagem e como ela é tratada no Express.

Listagem 12-11. O conteúdo gerado de /routes/index.js

```
/*
 * GET home page.
 */

exports.index = function(req, res){
    res.render('index', { title: 'Express' });
};
```

Gabaritagem

Criar conteúdo web dinâmico muitas vezes envolve a construção de longas sequências de HTML. Fazer isso manualmente é tanto entediante quanto inclinado a erros. Por exemplo, é muito fácil esquecer de escapar caracteres devidamente, dentro de uma longa sequência de literais. Os mecanismos de gabaritagem são uma alternativa que simplifica enormemente o processo, fornecendo um documento esqueleto (o gabarito), no qual você pode embutir dados dinâmicos. Há muitos mecanismos de gabaritagem compatíveis com o JavaScript, sendo algumas das opções mais populares o Mustache, o Handlebars, o Embedded JavaScript (EJS) e o Jade. O Express suporta todos esses mecanismos, mas o Jade vem empacotado com o Express por omissão. Essa seção explica como usar o Jade. Outros mecanismos de gabaritagem podem ser facilmente instalados e configurados para trabalhar com o Express, mas não são vistos aqui.

Configurar o Jade é tão simples quanto definir dois ajustes no arquivo `app.js`. Esses ajustes são `views` e `view engine`. O ajuste `views` especifica um diretório em que o Express pode localizar os gabaritos, também chamados de *vistas*. O ajuste `view engine` especifica a extensão de arquivo de vistas a ser usada, se nenhuma for fornecida. A listagem 12-12 mostra como esses ajustes são aplicados. Nesse exemplo, os gabaritos estão localizados num subdiretório chamado `views`. Esse diretório deve incluir uma série de arquivos de gabarito Jade, cuja extensão de arquivo é `.jade`.

Listagem 12-12. Ajustes usados para configurar o Jade no Express

```
app.set("views", __dirname + "/views");
app.set("view engine", "jade");
```

Uma vez que o Express tenha sido configurado para usar seu mecanismo de gabaritagem favorito, você pode começar a produzir vistas. Isso é feito através do método `render()` do objeto `response`. O primeiro argumento para `render()` é o nome da vista em seu diretório `views`. Se seu diretório `views` contiver subdiretórios, esse nome pode incluir barras (/). O próximo argumento para `render()` é um argumento opcional para passagem de dados. Ele é usado para embutir dados dinâmicos num gabarito que, de outra forma, seria estático. O último argumento para `render()` é uma função opcional de rechamada que é invocada depois que o gabarito tiver terminado de ser produzido. Se a rechamada for omitida, o Express vai automaticamente responder ao cliente com a página produzida. Se a rechamada for incluída, o Express não vai responder automaticamente, e a função é invocada com um possível erro e a sequência produzida como argumentos.

Vamos supor que você esteja criando uma vista para uma página de conta de usuário. Depois que o usuário estiver logado, você quer saudá-lo pelo nome. A listagem 12-13 mostra um exemplo de uso de `render()` que trata essa situação. Esse exemplo considera que o arquivo de gabarito é chamado `home.jade`, e está localizado num diretório chamado `account`, dentro da pasta `views`. Considera-se que o nome do usuário é Bob. Num aplicativo real, essa informação provavelmente viria de um armazenamento de dados de algum tipo. A função de rechamada opcional foi incluída aqui, também. Na rechamada, nós verificamos se houve erro. Se ocorreu algum erro, um 500 Internal Server Error é retornado. Do contrário, o HTML produzido é retornado.

Listagem 12-13. Um exemplo de uso de render()
```
res.render("account/home", {
name: "Bob"
}, function(error, html) {
if (error) {
return res.send(500);
}
res.send(200, html);
});
```

É claro que, para produzir uma vista, nós precisamos criar de fato a vista. Então, dentro de seu diretório views, crie um arquivo chamado account/home.jade contendo o código mostrado na listagem 12-14. Esse é um gabarito Jade e, embora uma explanação da sintaxe do Jade esteja fora do escopo deste livro, nós vamos apresentar o absolutamente básico. A primeira linha é usada para especificar o DOCTYPE do HTML5. A segunda linha cria a marca <html> de abertura. Note que o Jade não inclui nenhum sinal de menor que (<) ou maior que (>), nem marcas de fechamento. Ao invés, o Jade infere essas coisas com base na indentação do código.

Listagem 12-14. Um exemplo de gabarito Jade
```
doctype 5
html
    head
        title Account Home
        link(rel='stylesheet', href='/stylesheets/style.css')
    body
        h1 Welcome back #{name}
```

Depois, vem a marca <head> do documento. O cabeçalho inclui o título da página e um link para uma folha de estilo. Os parênteses junto do link são usados para especificar atributos de marcas. As folhas de estilo ligam-se a um arquivo estático, que o Express é capaz de localizar usando o middleware static.

As duas últimas linhas da listagem 12-14 definem o <body> do documento. Nesse caso, o corpo consiste de uma única marca <h1> que dá as boas-vindas ao usuário. O valor de #{name} é tirado do objeto JSON passado a render(). Dentro das chaves, objetos e matrizes aninhados podem ser acessados usando-se as notações de ponto e subscrito padrões do JavaScript.

A sequência HTML resultante é mostrada na listagem 12-15. Note que a sequência foi formatada para fins de legibilidade. Na realidade, o Express produz o gabarito sem nenhuma indentação ou quebras de linha. Para informações adicionais sobre a sintaxe do Jade, veja a página base do Jade em http://www.jade-lang.com.

Listagem 12-15. Exemplo de HTML produzido a partir do gabarito da listagem 12-14

```
<!DOCTYPE html>
<html>
    <head>
        <title>Account Home</title>
        <link rel="stylesheet" href="/stylesheets/style.css">
    </head>
    <body>
        <h1>Welcome back Bob</h1>
    </body>
</html>
```

O `express-validator`

O `express-validator` é um útil módulo de terceiros para assegurar que a entrada do usuário é fornecida num formato esperado. O `express-validator` cria middleware que anexa métodos de verificação de dados ao objeto `request`. Um exemplo que usa `express-validator` para validar a ID de um produto é mostrado na listagem 12-16. O módulo `express-validator` é importado na segunda linha do exemplo, e depois, é adicionado como middleware com `use()`. O middleware anexa os métodos `assert()` e `validationErrors()` a req, os quais são usados dentro da rota.

O método `assert()` recebe um nome de parâmetro e uma mensagem de erro como argumentos. O parâmetro pode ser um parâmetro nomeado de URL, um parâmetro de string de consulta ou um parâmetro de corpo de requisição. O objeto retornado por `assert()` é usado para validar o tipo e/ou o valor do dado do parâmetro. A listagem 12-16 demonstra três métodos de validação, `notEmpty()`, `isAlpha()` e `len()`. Esses métodos validam se o parâmetro `productId` existe e tem entre duas e dez letras de comprimento. Como conveniência, esses métodos podem ser encadeados, como mostrado pelo segundo `assert()`. É claro que, se você omitir completamente o parâmetro `productId`, a rota não vai encontrar correspondência, e o validador jamais vai rodar. `notEmpty()` é mais útil na validação de parâmetros de strings de consulta e dados de corpo de formulário.

Listagem 12-16. Um exemplo de `express-validator`
```
var express = require("express");
var validator = require("express-validator");
var http = require("http");
```

```
var app = express();

app.use(express.bodyParser());
app.use(validator());

app.get("/products/:productId", function(req, res, next) {
   var errors;

   req.assert("productId", "Faltando ID do produto").notEmpty();
   req.assert("productId", "ID de produto inválida").isAlpha().len(2,
10);
   errors = req.validationErrors();

   if (errors) {
       return res.send(errors);
   }

   res.send("Requesitou " + req.params.productId);
}));

http.createServer(app).listen(8000);
```

Depois de todas as asserções terem sido feitas, o método `validationErrors()` é usado para recuperar quaisquer erros. Se não houve nenhum erro, `null` vai ser retornado. Porém, se erros foram detectados, uma matriz de erros de validação é retornada. Nesse exemplo, a matriz de erros é simplesmente enviada de volta como resposta.

Há uma série de outros métodos úteis não mostrados na listagem 12-16. Alguns desses são `isInt()`, `isEmail()`, `isNull()`, `is()` e `contains()`. Os três primeiros verificam se a entrada é um inteiro, um endereço de e-mail ou `null`. O método `is()` recebe um argumento de expressão regular e verifica se o parâmetro corresponde a ela. `contains()` também recebe um argumento e verifica se o parâmetro o inclui.

`express-validator` também anexa um método `sanitize()` a req, o qual é usado para limpar a entrada. A listagem 12-17 mostra vários exemplos de `sanitize()`. Os dois primeiros exemplos convertem o valor do parâmetro num booleano e num inteiro, respectivamente. O terceiro exemplo remove espaços em branco estranhos do início e do final do parâmetro. O último exemplo substitui entidades de caracteres (tais como `&lt;` e `&gt;`) pelos caracteres correspondentes (< e >).

Listagem 12-17. Exemplos do método `sanitize()` de `express-validator`

```
req.sanitize("parameter").toBoolean()
req.sanitize("parameter").toInt()
req.sanitize("parameter").trim()
req.sanitize("parameter").entityDecode()
```

REST

A *Transferência de Estado Representacional*, ou REST (na abreviação em inglês), é uma arquitetura de software cada vez mais comum para a criação de APIs. REST, que foi introduzida por Roy Fielding em 2000, não é uma tecnologia, em si mesma, mas uma série de princípios usados para se criar serviços. APIs RESTful são quase sempre implementadas usando-se HTTP, mas essa não é uma exigência estrita. As linhas seguintes enumeram uma série de princípios por trás do design RESTful.

- Os designs RESTful devem ter um único URL base, e uma estrutura de URL no estilo de diretórios. Por exemplo, uma API de blog poderia ter um URL base de `/blog`. Entradas individuais do blog para um dado dia poderiam, então, ser tornadas acessíveis usando-se uma estrutura de URL como `/blog/posts/2013/03/17/`;

- Hipermeios como mecanismo de estado de aplicativo (HATEOAS, na abreviação em inglês). Os clientes devem ser capazes de navegar por toda a API usando apenas hiperlinks fornecidos pelo servidor. Por exemplo, depois de acessar um ponto de entrada da API, o servidor deve fornecer links que o cliente possa usar para navegar pela API;

- O servidor não deve manter nenhum estado de cliente, tais como sessões. Ao invés, toda requisição de cliente deve conter toda a informação necessária para definir o estado. Esse princípio aumenta a escalonabilidade pela simplificação do servidor;

- As respostas do servidor devem declarar se elas podem ser cacheadas. Essa declaração pode ser explícita ou implícita. Quando possível, uma resposta deve ser cacheável, já que isso melhora o desempenho e a escalonabilidade;

- Os designs RESTful devem utilizar o vocabulário do protocolo subjacente até onde possível. Por exemplo, operações CRUD (criar, ler, atualizar e excluir, na abreviação em inglês) são implementadas usando-se os verbos `POST`, `GET`, `PUT` e `DELETE` do HTTP, respectivamente. Adicionalmente, os servidores devem responder com códigos de status apropriados, sempre que possível.

Uma API RESTful de Exemplo

O Express torna muito simples a implementação de aplicativos RESTful. Ao longo dos próximos exemplos, nós vamos criar uma API RESTful para manipulação de arquivos no servidor. Uma API seria mais comumente usada para manipular entradas de bases de dados, mas nós não vimos bases de dados, ainda. Nosso aplicativo de exemplo também é dividido numa série de arquivos. Isso torna os exemplos mais legíveis, mas também torna o aplicativo mais modular.

Primeiro, vamos começar com o app.js, mostrado na listagem 12-18. Muito disso deve parecer familiar. Entretanto, uma porção adicional de middleware foi adicionada, a qual define req.store. Esse é o diretório que contém os arquivos com que o aplicativo vai trabalhar. As declarações de rota também foram removidas e substituídas por uma chamada a routes.mount(). mount() é uma função personalizada definida no arquivo routes.js, que recebe o aplicativo Express como seu único argumento.

Listagem 12-18. O conteúdo de app.js

```
var express = require("express");
var routes = require("./routes");
var http = require("http");
var path = require("path");
var app = express();
var port = process.env.PORT || 8000;

app.use(express.favicon());
app.use(express.logger("dev"));
app.use(express.bodyParser());
app.use(express.methodOverride());

// define a área de armazenamento
app.use(function(req, res, next) {
    req.store = __dirname + "/store";
    next();
});

app.use(app.router);

// somente para desenvolvimento
if ("development" === app.get("env")) {
    app.use(express.errorHandler());
}

routes.mount(app);

http.createServer(app).listen(port, function() {
    console.log("Express server listening on port " + port);
});
```

O conteúdo de routes.js é mostrado na listagem 12-19. O aplicativo de teste recebe quatro rotas, uma para cada operação CRUD. O middleware para cada rota é definido em seu próprio arquivo (create.js, read.js, update.js e delete.js). Uma coisa a ser destacada é que delete é tanto um verbo HTTP quanto uma palavra reservada do JavaScript, então, em alguns lugares, a operação delete é chamada simplesmente de del.

Listagem 12-19. *O conteúdo de* routes.js

```
var create = require("./create");
var read = require("./read");
var update = require("./update");
var del = require("./delete");

module.exports.mount = function(app) {
    app.post("/:fileName", create);
    app.get("/:fileName", read);
    app.put("/:fileName", update);
    app.delete("/:fileName", del);
};
```

A operação create, tratada pela rota POST, é encontrada em create.js, que é mostrado na listagem 12-20. Como nós estamos realizando operações de sistema de arquivos, começamos por importar o módulo fs. No middleware da rota, o caminho do arquivo e seu conteúdo são computados. O caminho é composto do valor req.store e o parâmetro fileName. Os dados a serem escritos no arquivo vêm de um parâmetro de corpo de POST chamado data. O método fs.writeFile() é então usado para criar o novo arquivo. O arquivo é criado usando-se o sinalizador wx, que faz com que a operação falhe se o arquivo já existir. Na rechamada de writeFile(), nós retornamos um código de status 400, para indicar que a requisição não pôde ser satisfeita, ou um 201 para indicar que um novo arquivo foi criado.

Listagem 12-20. *O conteúdo de* create.js

```
var fs = require("fs");

module.exports = function(req, res, next) {
    var path = req.store + "/" + req.params.fileName;
    var data = req.body.data || "";

    fs.writeFile(path, data, {
        flag: "wx"
    }, function(error) {
        if (error) {
            return res.send(400);
        }

        res.send(201);
    });
};
```

A próxima operação CRUD é leitura, que é tratada pela rota GET. O conteúdo de read.js é mostrado na listagem 12-21. Desta vez, o método fs.readFile() é usado para recuperar o conteúdo do arquivo especificado no parâmetro fileName. Se a leitura falhar por qualquer razão, um código de status 404 é retornado. Do contrário, um código de status 200 é retornado, juntamente com um corpo JSON contendo os dados do arquivo. Vale destacar que o argumento `error` poderia ser mais atentamente inspecionado quando do ajuste do código de resposta. Por exemplo, se `error.code` for igual a "ENOENT", então o arquivo realmente não existe e o código de status deveria ser 404. Todos os outros erros poderiam, assim, simplesmente retornar um 400.

Listagem 12-21. *O conteúdo de* `read.js`

```js
var fs = require("fs");

module.exports = function(req, res, next) {
    var path = req.store + "/" + req.params.fileName;

    fs.readFile(path, {
        encoding: "utf8"
    }, function(error, data) {
        if (error) {
            return res.send(404);
        }

        res.send(200, {
            data: data
        });
    });
};
```

Depois, vem a rota PUT, que implementa a operação de atualização, mostrada na listagem 12-22. Essa é muito similar à operação de criação, com duas pequenas diferenças. Primeiro, um código de status 200 é retornado no caso de uma atualização bem sucedida, em vez de um 201. Segundo, o arquivo é aberto com o sinalizador `r+`, em vez de `wx`. Isso faz com que a operação de atualização falhe se o arquivo não existir.

Listagem 12-22. *O conteúdo de* `update.js`

```js
var fs = require("fs");

module.exports = function(req, res, next) {
    var path = req.store + "/" + req.params.fileName;
    var data = req.body.data || "";

    fs.writeFile(path, data, {
        flag: "r+"
    }, function(error) {
        if (error) {
            return res.send(400);
        }
```

```
        res.send(200);
    });
};
```

A última operação CRUD é a exclusão, mostrada na listagem 12-23. O método `fs.unlink()` remove o arquivo especificado pelo parâmetro `fileName`. Essa rota retorna um 400 em caso de falha, e um 200 em caso de sucesso.

Listagem 12-23. O conteúdo de `delete.js`
```
var fs = require("fs");

module.exports = function(req, res, next) {
    var path = req.store + "/" + req.params.fileName;

    fs.unlink(path, function(error) {
        if (error) {
            return res.send(400);
        }

        res.send(200);
    });
};
```

Testando a API

Podemos criar um script de teste simples, mostrado na listagem 12-24, para exercitar a API. O script usa o módulo `request` para acessar todas as rotas da API ao menos uma vez. O módulo `async` também é usado para evitar o inferno da rechamada. Pelo exame da chamada a `async.waterfall()`, você pode ver que o script começa criando um arquivo e lendo de volta o conteúdo. Depois, o arquivo é atualizado e novamente lido. Por fim, nós excluímos o arquivo e tentamos lê-lo novamente. Todas as requisições funcionam com o mesmo arquivo, `foo`. Após cada requisição ser completada, o nome da operação e o código de resposta são exibidos. Para requisições GET bem sucedidas, o conteúdo do arquivo também é exibido.

Listagem 12-24. Um script de teste para a API RESTful
```
var async = require("async");
var request = require("request");
var base = "http://localhost:8000";
var file = "foo";

function create(callback) {
    request({
        uri: base + "/" + file,
        method: "POST",
```

```
        form: {
            data: "Este é um arquivo de teste!"
        }
    }, function(error, response, body) {
        console.log("criação: " + response.statusCode);
        callback(error);
    });
}

function read(callback) {
    request({
        uri: base + "/" + file,
        json: true // obtém a resposta como um objeto JSON
    }, function(error, response, body) {
        console.log("leitura: " + response.statusCode);

        if (response.statusCode === 200) {
            console.log(response.body.data);
        }

        callback(error);
    });
}

function update(callback) {
    request({
        uri: base + "/" + file,
        method: "PUT",
        form: {
            data: "Este arquivo foi atualizado!"
        }
    }, function(error, response, body) {
        console.log("atualização: " + response.statusCode);
        callback(error);
    });
}

function del(callback) {
    request({
        uri: base + "/" + file,
        method: "DELETE"
    }, function(error, response, body) {
        console.log("exclusão: " + response.statusCode);
        callback(error);
    });
}
```

```
async.waterfall([
    create,
    read,
    update,
    read,
    del,
    read
]);
```

A saída do script de teste é mostrada na listagem 12-25. Antes de rodar o script, certifique-se de criar um diretório `store`. A operação de criação retorna um 201, indicando que `foo` foi criado com sucesso no servidor. Quando o arquivo é lido, um 200 é retornado, e o conteúdo correto do arquivo é exibido. Depois, o arquivo é atualizado com sucesso e lido mais uma vez. Em seguida, o arquivo é removido com sucesso. A operação de leitura posterior retorna um 404 porque o arquivo não mais existe.

Listagem 12-25. *A saída do script de teste da listagem 12-24*
```
$ node rest-test.js
create: 201
read: 200
Este é um arquivo de teste!
update: 200
read: 200
Este arquivo foi atualizado!
delete: 200
read: 404
```

Resumo

Esse capítulo introduziu as bases da estrutura Express. O Express oferece uma camada sobre o Connect e o HTTP, que simplifica enormemente o design de aplicativos web. Quando da escrita deste livro, o Express era o quinto módulo do qual mais se dependia, no registro do npm, e era usado para construir mais de 26.000 aplicativos web. Isso torna o Express extremamente importante para o desenvolvedor Node bem maduro. E, embora o Express pudesse provavelmente ser o tópico de todo um livro, esse capítulo tocou nos aspectos mais importantes da estrutura e das tecnologias em torno dele. Para melhor entender a estrutura, você é encorajado a explorar a documentação do Express em `http://www.expressjs.com`, bem como o código fonte, que está disponível em `https://github.com/visionmedia/express`.

Capítulo 13

A Web em Tempo Real

Como você aprendeu no capítulo 11, o HTTP foi projetado em torno de um modelo de requisição-resposta. Toda comunicação HTTP é iniciada por um cliente fazendo uma requisição a um servidor. O servidor então responde ao cliente com os dados requisitados. No início da Web, esse modelo funcionava, porque os websites eram páginas HTML estáticas que se ligavam a outras páginas HTML estáticas. No entanto, a Web evoluiu, e os sites não são mais apenas páginas estáticas.

Tecnologias como o Ajax tornaram a Web dinâmica e dirigida por dados, e permitiu uma classe de aplicativos web que rivalizava com os aplicativos nativos. As chamadas Ajax ainda fazem requisições HTTP, mas em vez de recuperar todo um documento do servidor, elas requisitam apenas uma pequena porção de dados para atualizar uma página existente. As chamadas Ajax são mais rápidas, porque transferem menos bytes por requisição. Elas também melhoram a experiência do usuário, pela atualização suave da página atual, em vez de forçar a atualização de uma página inteira.

Por tudo o que o Ajax oferece, ele ainda deixa muito espaço para melhorias. Primeiro, toda requisição Ajax é uma requisição HTTP completa. Isso significa que, se um aplicativo usa Ajax apenas para reportar informações de volta ao servidor (por exemplo, um aplicativo analítico), o servidor ainda vai perder tempo para enviar de volta uma resposta vazia.

A segunda limitação principal do Ajax é que toda comunicação ainda deve ser iniciada pelo cliente. Comunicações iniciadas por clientes, conhecidas como *tecnologia pull*, (*pull* = puxar, em inglês) é ineficiente para aplicativos em que o cliente queira sempre a informação mais atualizada disponível no servidor. Esses tipos de aplicativos são muito melhor talhados para a *tecnologia push* (*push* = empurrar, em inglês), em que a comunicação é iniciada pelo servidor. Exemplos de aplicativos que se prestam bem à tecnologia push são noticiadores de esportes, programas de bate-papo, noticiadores de estoque e feeds de notícias de mídia social. A tecnologia push pode ser imitada de várias maneiras com requisições Ajax, mas esses são *jeitinhos* deselegantes. Por exemplo, o cliente pode fazer requisições periódicas ao servidor, mas isso é extremamente ineficiente, porque muitas das respostas do servidor provavelmente não vão conter nenhuma atualização. Outra técnica, conhecida como *long polling* (consulta longa, em inglês) envolve o cliente fazer uma requisição ao servidor. Se não houver dados novos, a conexão simplesmente é deixada aberta. Uma vez que dados sejam disponibilizados, o servidor os envia de volta e fecha a conexão.

O cliente, então, faz imediatamente outra requisição, assegurando que uma conexão aberta sempre vai estar disponível para dados empurrados. A long polling também é ineficiente, por causa das repetidas conexões feitas ao servidor.

Em anos recentes, o HTML5 apresentou várias novas tecnologias de navegador que mais facilitam a tecnologia push. A mais proeminente dessas tecnologias é a *WebSockets*. WebSockets dão aos navegadores a habilidade de se comunicarem com um servidor através de um canal de comunicação full-duplex. Isso significa que o cliente e o servidor podem transmitir dados simultaneamente. Adicionalmente, uma vez que a conexão esteja estabelecida, os WebSockets permitem que o cliente e o servidor se comuniquem diretamente, sem enviar cabeçalhos de requisições e respostas. Jogos baseados no navegador e outros aplicativos em tempo real estão entre os maiores beneficiados do ganho de desempenho que os WebSockets oferecem.

Este capítulo apresenta a API de WebSockets, e mostra como aplicativos WebSockets são construídos usando-se o Node.js. A popular biblioteca de WebSockets, Socket.IO, também é vista. Socket.IO fornece uma camada de abstração em cima dos WebSockets, de forma muito semelhante à de como o Connect e o Express são construídos em cima do módulo http do Node. Socket.IO também oferece capacidades de tempo real para navegadores mais antigos que não suportam WebSockets, recorrendo a técnicas tais como o polling do Ajax. Por fim, o capítulo conclui mostrando como Socket.IO pode ser integrada com o servidor Express.

A API de WebSockets

Embora o desenvolvimento do lado cliente não seja o foco deste livro, é necessário explicar a API de WebSockets antes de criar qualquer aplicativo Node. Esta seção explica como usar WebSockets no navegador. Vale notar que WebSockets são uma funcionalidade relativamente nova do HTML5. Navegadores mais antigos, e até alguns navegadores atuais, não suportam WebSockets. Para determinar se seu navegador suporta WebSockets, consulte www.caniuse.com. Este site oferece informações sobre os navegadores que suportam determinadas funcionalidades. Os exemplos mostrados nesta seção consideram que WebSockets são suportados em seu navegador.

Abrindo um WebSocket

WebSockets são criados através da função construtora WebSocket() mostrada na listagem 13-1. O primeiro argumento para o construtor é o URL a que o WebSocket vai se conectar. Quando um WebSocket é construído, ele imediatamente tenta se conectar ao URL fornecido. Não há como se impedir ou adiar a tentativa de conexão. Após a construção, o URL do WebSocket é acessível através de sua propriedade url. Os URLs de WebSockets se parecem com os URLs de HTTP a que você está acostumado; no entanto, os WebSockets usam um dos protocolos, ws ou wss. WebSockets padrões usam o protocolo ws, e usam a porta 80 por omissão. WebSockets seguros, por outro lado, usam o protocolo wss, e por omissão a porta 443.

Listagem 13-1. O construtor `WebSocket()`
```
WebSocket(url, [protocols])
```

O segundo argumento para o construtor, `protocols`, é opcional. Se for especificado, ele deve ser ou uma string ou uma matriz de strings. As strings são nomes de subprotocolos. Usar subprotocolos permite que um único servidor trate diferentes protocolos simultaneamente.

Fechando WebSockets

Para fechar uma conexão WebSocket, use o método `close()`, cuja sintaxe é mostrada na listagem 13-2. `close()` recebe dois argumentos, `code` e `reason`, ambos opcionais. O argumento `code` é um código de status numérico, enquanto `reason` é uma string que descreve as circunstâncias do evento `close`. Os valores suportados de `close` são mostrados na tabela 13-1. Tipicamente, `close()` é chamado sem nenhum argumento.

Listagem 13-2. O método `close()` de WebSocket
```
socket.close([code], [reason])
```

Tabela 13-1. *Códigos de status suportados por* `close()`

Código/s de status	Descrição
0-999	Reservado.
1000	Fechamento normal. Esse código é usado quando um WebSocket é fechado sob circunstâncias normais.
1001	Saindo. Ou ocorreu uma falha no servidor ou o navegador está navegando para fora da página.
1002	A conexão foi fechada devido a um erro de protocolo.
1003	A conexão foi terminada porque foram recebidos dados que a ponta não sabe como tratar. Um exemplo disso é o recebimento de dados binários quando texto é esperado.
1004	A conexão foi fechada porque um quadro de dados muito grande foi recebido.
1005	Reservado. Esse código indica que nenhum código de status foi fornecido, muito embora, um fosse esperado.
1006	Reservado. Esse código indica que a conexão foi fechada anormalmente.
1007-1999	Reservado para versões futuras do padrão WebSocket.
2000-2999	Reservado para extensões do WebSocket.

3000-3999	Esses códigos devem ser usados por bibliotecas e estruturas, mas não por aplicativos.
4000-4999	Esses códigos estão disponíveis para uso por aplicativos.

Verificando o Estado de um WebSocket

O estado de um WebSocket pode ser verificado a qualquer momento, através de sua propriedade `readyState`. Durante seu tempo de vida, um WebSocket pode estar num de quatro estados possíveis, descritos na tabela 13-2.

Tabela 13-2. Os valores possíveis da propriedade `readyState` de um WebSocket

Estado	Descrição
Connecting	Quando um WebSocket é construído, ele tenta se conectar a seu URL. Durante esse tempo, ele é considerado como no estado `connecting` (conectando-se). Um WebSocket nesse estado tem um valor de `readyState` igual a 0.
Open	Após um WebSocket fazer uma conexão bem sucedida com seu URL, ele entra no estado `open` (aberto). Um WebSocket deve estar nesse estado para enviar e receber dados pela rede. Um WebSocket no estado `open` tem um valor `readyState` igual a 1.
Closing	Quando um WebSocket é fechado, ele deve primeiro comunicar ao hospedeiro remoto que deseja se desconectar. Durante esse período de comunicação, o WebSocket é considerado como estando no estado `closing` (fechando). Um WebSocket no estado `closing` tem um valor de `readyState` igual a 2.
Closed	Um WebSocket entra no estado `closed` (fechado) depois que se desconecta com sucesso. Um WebSocket nesse estado tem um valor de `readyState` igual a 3.

Como não é boa prática de programação fixar valores de constantes no código, a interface de WebSocket define constantes estáticas que representam os possíveis valores de `readyState`. A listagem 13-3 mostra como essas constantes podem ser usadas para se avaliar o estado de uma conexão, usando-se uma sentença `switch`.

Listagem 13-3. Determinando o estado de um WebSocket usando a propriedade `readyState`

```
switch (socket.readyState) {
    case WebSocket.CONNECTING:
        // no estado connecting
        break;
    case WebSocket.OPEN:
        // no estado open
```

```
        break;
    case WebSocket.CLOSING:
        // no estado closing
        break;
    case WebSocket.CLOSED:
        // no estado closed
        break;
    default:
        // isso nunca acontece
        break;
}
```

O Evento open

Quando um WebSocket transita para o estado open, seu evento open é disparado. Um exemplo de tratador do evento open é mostrado na listagem 13-4. Um objeto event é o único argumento passado ao tratador.

Listagem 13-4. Um exemplo de tratador do evento open

```
socket.onopen = function(event) {
    // trata o evento open
};
```

Os tratadores de eventos de WebSocket também podem ser criados usando-se o método addEventListener(). A listagem 13-5 mostra como o mesmo tratador do evento open é anexado usando-se addEventListener(). Essa sintaxe alternativa é preferida a onopen, porque permite que múltiplos tratadores sejam anexados ao mesmo evento.

Listagem 13-5. Anexando um tratador do evento open usando addEventListener()

```
socket.addEventListener("open", function(event) {
    // trata o evento open
});
```

O Evento message

Quando um WebSocket recebe novos dados, um evento message é disparado. Os dados recebidos ficam disponíveis através da propriedade data do evento message. Um exemplo de tratador desse evento é mostrado na listagem 13-6. Nesse exemplo, addEventListener() é usado para anexar o evento, mas onmessage poderia ter sido usado, também. Se dados binários estiverem sendo recebidos, a propriedade binaryType do WebSocket deve ser apropriadamente ajustada, antes do tratador do evento ser chamado.

Listagem 13-6. Um exemplo de tratador do evento `message`
```
socket.addEventListener("message", function(event) {
    var data = event.data;

    // processa dados como string, Blob ou ArrayBuffer
});
```

■ **Nota** Além de trabalhar com dados string, os WebSockets suportam dados binários de duas variedades – objetos binários grandes (`Blob`s, na abreviação em inglês) e `ArrayBuffer`s. Todavia, um WebSocket individual só pode trabalhar com um dos dois formatos binários de cada vez. Quando um WebSocket é criado, ele é inicialmente configurado para tratar dados `Blob`. A propriedade `binaryType` do WebSocket é usada para selecionar suporte entre `Blob` e `ArrayBuffer`. Para trabalhar com dados `Blob`, o `binaryType` do WebSocket deve ser ajustado para `"blob"` antes da leitura dos dados. Da mesma forma, `binaryType` deve ser ajustado para `"arraybuffer"` antes de se tentar ler um ArrayBuffer.

O Evento `close`

Quando um WebSocket é fechado, um evento `close` é disparado. O objeto `event` passado ao tratador desse evento tem três propriedades, chamadas `code`, `reason` e `wasClean`. Os campos `code` e `reason` correspondem aos argumentos de mesmos nomes passados a `close()`. O campo `wasClean` é um valor booleano que indica se a conexão foi fechada limpa. Sob circunstâncias normais, `wasClean` é `true`. Um exemplo de tratador do evento `close` é mostrado na listagem 13-7.

Listagem 13-7. Um exemplo de tratador do evento `close`
```
socket.addEventListener("close", function(event) {
    var code = event.code;
    var reason = event.reason;
    var wasClean = event.wasClean;
    // trata o evento close
});
```

O Evento `error`

Quando um WebSocket encontra um problema, um evento `error` é disparado. O evento passado ao tratador é um objeto de erro padrão, incluindo as propriedades `name` e `message`. Um exemplo de tratador do evento `error` de WebSocket é mostrado na listagem 13-8.

Listagem 13-8. Um exemplo de tratador do evento `error`
```
socket.addEventListener("error", function(event) {
    // trata o evento error
});
```

Enviando Dados

WebSockets transmitem dados através do método `send()`, que se apresenta em três formas – uma para envio de dados string UTF-8, uma segunda para envio de um `ArrayBuffer` e uma terceira para envio de dados `Blob`. Todas as três versões de `send()` recebem um único argumento, que representa os dados a serem transmitidos. A sintaxe para `send()` é mostrada na listagem 13-9.

Listagem 13-9. Usando o método `send()` de WebSocket

```
socket.send(data)
```

WebSockets no Node

WebSockets não são suportados no núcleo do Node, mas, por sorte, há uma infinidade de módulos de WebSocket de terceiros disponíveis no registro do npm. Embora você esteja livre para escolher o módulo que bem quiser, os exemplos deste livro usam o módulo ws. A razão por trás dessa decisão é que o ws é rápido, popular, bem suportado e é usado na biblioteca `Socket.IO` que vai ser abordada posteriormente, neste capítulo.

Para demonstrar como o módulo ws funciona, vamos mergulhar de cabeça num exemplo. O código da listagem 13-10 é um servidor WebSocket de eco, construído usando-se os módulos ws, http e connect. Esse servidor aceita conexões HTTP e WebSocket na porta 8000. O middleware `static` de Connect permite que conteúdo estático arbitrário seja servido por HTTP a partir do subdiretório public, enquanto o ws trata das conexões WebSocket.

Listagem 13-10. Um servidor WebSocket de eco construído usando-se os módulos ws, http e connect

```
var http = require("http");
var connect = require("connect");
var app = connect();
var WebSocketServer = require("ws").Server;
var server;
var wsServer;

app.use(connect.static("public"));
server = http.createServer(app);
wsServer = new WebSocketServer({
    server: server
});

wsServer.on("connection", function(ws) {
    ws.on("message", function(message, flags) {
        ws.send(message, flags);
```

    });
});

server.listen(8000);

Para criar o componente WebSocket do servidor, nós devemos primeiro importar o construtor `Server()` do módulo `ws`. O construtor é armazenado na variável `WebSocketServer`, na listagem 13-10. Em seguida, uma instância do servidor WebSocket, `wsServer`, é criada por uma chamada ao construtor. O servidor HTTP, `server`, é passado ao construtor, permitindo que WebSockets e HTTP coexistam na mesma porta. Tecnicamente, um servidor somente de WebSocket poderia ser construído sem `http` e `connect`, passando-se `{port: 8000}` ao construtor `WebSocketServer()`. Quando uma conexão WebSocket é recebida, o tratador do evento `connection` é invocado. O tratador recebe uma instância de WebSocket, `ws`, como seu único argumento. O WebSocket anexa um tratador do evento `message` que é usado para receber dados do cliente. Quando dados são recebidos, a mensagem e seus sinalizadores associados são simplesmente ecoados de volta para o cliente, usando-se o método `send()` do WebSocket. Os sinalizadores da mensagem são usados para indicar informações tais como se a mensagem contém dados binários.

Um Cliente de WebSockets

O módulo `ws` também permite a criação de clientes de WebSockets. Um cliente que trabalha com o servidor de eco da listagem 13-10 é mostrado na listagem 13-11. O cliente começa importando o módulo `ws` como a variável `WebSocket`. Na segunda linha do exemplo, um WebSocket é construído e se conecta na porta 8000 da máquina local. Lembre-se que clientes WebSocket imediatamente tentam se conectar ao URL passado ao construtor. Assim, em vez de dizer ao WebSocket para se conectar, nós simplesmente configuramos um tratador do evento `open`. Depois que a conexão é estabelecida, o tratador do evento open envia a string "Olá!" ao servidor.

Listagem 13-11. Um cliente de WebSocket que trabalha com o servidor da listagem 13-10

```
var WebSocket = require("ws");
var ws = new WebSocket("ws://localhost:8000");

ws.on("open", function() {
    ws.send("Olá!");
});

ws.on("message", function(data, flags) {
    console.log("O servidor diz:");
    console.log(data);
    ws.close();
});
```

Depois que o servidor receber a mensagem, ele vai ecoá-la de volta para o cliente. Para tratar dados que chegam, também podemos ter de configurar um tratador do evento `message`. Na listagem 13-11, o tratador de `message` exibe os dados na tela e depois fecha o WebSocket usando `close()`.

Um Cliente HTML

Como o servidor de exemplo suporta HTTP e WebSockets, nós podemos servir páginas HTML com funcionalidade de WebSocket embutida. Uma página de exemplo que trabalha com o servidor de eco é mostrada na listagem 13-12. A página HTML5 contém botões para conectar e desconectar do servidor, bem como um campo de texto e um botão para digitação e envio de mensagens. Inicialmente, apenas o botão `Connect` está ativo. Depois de conectado, o botão `Connect` é desativado, e os outros controles são habilitados. Daí, você pode entrar em algum texto e pressionar o botão `Send`. Os dados, então, vão ser enviados ao servidor, ecoados de volta, e exibidos na página. Para testar essa página. Primeiro salve-a como `test.html` no subdiretório `public` do servidor de eco. Com o servidor rodando, simplesmente navegue até `http://localhost:8000/test.html`.

Listagem 13-12. Um cliente HTML que trabalha com o servidor da listagem 13-10

```
<!DOCTYPE html>
<html lang="en">
<head>
  <title>WebSocket Echo Client</title>
  <meta charset="UTF-8" />
  <script>
    "use strict";
    // Inicializa tudo quando a janela termina de carregar
    window.addEventListener("load", function(event) {
      var status = document.getElementById("status");
      var open = document.getElementById("open");
      var close = document.getElementById("close");
      var send = document.getElementById("send");
      var text = document.getElementById("text");
      var message = document.getElementById("message");
      var socket;

      status.textContent = "Não Conectado";
      close.disabled = true;
      send.disabled = true;

      // Cria uma nova conexão quando o botão Connect é clicado
      open.addEventListener("click", function(event) {
        open.disabled = true;
        socket = new WebSocket("ws://localhost:8000");
```

```
            socket.addEventListener("open", function(event) {
              close.disabled = false;
              send.disabled = false;
              status.textContent = "Conectado";
            });

            // Exibe mensagens recebidas do servidor
            socket.addEventListener("message", function(event) {
              message.textContent = "O servidor diz: " + event.data;
            });

            // Exibe quaisquer erros que ocorram
            socket.addEventListener("error", function(event) {
              message.textContent = "Erro: " + event;
            });

            socket.addEventListener("close", function(event) {
              open.disabled = false;
              status.textContent = "Não Conectado";
            });
          });

          // Fecha a conexão quando o botão Disconnect é clicado
          close.addEventListener("click", function(event) {
            close.disabled = true;
            send.disabled = true;
            message.textContent = "";
            socket.close();
          });

          // Envia texto ao servidor quando o botão Send é clicado
          send.addEventListener("click", function(event) {
            socket.send(text.value);
            text.value = "";
          });
        });
    </script>
  </head>
  <body>
    Status: <span id="status"></span><br />
    <input id="open" type="button" value="Connect" /> 
    <input id="close" type="button" value="Disconnect" /><br />
    <input id="send" type="button" value="Send" /> 
    <input id="text" /><br />
    <span id="message"></span>
  </body>
</html>
```

Examinando a Conexão WebSocket

Você deve estar pensando em como o HTTP e os WebSockets podem escutar na mesma porta, ao mesmo tempo. O motivo é que a conexão WebSocket inicial ocorre em cima do HTTP. A figura 13-1 mostra o aspecto de uma conexão WebSocket pelos olhos das ferramentas do desenvolvedor do Chrome. A porção superior da imagem mostra a página de teste real da listagem 13-12. A parte inferior da figura mostra as ferramentas do desenvolvedor do Chrome e exibe duas requisições de rede registradas. A primeira requisição, `test.htm`, simplesmente baixa a página de teste. A segunda requisição, rotulada `localhost`, ocorre quando o botão `Connect` é pressionado na página web. Essa requisição envia os cabeçalhos de WebSocket e um cabeçalho `Upgrade`, que permite que futuras comunicações ocorram através do protocolo WebSocket. Pelo exame do código de status e dos cabeçalhos da resposta, você pode ver que a conexão alterna com sucesso do protocolo HTTP para o WebSocket.

Figura 13-1. *Examinando uma conexão WebSocket usando as ferramentas do desenvolvedor do Chrome*

Socket.IO

Os numerosos benefícios dos WebSockets foram explicados anteriormente, neste capítulo. Entretanto, sua maior desvantagem provavelmente seja a falta de suporte de navegadores, especialmente em navegadores legados. Entra em cena o `Socket.IO`, uma biblioteca JavaScript que se anuncia como "o WebSocket independente de navegador para aplicativos de tempo real". A `Socket.IO` adiciona uma outra camada de abstração em cima dos WebSockets, fornecendo funcionalidades adicionais tais como pulsos e expirações. Essas funcionalidades, que são comumente usadas em aplicativos de tempo real, podem ser implementadas usando-se WebSockets, mas não são parte do padrão.

A força real da Socket.IO está em sua habilidade de manter a mesma API através de navegadores mais antigos, que não suportam de forma alguma os WebSockets. Isso é conseguido recorrendo-se a tecnologias mais antigas, tais como o Adobe Flash Sockets, o Ajax long polling e o JSONP polling, quando WebSockets nativos não estão disponíveis. Ao fornecer mecanismos de recorrência retroativa, a Socket.IO pode trabalhar com navegadores antigos, tais como o Internet Explorer 5.5. Sua flexibilidade tem feito com que ela se torne o quinto módulo mais *estrelado* no registro do npm, ao mesmo tempo que mais de 700 módulos npm dependem dela.

Criando um Servidor Socket.IO

Socket.IO, tal como o ws, pode facilmente ser combinado com o módulo http. A listagem 13-13 mostra outro servidor de eco que combina HTTP e WebSockets (através da Socket.IO). A terceira linha da listagem 13-13 importa o módulo Socket.IO. O método listen() de Socket.IO força Socket.IO a escutar no servidor HTTP, server. O valor retornado por listen(), io, é então usado para configurar a porção WebSockets do aplicativo.

Listagem 13-13. Um servidor de eco usando http, connect e Socket.IO

```
var http = require("http");
var connect = require("connect");
var socketio = require("socket.io");
var app = connect();
var server;
var io;

app.use(connect.static("public"));
server = http.createServer(app);
io = socketio.listen(server);

io.on("connection", function(socket) {
    socket.on("message", function(data) {
        socket.emit("echo", data);
    });
});

server.listen(8000);
```

Um tratador do evento connection processa as conexões WebSocket que cheguem. Tal como o ws, o tratador de connection recebe um WebSocket como seu único argumento. Em seguida, note o tratador do evento message. Esse tratador é invocado quando novos dados chegam pelo WebSocket. Porém, diferentemente dos WebSockets padrões, Socket.IO permite eventos arbitrariamente nomeados. Isso significa que em vez de escutar por eventos message, nós poderíamos ter escutado por, digamos, eventos foo. Independentemente do nome do evento, os dados que são recebidos são passados pelo tratador do evento. Os dados são então ecoados de volta para o cliente pela emissão de um evento `echo`. Mais uma vez, o nome do evento é arbitrário. Note, também, que os dados são enviados usando-se o familiar método `emit()` com sintaxe de `EventEmitter`.

Criando um Cliente `Socket.IO`

`Socket.IO` também é acompanhada de um script do lado cliente que pode ser usado para desenvolvimento para navegadores. A listagem 13-14 oferece uma página de exemplo que pode conversar com o servidor de eco da listagem 13-13. Coloque essa página no subdiretório `public` do servidor de eco. A primeira coisa a notar é a inclusão do script `Socket.IO` no cabeçalho do documento. Esse script é tratado automaticamente pelo módulo do lado servidor, e não precisa ser adicionado ao diretório `public`.

Listagem 13-14. Um cliente de `Socket.IO` que trabalha com o servidor da listagem 13-13

```
<!DOCTYPE html>
<html>
<head>
  <script src="/socket.io/socket.io.js"></script>
</head>
<body>
  <script>
    var socket = io.connect("http://localhost");

    socket.emit("message", "Olá!");
    socket.on("echo", function(data) {
      document.write(data);
    });
  </script>
</body>
</html>
```

A próxima coisa a se examinar é a marca `<script>` inline. Essa é a lógica de aplicativo `Socket.IO`. Quando a página é carregada, o método `io.connect()` é usado para estabelecer uma conexão com o servidor. Note que a conexão é feita usando-se um URL HTTP, em vez do protocolo `ws`. O método `emit()` é então usado para enviar um evento `message` ao servidor. Novamente, a opção de nome de evento é arbitrária, mas o cliente e o servidor devem acordar no nome. Como o servidor vai enviar de volta um evento `echo`, a última coisa a fazer é criar um tratador do evento `echo` que imprima no documento a mensagem recebida.

Socket.IO e Express

Integrar `Socket.IO` e Express é muito simples. Na verdade, não é muito diferente de integrar `Socket.IO` com `http` e Connect. A listagem 13-15 mostra como isso é feito. A única diferença maior é que o Express é importado e usado para criar a variável `app` e anexar o middleware em vez de Connect. Apenas para o bem do exemplo, uma rota Express também foi adicionada ao servidor de eco existente. A página de cliente da listagem 13-14 ainda pode ser usada com esse exemplo, sem modificações.

Listagem 13-15. Um servidor de eco construído usando-se `Socket.IO` e Express

```
var express = require("express");
var http = require("http");
var socketio = require("socket.io");
var app = express();
var server = http.createServer(app);
var io = socketio.listen(server);

app.use(express.static("public"));

app.get("/foo", function(req, res, next) {
    res.send(200, {
        body: "Olá de foo!"
    });
});

io.on("connection", function(socket) {
    socket.on("message", function(data) {
        socket.emit("echo", data);
    });
});

server.listen(8000);
```

Resumo

Esse capítulo abordou os conceitos da Web em tempo real. O maior ator nessa esfera é, sem dúvida, os WebSockets. WebSockets oferece um desempenho da mais alta qualidade, ao fornecer comunicação bidirecional entre o cliente e o servidor, sem a necessidade do envio de cabeçalhos HTTP. No entanto, embora os WebSockets forneçam um ganho de desempenho potencialmente grande, eles são um padrão relativamente novo, e não são suportados em navegadores legados. Assim, esse capítulo também introduziu a `Socket.IO`, um módulo de WebSocket independente de navegador que suporta navegadores mais antigos, recorrendo a outros mecanismos passados de transferência de dados, menos eficientes. Adicionalmente, esse capítulo mostrou como integrar a `Socket.IO` com outras tecnologias que foram vistas nos capítulos 11 e 12. No próximo capítulo, você vai aprender a acessar bases de dados e integrá-las com todos os módulos do Node que você já viu até aqui.

Capítulo 14

Bases de Dados

Quase todo aplicativo web tem algum tipo de armazenamento de dados de suporte. Tipicamente, esse armazenamento é uma base de dados de algum tipo, e é usado para armazenar desde endereços e números de cartão de crédito a leituras de sensores e informações de prescrições. As bases de dados fornecem uma maneira de acessar grandes quantidades de dados muito rapidamente. Há, em geral, dois tipos de bases de dados – as bases de dados relacionais e as bases de dados NoSQL. Este capítulo foca nas bases de dados e em como elas são acessadas a partir de aplicativos Node. Mais especificamente, a base de dados relacionais MySQL e a base de dados NoSQL MongoDB são exploradas. Note que este capítulo não fornece instruções para instalação do MySQL e do MongoDB. Além disso, ele considera que você já está familiarizado com a Linguagem Estruturada de Consulta (SQL), que é usada em conjunto com as bases de dados relacionais.

Bases de Dados Relacionais

Uma base de dados relacionais é composta de uma série de tabelas. Cada tabela guarda uma coleção de registros compostos de dados. Registros individuais numa tabela são conhecidos como linhas ou *tuplas*. Os tipos de dados armazenados nessas tuplas são predefinidos usando-se um *esquema*. Uma tabela de exemplo é mostrada na figura 14-1. Essa tabela guarda informações sobre pessoas, incluindo seus nomes, sexo, número de seguridade social (SSN, e as cidades e estados em que residem (para poupar espaço, informações como endereço foram omitidas).

SSN	LastName	FirstName	Gender	City	State
123-45-6789	Pluck	Peter	M	Pittsburgh	PA
234-56-7890	Johnson	John	M	San Diego	CA
345-67-8901	Doe	Jane	F	Las Vegas	NV
456-78-9012	Doe	John	M	Las Vegas	NV

Figura 14-1. Uma tabela de exemplo numa base de dados relacionais

A sentença SQL CREATE usada para criar a tabela da figura 14-1 é mostrada na listagem 14-1. Este comando SQL define o esquema da tabela, lque todas as tuplas devem aderir. Neste caso, o número de seguridade social da pessoa deve ter onze caracteres (para acomodar os traços), seu sexo deve ser um único caracter, e seu estado de residência deve ter dois caracteres. O último nome, o primeiro nome e a cidade de residência da pessoa podem, cada um, ter até 50 caracteres.

Listagem 14-1. O SQL usado para criar a tabela da figura 14-1

```sql
CREATE TABLE Person (
    SSN CHAR(11) NOT NULL,
    LastName VARCHAR(50) NOT NULL,
    FirstName VARCHAR(50) NOT NULL,
    Gender CHAR(1),
    City VARCHAR(50) NOT NULL,
    State CHAR(2) NOT NULL,
    PRIMARY KEY(SSN)
);
```

Note, também, que o número de seguridade social é usado como *chave primária* da tabela. A chave primária é um ou mais campos que asseguram a unicidade de uma tupla individual numa tabela. Como cada pessoa deve ter um único número de seguridade social, isso torna a escolha ideal para chave primária.

As sentenças SQL INSERT mostradas na listagem 14-2 são usadas para preencher a tabela Person. Note que todos os valores em cada sentença se conformam ao esquema predefinido. Se você fosse entrar uma porção inválida de dados, ou um SSN que já existisse na tabela, então o sistema de gerenciamento da base de dados rejeitaria a inserção.

Listagem 14-2. O SQL usado para preencher a tabela da figura 14-1

```sql
INSERT INTO Person (SSN, LastName, FirstName, Gender, City, State)
    VALUES ('123-45-6789', 'Pluck', 'Peter', 'M', 'Pittsburgh', 'PA');
INSERT INTO Person (SSN, LastName, FirstName, Gender, City, State)
    VALUES ('234-56-7890', 'Johnson', 'John', 'M', 'San Diego', 'CA');
INSERT INTO Person (SSN, LastName, FirstName, Gender, City, State)
    VALUES ('345-67-8901', 'Doe', 'Jane', 'F', 'Las Vegas', 'NV');
INSERT INTO Person (SSN, LastName, FirstName, Gender, City, State)
    VALUES ('456-78-9012', 'Doe', 'John', 'M', 'Las Vegas', 'NV');
```

Bases de dados relacionais tentam remover redundâncias armazenando dados somente num único lugar. O processo de atualizar e excluir dados é muito mais simples, se precisar ocorrer apenas num único lugar. O processo de remoção de redundâncias, chamado de *normalização*, resulta em múltiplas tabelas que referenciam umas às outras usando *chaves externas*. Uma chave externa é um ou mais campos que identificam unicamente uma tupla numa tabela diferente.

Para um exemplo concreto, vamos voltar a nossa base de dados de exemplo. Ela atualmente tem uma tabela, Person, que armazena informações de indivíduos. E se nós quiséssemos também guardar informações dos carros desses indivíduos? Essa informação poderia ser armazenada na tabela Person pela criação de colunas adicionais no esquema. Mas, como isso cuidaria do caso em que uma única pessoa possuísse mais de um carro? Você teria de continuar adicionando mais campos de carro à tabela (car1, car, e assim por diante), muitos dos quais estariam vazios (a maioria das pessoas têm um ou zero carros). A melhor alternativa é criar uma tabela separada, Vehicle, que contenha informações de carros e uma chave externa que referencie a tabela Person. Um exemplo da tabela Vehicle é mostrado na figura 14-2.

SSN	VIN	Type	Year
123-45-6789	12345	Jeep	2014
234-56-7890	67890	Van	2010
345-67-8901	54327	Truck	2009
123-45-6789	98032	Car	2006

Figura 14-2. Uma tabela Vehicle simplificada

A sentença CREATE usada para definir a tabela Vehicle é mostrada na listagem 14-3, enquanto as sentenças INSERT usadas para preenchê-la são mostradas na listagem 14-4. Note que o campo Vehicle.SSN referencia o campo Person.SSN. Esse é um relacionamento de chave externa, e embora os campos tenham o mesmo nome em ambas as tabelas, nesse exemplo, isso não é uma exigência.

Listagem 14-3. O SQL usado para criar a tabela Vehicle
```
CREATE TABLE Vehicle (
    SSN CHAR(11) NOT NULL,
    VIN INT UNSIGNED NOT NULL,
    Type VARCHAR(50) NOT NULL,
    Year INT UNSIGNED NOT NULL,
    PRIMARY KEY(VIN),
    FOREIGN KEY(SSN)
        REFERENCES Person(SSN)
);
```

Listagem 14-4. O SQL usado para preencher a tabela Vehicle
```
INSERT INTO Vehicle (SSN, VIN, Type, Year)
    VALUES ('123-45-6789', 12345, 'Jeep', 2014);
INSERT INTO Vehicle (SSN, VIN, Type, Year)
    VALUES ('234-56-7890', 67890, 'Van', 2010);
INSERT INTO Vehicle (SSN, VIN, Type, Year)
    VALUES ('345-67-8901', 54327, 'Truck', 2009);
INSERT INTO Vehicle (SSN, VIN, Type, Year)
    VALUES ('123-45-6789', 98032, 'Car', 2006);
```

Um dos verdadeiros pontos fortes das bases de dados relacionais é a habilidade de rapidamente consultar informações, mesmo que essa informação esteja dividida entre múltiplas tabelas. Isso é conseguido usando-se a operação JOIN. A sentença SQL SELECT mostrada na listagem 14-5 usa uma operação JOIN para selecionar o nome de cada pessoa que possui um veículo em Las Vegas. Nesse caso, há duas pessoas de Las Vegas na tabela People, mas somente uma que possui um veículo. Portanto, essa consulta vai retornar o nome Jane Doe.

Listagem 14-5. A consulta SQL envolvendo uma operação JOIN
```
SELECT FirstName, LastName FROM Person INNER JOIN Vehicle
    WHERE Person.SSN = Vehicle.SSN AND City = 'Las Vegas';
```

O MySQL

O MySQL é um sistema de gerenciamento de bases de dados relacionais extremamente popular. Ele também é de código aberto, tornando-o gratuitamente disponível. Ele é tão amplamente usado que o M na pilha LAMP[1] é de MySQL. Ele tem sido usado em muitos projetos e sites de alto perfil, tais como WordPress, Wikipedia, Googl, e Twitter. Os exemplos de MySQL neste capítulo acessam a base de dados usando o módulo `mysql` de terceiros, que deve ser instalado usando-se o comando mostrado na listagem 14-6.

Listagem 14-6. Comando npm usado para instalar o módulo mysql
```
$ npm install mysql
```

Conectando-se ao MySQL

Para acessar uma base de dados, você deve primeiro estabelecer uma conexão. Os exemplos ao longo deste capítulo supõem que o MySQL esteja rodando em sua máquina local. Para estabelecer uma conexão, você deve primeiro criar um objeto `connection` usando o método `createConnection( )`. Há duas encarnações de `createConnection( )` que atingem o mesmo resultado. A primeira versão recebe um objeto como seu único argumento. Esse argumento contém parâmetros para estabelecer a conexão. Um exemplo que cria uma conexão é mostrado na listagem 14-7. Esse exemplo cria uma conexão com a base de dados MySQL chamada `dbname`, que está rodando em `localhost:3306` (o MySQL usa por omissão a porta 3306, de modo que essa opção pode ser normalmente omitida). As opções `user` e `password` fornecem segurança, impedindo que a base de dados seja acessada arbitrariamente.

Listagem 14-7. Criando uma conexão com uma base de dados MySQL
```
var mysql = require("mysql");
var connection = mysql.createConnection({
    "host": "localhost",
    "port": 3306,
    "user": "username",
    "password": "secret",
    "database": "dbname"
});
```

A versão alternativa de `createConnection( )` recebe uma string de URL do MySQL como único argumento. A listagem 14-8 mostra como o mesmo exemplo

[1] LAMP – acrônimo de Linux, Apache, MySQL e PHP – usado para denotar o pacote popular entre desenvolvedores de aplicativos web. (N. do T.)

de `createConnection( )` é reescrito para usar uma string de URL. Embora essa versão forneça uma sintaxe mais concisa, ela é menos legível que usar um literal de objeto.

Listagem 14-8. Criando uma conexão com uma base de dados MySQL usando uma string de URL

```
var mysql = require("mysql");
var connection =
    mysql.createConnection("mysql://username:secret@localhost:3306/dbname");
```

Depois que um objeto connection foi criado, o próximo passo é chamar seu método connect( ). Esse método recebe um único argumento, uma função de rechamada que é invocada após a conexão ter sido estabelecida. Se ocorrer um erro enquanto se conecta, ele é passado como primeiro e único argumento para a função de rechamada. A listagem 14-9 ilustra o processo de estabelecimento de uma conexão.

Listagem 14-9. Usando o método `connect( )` para estabelecer uma conexão

```
var mysql = require("mysql");
var connection = mysql.createConnection({
    "host": "localhost",
    "port": 3306,
    "user": "username",
    "password": "secret",
    "database": "dbname"
});

connection.connect(function(error) {
    if (error) {
        return console.error(error);
    }

    // Conexão estabelecida com sucesso
});
```

Agrupamento de Conexões

Nos exemplos anteriores, uma nova conexão seria estabelecida toda vez que o aplicativo precisasse acessar a base de dados. Contudo, se você sabe de antemão que seu aplicativo vai exigir muitas conexões frequentes com a base de dados, pode ser mais eficiente estabelecer um agrupamento de conexões reutilizáveis. Toda vez que uma nova conexão for necessária, o aplicativo pode simplesmente solicitar uma do agrupamento. Uma vez que a conexão tenha preenchido sua finalidade, ela pode ser devolvida ao agrupamento para uso numa requisição futura. Um agrupamento de conexões é criado usando-se o método `createPool( )`, mostrado na listagem 14-10. Note que `createPool( )` é muito similar a `createConnection( )`.

createPool( ) também suporta algumas opções adicionais que são específicas de agrupamentos. Essas opções são listadas na tabela 14-1.

Listagem 14-10. Criando um agrupamento de conexões usando o método createPool()

```
var mysql = require("mysql");
var pool = mysql.createPool({
    "host": "localhost",
    "user": "username",
    "password": "secret",
    "database": "dbname"
});
```

Tabela 14-1. Opções adicionais suportadas por createPool()

Opção	Descrição
createConnection	A função a ser usada quando da criação de conexões do agrupamento. A omissiva é createConnection().
connectionLimit	O número máximo de conexões que podem ser criadas de uma só vez. Se omitido, seu valor é 10.
queueLimit	O número máximo de requisições de conexão que podem ser enfileiradas pelo agrupamento. Se este valor for zero (o omissivo), então não há limite. Se existir um limite e ele for excedido, então um erro é retornado de createConnection().
waitForConnections	Se essa for true (o omissivo), então requisições são adicionadas a uma fila se não houver conexões disponíveis. Se for false, então o agrupamento vai imediatamente chamar de volta com um erro.

O método getConnection() do agrupamento é usado para requisitar uma conexão. Esse método recebe uma função de rechamada com único argumento. O argumento da função de rechamada é uma possível condição de erro e o objeto da conexão requisitada. Se nenhum erro ocorrer, então o objeto da conexão já vai estar no estado conectado, o que significa que não há necessidade de chamar connect(). A listagem 14-11 mostra como uma conexão é requisitada de um agrupamento.

Listagem 14-11. Requisitando uma conexão de um agrupamento usando o método getConnection( )

```
var mysql = require("mysql");
var pool = mysql.createPool({
    "host": "localhost",
```

```
    "user": "username",
    "password": "secret",
    "database": "dbname"
});

pool.getConnection(function(error, connection) {
    if (error) {
        return console.error(error);
    }

    // Conexão disponível para uso
});
```

Fechando uma Conexão

Uma conexão não agrupada pode ser fechada usando-se os métodos end() e destroy(). O método end() fecha graciosamente a conexão, permitindo que quaisquer consultas enfileiradas sejam executadas. end() recebe uma rechamada como único argumento. A listagem 14-12 mostra como end() é usado para fechar uma conexão aberta.

Listagem 14-12. Abrindo uma conexão e depois fechando-a usando end()

```
var mysql = require("mysql");
var connection =
    mysql.createConnection("mysql://username:secret@localhost/dbname");

connection.connect(function(error) {
    if (error) {
        return console.error(error);
    }

    connection.end(function(error) {
        if (error) {
            return console.error(error);
        }
    });
});
```

O método destroy(), por outro lado, imediatamente fecha o soquete subjacente, independente do que está acontecendo. O uso de destroy() é mostrado na listagem 14-13.

Listagem 14-13. Uso do método connection.destroy()

```
connection.destroy();
```

Conexões agrupadas são fechadas usando-se os métodos `release()` e `destroy()`. `release()` não termina realmente a conexão, mas simplesmente a retorna ao agrupamento para uso por outra requisição. Alternativamente, o método `destroy()` é usado para terminar uma conexão e removê-la do agrupamento. Da próxima vez que uma nova conexão for requisitada, o agrupamento vai criar uma nova e repor a que foi destruída. A listagem 14-14 fornece um exemplo do método `release()` em ação.

Listagem 14-14. Liberando uma conexão agrupada usando o método `release()`

```
var mysql = require("mysql");
var pool = mysql.createPool({
    "host": "localhost",
    "user": "username",
    "password": "secret",
    "database": "dbname"
});

pool.getConnection(function(error, connection) {
    if (error) {
        return console.error(error);
    }

    connection.release( );
});
```

Executando Consultas

Você aprendeu a abrir conexões, e aprendeu a fechá-las. Agora, é hora de aprender o que se passa entre a abertura e o fechamento. Depois de se conectar com a base de dados, seu aplicativo vai executar uma ou mais consultas. Isso é feito usando-se o método `query()` da conexão. Esse método recebe dois argumentos – uma string de SQLpara executar e uma função de rechamada. Os argumentos para a função de rechamada são um possível objeto de erro e o resultado do comando SQL.

A listagem 14-15 mostra um exemplo completo que cria um agrupamento de conexões, requisita uma conexão, executa uma consulta SQL na tabela `Person`, exibe o resultado, e depois libera a conexão de volta para o agrupamento. A saída resultante é mostrada na listagem 14-16.

Listagem 14-15. Executando uma consulta na tabela `Person`

```
var mysql = require("mysql");
var pool = mysql.createPool({
    "host": "localhost",
        "user": "username",
    "password": "secret",
    "database": "dbname"
```

```
});

pool.getConnection(function(error, connection) {
    if (error) {
        return console.error(error);
    }

    var sql = "SELECT * FROM Person";

    connection.query(sql, function(error, results) {
        if (error) {
            return console.error(error);
        }

        console.log(results);
        connection.release();
    });
});
```

Listagem 14-16. A saída do código da listagem 14-15
```
$ node sql-query.js
[ { SSN: '123-45-6789',
    LastName: 'Pluck',
    FirstName: 'Peter',
    Gender: 'M',
    City: 'Pittsburgh',
    State: 'PA' },
  { SSN: '234-56-7890',
    LastName: 'Johnson',
    FirstName: 'John',
    Gender: 'M',
    City: 'San Diego',
    State: 'CA' },
  { SSN: '345-67-8901',
    LastName: 'Doe',
    FirstName: 'Jane',
    Gender: 'F',
    City: 'Las Vegas',
    State: 'NV' },
  { SSN: '456-78-9012',
    LastName: 'Doe',
    FirstName: 'John',
    Gender: 'M',
    City: 'Las Vegas',
    State: 'NV' } ]
```

Note que o resultado exibido na listagem 14-16 está formatado como uma matriz de objetos. Isso é porque a consulta executada foi uma operação `SELECT`. Tivesse essa operação sido de um tipo diferente (`UPDATE`, `INSERT`, `DELETE`, e assim por diante), o resultado teria sido um objeto único contendo informação sobre a operação. Como exemplo, o comando na listagem 14-17 remove todos os indivíduos da tabela `People`. O objeto resultante é mostrado na listagem 14-18. Note que a propriedade `affectedRows` está definida para quatro, para indicar o número de tuplas que foram removidas.

Listagem 14-17. O comando SQL `DELETE` para limpar a tabela `People`
```
DELETE FROM People;
```

Listagem 14-18. O objeto resultante de `query()` quando da execução da sentença da listagem 14-17
```
{ fieldCount: 0,
  affectedRows: 4,
  insertId: 0,
  serverStatus: 34,
  warningCount: 0,
  message: '',
  protocol41: true,
  changedRows: 0 }
```

■ **Nota** A propriedade `insertId` do objeto resultante é útil quando da inserção de linhas numa tabela que tem uma chave primária de auto-incremento.

Bases de Dados NoSQL

As bases de dados NoSQL representam o outro tipo maior de base de dados. Há muitos tipos de bases de dados NoSQL disponíveis, sendo alguns exemplos os depósitos de chave/valor, depósitos de objeto, e depósitos de documentos. Características comuns do NoSQL são a ausência de esquemas, as APIs simple, e os modelos relaxados de consistência. Uma coisa que as bases de dados NoSQL têm em comum é que elas abandonam o modelo de dados relacionais usado por sistemas como MySQL, na busca de ganho de desempenho e escalonabilidade.

O modelo de dados relacionais é excelente na manutenção da consistência de dados usando operações atômicas conhecidas como *transações*. No entanto, manter a consistência dos dados tem o custo de sobrecarga adicional. Alguns aplicativos, tais como bancários, exigem que os dados sejam absolutamente corretos. Afinal, um banco que perde o controle do dinheiro de seus clientes não vai continuar nos negócios por muito tempo. Porém, muitos aplicativos podem viver com as restrições relaxadas que os depósitos de dados NoSQL oferecem. Por exemplo, se uma atualização não aparecer de imediato na alimentação de notícias de uma mídia social, isso não vai ser o fim do mundo.

O MongoDB

Uma das bases de dados NoSQL mais proeminentes usada em conjunto com o Node.js é o MongoDB, às vezes chamads somente de Mongo. Mongo é uma base de dados orientada por documentos que armazena dados em documentos formatados como BSON (JSON Binário). O uso proeminente do Mongo em aplicativos Node tem dado origem ao termo de pilha MEAN. O acrônimo MEAN se refere à popular pilha de software consistindo de MongoDB, Express, AngularJS (uma estrutura de front-end usada para criação de aplicativos de página única) e Node.js. O Mongo tem sido usado em muitas empresas populares da web, incluindo eBay, Foursquar, e Craigslist.

Para acessar o Mongo a partir de um aplicativo Node, é necessário um driver. Há uma série de drivers disponíveis para o Mongo, mas o Mongoose está entre os mais populares. A listagem 14-19 mostra o comando `npm` usado para instalar o módulo `mongoose`.

Listagem 14-19. Comando usado para instalar o módulo `mongoose`

```
$ npm install mongoose
```

Conectando-se com o MongoDB

O método `createConnection()` é usado para criar uma nova conexão MongoDB. Esse método recebe um URL MongoDB como argumento de entrada. Um URL de exemplo, que usa os mesmos parâmetros de conexão que os exemplos de MySQL anteriores, é mostrado na listagem 14-20. Nesse exemplo, `username`, `secret`, `localhos`, e `dbname` correspondem respectivamente ao nome de usuário, senha, hospedeiro do servidor e nome da base de dados.

Listagem 14-20. Conectando-se com o MongoDB usando o Mongoose

```
var mongoose = require("mongoose");
var connection =
    mongoose.createConnection("mongodb://username:secret@localhost/dbname");
```

■ **Nota** Há múltiplas maneiras de se criar conexões com o MongoDB. O método mostrado neste livro é tido como o mais flexível, já que funciona com um número arbitrário de conexões com bases de dados. A técnica alternativa não é mais simples, e só funciona com uma única conexão de base de dados.

Uma vez estabelecida a conexão, o objeto da conexão emite um evento `open`. O tratador desse evento não recebe nenhum argumento. Um tratador de exemplo é mostrado na listagem 14-21. Note que o método `close()` também é usado para terminar a conexão.

Listagem 14-21. Um exemplo de tratador do evento open da conexão
```
var mongoose = require("mongoose");
var connection = mongoose.createConnection("mongodb://localhost/
test");

connection.on("open", function( ) {
    console.log("Conexão estabelecida");
    connection.close( );
});
```

Esquemas

O MongoDB não tem um esquema predefinido. O Mongoose ajuda a definir a estrutura de um documento Mongo pela definição de esquemas. Um *esquema* é um objeto que define a estrutura dos dados a serem armazenados. Para ilustrar como os esquemas funcionam, nós vamos revisitar nosso tabela People da seção sobre o MySQL. A listagem 14-22 mostra a tabela People refeita como um objeto Schema Mongoose. Na segunda linha do exemplo, o construtor Schema() é importado. O construtor Schema() recebe um único argumento, um objeto contendo definições de esquema. Nesse exemplo, todos os campos do esquema são do tipo String. Outros tipos de dados suportados por Schema() incluem Number, Date, Buffer, Boolean, Mixed, Objecti, e Array.

Listagem 14-22. Criando um esquema que representa a tabela Person
```
var mongoose = require("mongoose");
var Schema = mongoose.Schema;
var PersonSchema = new Schema({
    SSN: String,
    LastName: String,
    FirstName: String,
    Gender: String,
    City: String,
    State: String
});
```

Lembre-se que a tabela Person original era referenciada por uma tabela Vehicle usando um relacionamento de chave externa. No mundo das bases de dados relacionais, essa é uma boa ideia. Mas, no mundo do MongoDB, a informação de veículos pode ser adicionada diretamente ao esquema de Person como uma matriz. A listagem 14-23 mostra o esquema para o híbrido Person-Vehicle. Note que essa abordagem não exige nenhuma operação JOIN.

Listagem 14-23. Combinando as tabelas Person e Vehicle num esquema MongoDB

```
var mongoose = require("mongoose");
var Schema = mongoose.Schema;
```

```
var PersonSchema = new Schema({
    SSN: String,
    LastName: String,
    FirstName: String,
    Gender: String,
    City: String,
    State: String,
    Vehicles: [{
        VIN: Number,
        Type: String,
        Year: Number
    }]
});
```

Modelos

Para usar nosso objeto Schema recém-criado, nós devemos associá-lo a uma conexão de base de dados. Na terminologia do Mongoose, essa associação é chamada de *modelo*. Para criar um modelo, use o método `model()` do objeto da conexão. Esse método recebe dois argumentos, uma string representando o nome do model, e um objeto Schema. A listagem 14-24 mostra como um modelo Person é criado. O exemplo define o modelo Person como uma exportação de módulo, para facilitar a reutilização de código.

Listagem 14-24. Definindo um modelo Person de forma reutilizável

```
var mongoose = require("mongoose");
var Schema = mongoose.Schema;
var PersonSchema = new Schema({
    SSN: String,
    LastName: String,
    FirstName: String,
    Gender: String,
    City: String,
    State: String,
    Vehicles: [{
        VIN: Number,
        Type: String,
        Year: Number
    }]
});

module.exports = {
    getModel: function getModel(connection) {
        return connection.model("Person", PersonSchema);
    }
};
```

Como o modelo `Person` foi projetado com a reutilizabilidade em mente, ele pode ser facilmente importado para outros arquivos, como mostrado na listagem 14-25. Esse exemplo supõe que o modelo foi salvo num arquivo chamado `PersonModel.js`.

Listagem 14-25. Importando o modelo `Person` para um outro arquivo

```
var mongoose = require("mongoose");
var connection = mongoose.createConnection("mongodb://localhost/test");
var Person = require(__dirname + "/PersonModel").getModel(connection);
```

Inserindo Dados

Inserir dados no MongoDB é um simples processo em dois passos usando-se os modelos Mongoose. O primeiro passo é instanciar um objeto usando um construtor do modelo. Com base na listagem 14-25, o construtor seria `Person()`. Depois que o objeto é criado, você pode manipulá-lo como qualquer outro objeto JavaScript. Para realmente inserir os dados, chame o método `save()` do modelo. `save()` recebe um único argumento opcional, uma função de rechamada que recebe um argumento de erro.

O exemplo da listagem 14-26 cria um objeto `Person` usando o modelo definido na listagem 14-24. Em seguida, um campo `foo` personalizado é adicionado ao módulo. Por fim, o método `save()` do modelo é usado para inserir os dados na base de dados. Uma coisa a se notar é que, quando os dados são salvos, o campo `foo` não é persistido. A razão é que `foo` não é parte do esquema do modelo. O modelo impede que dados adicionais sejam adicionados ao modelo, mas ele não vai assegurar que quaisquer campos omitidos sejam incluídos. Por exemplo, se o campo `LastName` fosse omitido, a inserção ainda ocorreria sem nenhum problema.

Listagem 14-26. Inserindo um objeto `Person` no MongoDB usando Mongoose

```
var mongoose = require("mongoose");
var connection = mongoose.createConnection("mongodb://localhost/test");
var Person = require(__dirname + "/PersonModel").getModel(connection);

connection.on("open", function( ) {
    var person = new Person({
        SSN: "123-45-6789",
        LastName: "Pluck",
        FirstName: "Peter",
        Gender: "M",
        City: "Pittsburgh",
        State: "PA",
        Vehicles: [
            {
```

```
            VIN: 12345,
            Type: "Jeep",
            Year: 2014
        },
        {
            VIN: 98032,
            Type: "Car",
            Year: 2006
        }
    ]
});

person.foo = "bar";
person.save(function(error) {
    connection.close( );

    if (error) {
        return console.error(error);
    } else {
        console.log("Salvo com sucesso!");
    }
});
});
```

Consultando Dados

Os modelos têm vários métodos para realização de consultas. Para recuperar dados de Mongo, use o método find() do objeto do modelo. O primeiro argumento passado a find() é um objeto que define as condições da consulta. Esse argumento vai ser revisitado em instantes. O segundo argumento para find() é uma função opcional de rechamada. Se presente, a função de rechamada recebe um possível erro como primeiro argument, e o resultado da consulta como segundo.

O exemplo da listagem 14-27 usa o método find() do modelo Person para selecionar todos os proprietários de carro que moram em Las Vegas. O objeto da condição seleciona todos os cidadãos de Las Vegas especificando City: "Las Vegas". Para refinar ainda mais a busca, nós procuramos por matrizes de Vehicle cujo tamanho não seja igual a zero (significando que a pessoa possui ao menos um carro). O resultado é então exibido na função de rechamada, desde que não ocorra nenhum erro. A saída de amostra é mostrada na listagem 14-28.

Listagem 14-27. Consultando MongoDB por todos os proprietários de carro morando em Las Vegas

```
var mongoose = require("mongoose");
var connection = mongoose.createConnection("mongodb://localhost/
```

```
test");
var Person = require(__dirname + "/PersonModel").getModel(connection);

connection.on("open", function( ) {
    Person.find({
        City: "Las Vegas",
        Vehicles: {
            $not: {$size: 0}
        }
    }, function(error, results) {
        connection.close( );

        if (error) {
            return console.error(error);
        }

        console.log(results);
    });
});
```

Listagem 14-28. Saída da execução do código da listagem 14-27
```
$ node mongoose-query
[ { City: 'Las Vegas',
    FirstName: 'Jane',
    Gender: 'F',
    LastName: 'Doe',
    SSN: '345-67-8901',
    State: 'NV',
    __v: 0,
    _id: 528190b19e13b00000000007,
    Vehicles:
    [ { VIN: 54327,
        Type: 'Truck',
        Year: 2009,
        _id: 528190b19e13b00000000008 } ] } ]
```

Métodos Construtores de Consultas

Se uma função de rechamada não for fornecida a find(), então um objeto de consulta é retornado. Esse objeto fornece uma interface construtora de consultas que permite que consultas mais complexas sejam construídas pelo encadeamento de chamadas a funções usando-se métodos auxiliares. Algumas dessas funções auxiliares são discutidas na tabela 14-2.

Tabela 14-2. Vários métodos auxiliares de construção de consultas

Método	Descrição
where()	Cria um refinamento adicional para a busca. É análogo à cláusula SQL WHERE.
limit()	Recebe um argumento inteiro especificando o número máximo de resultados a retornar.
sort()	Ordena os resultados por algum critério. É análogo à cláusula SQL ORDER BY.
select()	Retorna um subconjunto dos campos que foram selecionados.
exec()	Executa a consulta e invoca uma função de rechamada.

Um exemplo de construtor de consultas é mostrado na listagem 14-29. Nesse exemplo, o método find() é usado para selecionar todos os indivíduos de Las Vegas. Os métodos where() e equals() são usados para refinar mais a busca para apenas os indivíduos cujo último nome seja Doe. Em seguida, o método limit() é usado para assegurar que um máximo de 10 indivíduos sejam selecionados. O método sort() é então usado para ordenar os resultados pelo último nome e, depois, pelo primeiro nome em ordem inversa. Depois, o método select() é usado para extrair os campos de primeiro nome e último nome dos resultados. Por fim, a consulta é executada e os resultados são impressos. Essa consulta em particular vai retornar John e Jane Doe de nossa base de dados de exemplo.

Listagem 14-29. Um exemplo de construtor de consultas

```
var mongoose = require("mongoose");
var connection = mongoose.createConnection("mongodb://localhost/test");
var Person = require(__dirname + "/PersonModel").getModel(connection);

connection.on("open", function( ) {
    Person.find({
        City: "Las Vegas"
    })
    .where("LastName").equals("Doe")
    .limit(10)
    .sort("LastName -FirstName")
    .select("FirstName LastName")
    .exec(function(error, results) {
        connection.close( );

        if (error) {
            return console.error(error);
        }
```

```
            console.log(results);
    });
});
```

Atualizando Dados

No Mongoose, os dados são atualizados usando-se o método `update()` de um modelo. `update()` recebe dois argumentos obrigatórios, seguido de dois outros opcionais. O primeiro argumento é um objeto usado para especificar as condições da atualização. Esse objeto se comporta como o objeto passado a `find()`. O segundo argumento para `update()` é um objeto que realiza a operaçãoareal de atualização. O terceiro argumento, opcional, é outro objeto que é usado para passar opções. As opções suportadas por `update()` estão resumidas na tabela 14-3. O último argumento é uma função de rechamada opcional que recebe três argumentos. Esses argumentos são um erro, o número de documentos que Mongo atualizo, e a resposta crua retornada pelo Mongo.

Tabela 14-3. As opções suportadas por `update()`

Opção	Descrição
safe	Esta é um booleano que ajusta o valor de modo seguro. Se não for especificada, seu valor omissivo é o definido no esquema (`true`). Se for `true`, então quaisquer erros que ocorrerem são passados para a função de rechamada.
upsert	Se for `true`, o documento vai ser criado se não existir. O valor omissivo é false.
multi	Se for `true`, múltiplos documentos podem ser atualizados com uma única operação. O valor omissivo é `false`.
strict	Esta é um booleano que define a opção de estrita para a atualização. Se `strict` for `false`, dados que não fazem parte do esquema são escritos no documento. O valor omissivo é `true`, significando que dados estranhos não vão persistir.

O exemplo da listagem 14-30 realiza uma operação de atualização em todas as pessoas cuja cidade de residência é Las Vegas. O segundo argumento atualiza sua cidade de residência para ser New York. O terceiro argumento ajusta a opção `multi` para `true`, significando que múltiplos documentos podem ser atualizados usando-se uma única operação. A função de rechamada verifica erros e depois exibe o número de documentos afetados e a resposta recebida de Mongo.

Listagem 14-30. Uma atualização que muda todos os cidadãos de Las Vegas para New York

```
var mongoose = require("mongoose");
```

```
var connection = mongoose.createConnection("mongodb://localhost/
test");
var Person = require(__dirname + "/PersonModel").getModel(connection);

connection.on("open", function( ) {
    Person.update({
        City: "Las Vegas"
    }, {
        City: "New York"
    }, {
        multi: true
    }, function(error, numberAffected, rawResponse) {
        connection.close( );

        if (error) {
            return console.error(error);
        }

        console.log(numberAffected + " documentos afetados");
        console.log(rawResponse);
    });
});
```

Excluindo Dados

Para excluir dados usando um modelo, use o método `remove()` do modelo. `remove()` recebe dois argumentos. O primeiro é um objeto que especifica os critérios de remoção. Esse objeto funciona como o que é passado a `find()`. O segundo argumento é uma função de rechamada opcional que é invocada depois da remoção ser executada. Um exemplo que remove pessoas que moram em San Diego é mostrado na listagem 14-31. Quando esse código é executado, ele exibe o número 1, correspondendo ao número de itens removidos.

Listagem 14-31. Removendo dados usando um modelo MongoDB

```
var mongoose = require("mongoose");
var connection = mongoose.createConnection("mongodb://localhost/
test");
var Person = require(__dirname + "/PersonModel").getModel(connection);

connection.on("open", function( ) {
    Person.remove({
        City: "San Diego"
    }, function(error, response) {
        connection.close( );

        if (error) {
```

```
            return console.error(error);
        }

        console.log(response);
    });
}));
```

Resumo

Este capítulo mostrou como trabalhar com bases de dados no Node.js. O capítulo começou com um exame dos modelos mais tradicionais de dados relacionais. Depois de uma breve visão geral das bases de dados relacionais, nós passamos para a base de dados MySQL. Pela introdução do módulo `mysql`, você aprendeu a interagir com uma das mais populares bases de dados relacionais existentes. Em seguida, o capítulo voltou seu foco para a classe NoSQL de depósitos de dados. Essas bases de dados se tornaram crescentemente populares em anos recentes, já que tendem a ser menos complexas e mais desenvoltas que suas contrapartes relacionais. De todas as bases de dados NoSQL disponíveis, este capítulo optou por focar no MongoDB, uma vez que ele é parte da, cada vez mais popular, pilha MEAN. Para trabalhar com o Mongo, nós recorremos ao módulo mongoose. É claro que não poderíamos cobrir todas as bases de dados (ou mesmo todos os detalhes do MySQL e do Mongo) num único capítulo, mas pelo entendimento dos conceitos centrais, você deve ser capaz de aplicar o que aprendeu aqui a outros sistemas.

Capítulo 15

■ ■ ■

Registrando, Depurando e Testando

Código de produção, em qualquer linguagem, deve ter um certo polimento que é omitido em programas de brincadeira ou acadêmicos. Este capítulo explora os tópicos de registro, depuração e teste, que vão aumentar a qualidade do código ao mesmo tempo que reduzem o tempo exigido para diagnóstico e correção de bugs. Ao registrar erros e informações úteis, você pode mais facilmente corrigir bugs quando eles aparecerem. Um depurador é ferramenta crítica no cinto de utilidades de qualquer programador, uma vez que permite que o código seja explorado com um pente-fino, inspecionando variáveis e encontrando bugs. Por fim, testar é o processo de identificar sistematicamente bugs em programas de computador. Este capítulo examina vários módulos e estruturas proeminentes usados para registro, depuração e testes.

Registrando

No capítulo 5, você aprendeu sobre o registro em seu nível mais básico, através dos métodos console.log() e console.error(). A primeira coisa a notar é que há diferentes métodos de registro para diferentes tipos de mensagem. Por exemplo, na listagem 15-1, o módulo fs é usado para abrir um arquivo chamado foo.txt. Se o arquivo for aberto com sucesso, então uma mensagem é impressa em stdout usando-se console.log(). No entanto, se ocorrer um erro, ele é registrado em stderr usando-se console.error().

Listagem 15-1. Um exemplo incluindo registros de erro e sucesso

```
var fs = require("fs");
var path = "foo.txt";

fs.open(path, "r", function(error, fd) {
    if (error) {
        console.error("erro de open: " + error.message);
    } else {
        console.log("Abriu com sucesso " + path);
    }
});
```

A desvantagem dessa estratégia é que alguém deve estar observando o console para detectar erros. Tipicamente, porém, aplicativos de produção são distribuídos em um ou mais servidores que estão separados das máquinas em que o aplicativo foi originalmente desenvolvido. Esses servidores de produção também ficam normalmente numa sala de servidores, num data center ou na nuvem, e não tem uma pessoa monitorando uma janela de terminal à espreita de erros. Mesmo que alguém estivesse monitorando o console, os erros poderiam facilmente rolar para fora da tela e serem perdidos para sempre. Por esses motivos, a impressão no console é geralmente desencorajada em ambientes de produção.

Registrar num arquivo é preferível ao registro no console, em ambientes de produção. Infelizmente, o módulo `fs` não se presta bem a registro. Idealmente, o código de registro deve se misturar com o código do aplicativo, como uma chamada a `console.log()`. Contudo, a natureza assíncrona das operações de arquivo levam a blocos de código que incluem funções de rechamada e tratamento de erros. Lembre-se que o módulo `fs` também fornece equivalentes síncronos para muitos de seus métodos. Esses devem ser evitados, já que podem criar um engarrafamento maior em seu aplicativo.

O Módulo `winston`

Os módulos centrais do Node não fornecem uma solução ideal de registro. Por sorte, a comunidade de desenvolvedores criou uma série de módulos úteis de registro, de terceiros. Dentre os melhores está o `winston`, uma biblioteca de registro assíncrono que mantém a interface simplista de `console.log()`. A listagem 15-2 mostra como `winston` é importado e usado num aplicativo trivial. É claro que você deve, primeiro, instalar o módulo – `npm install winston` – para poder usá-lo. A listagem 15-2 demonstra como o método `winston.log()` é usado. O primeiro argumento passado a `log()` é o nível de registro. Por omissão, o `winston` oferece os níveis de registro `info`, `warn` e `error`. O segundo argumento para `log()` é a mensagem a ser registrada.

Listagem 15-2. Registrando mensagens de diferentes níveis usando o `winston`

```
var winston = require("winston");

winston.log("info", "Olá, winston!");
winston.log("warn", "Alguma coisa não muito boa aconteceu");
winston.log("error", "Algo realmente ruim aconteceu");
```

A saída da listagem 15-2 é mostrada na listagem 15-3. Note que o `winston` exibe o nível de registro antes da mensagem.

Listagem 15-3. A saída da listagem 15-2

```
$ node winston-basics.js
info: Olá, winston!
warn: Alguma coisa não muito boa aconteceu
error: Algo realmente ruim aconteceu
```

O `winston` também oferece métodos de conveniência para os vários níveis de registro. Esses métodos (`info()`, `warn()` e `error()`) são mostrados na listagem 15-4. A saída para esse código é idêntica à que foi mostrada na listagem 15-3.

Listagem 15-4. Reescrevendo a listagem 15-2 usando os métodos de nível de registro

```
var winston = require("winston");

winston.info("Olá, winston!");
winston.warn("Alguma coisa não muito boa aconteceu");
winston.error("Algo realmente ruim aconteceu");
```

Todos os métodos de registro descritos até aqui suportam formatação de strings usando guarda-vagas de `util.format()`. Para relembrar `util.format()`, veja o capítulo 5. Uma função de rechamada opcional pode ser fornecida como último argumento para os métodos de registro. Adicionalmente, metadados podem ser anexados a uma mensagem de registro, fornecendo-se um argumento após qualquer guarda-vaga de formatação. A listagem 15-5 mostra essas funcionalidades em ação. Nesse exemplo, se ocorrer um erro, o `winston` registra uma mensagem que contém o valor da variável `path`. Adicionalmente, o erro real é passado ao `winston` como metadado. A saída de exemplo quando o arquivo `foo.txt` não existe é mostrada na listagem 15-6.

Listagem 15-5. Um exemplo de registro contendo formatação e metadados

```
var winston = require("winston");
var fs = require("fs");
var path = "foo.txt";

fs.open(path, "r", function(error, fd) {
    if (error) {
        winston.error("Ocorreu um erro durante a abertura de %s.", path, error);
    } else {
        winston.info("Abriu com sucesso %s.", path);
    }
});
```

Listagem 15-6. A saída resultante da listagem 15-5 quando o arquivo não existe

```
$ node winston-formatting.js
error: Ocorreu um erro durante a abertura de foo.txt. errno=34, code=ENOENT, path=foo.txt
```

Transportes

O `winston` faz amplo uso de *transportes*. Transportes são essencialmente dispositivos de armazenamento para registros. Os tipos centrais de transporte suportados pelo `winston` são `Console`, `File` e `Http`. Como o nome indica, o transporte `Console` é usado para registrar informações no console. O transporte `File` é usado para registrar num arquivo de saída ou qualquer outro fluxo de escrita. O transporte `Http` é usado para registrar dados numa ponta HTTP (ou HTTPS) arbitrária. Por omissão, o registrador `winston` usa apenas o transporte `Console`, mas isso pode ser modificado. Um registrador pode ter múltiplos transportes ou absolutamente nenhum. Transportes adicionais podem ser anexados a um registrador usando-se o método `add()`. `add()` recebe dois argumentos, um tipo de transporte e um objeto de opções. As opções suportadas são listadas na tabela 15-1. Vale notar que as opções suportadas variam com o tipo de transporte. Similarmente, um transporte existente é removido usando-se o método `remove()`. Esse método recebe o tipo de transporte como seu único argumento.

Tabela 15-1. *As opções suportadas pelos transportes centrais de* `winston`

Opção	Descrição
`level`	O nível de registro usado pelo transporte.
`silent`	Um booleano usado para suprimir a saída. O valor omissivo é `false`.
`colorize`	Um sinalizador booleano usado para tornar a saída colorida. O valor omissivo é `false`.
`timestamp`	Um sinalizador booleano que faz com que uma sequência data/hora seja incluída na saída. O valor omissivo é `false`.
`filename`	O nome do arquivo onde registrar a saída.
`maxsize`	O tamanho máximo (em bytes) do arquivo de registro. Se o tamanho for excedido, um novo arquivo é criado.
`maxFiles`	O número máximo de arquivos de registro a serem criados, quando o tamanho do arquivo de registro for excedido.
`stream`	O fluxo de escrita em que registrar a saída.
`json`	Um sinalizador booleano que, quando habilitado, faz com que dados sejam registrados como JSON. O valor omissivo é `true`.
`host`	O hospedeiro remoto usado para registro por HTTP. O valor omissivo é `localhost`.
`port`	A porta remota usada para registro por HTTP. O valor omissivo é 80 ou 443, dependendo de HTTP ou HTTPS ser usado.
`path`	O URI remoto usado para registro por HTTP. O valor omissivo é `/`.
`auth`	Um objeto que, se incluído, deve conter um campo de nome de usuário e senha. É usado para autenticação HTTP Basic.
`ssl`	Um sinalizador booleano que, se habilitado, faz com que HTTPS seja usado. O valor omissivo é `false`.

A listagem 15-7 mostra como os transportes podem ser removidos e adicionados ao registrador `winston`. Nesse exemplo, o transporte omissivo `Console` é removido. Um novo transporte `Console`, que responde apenas a mensagens de erro, é então adicionado. O novo transporte também ativa o uso de cores e a inclusão da sequência data/hora. Note que os métodos `remove()` e `add()` podem ser encadeados. Depois do `winston` estar configurado, os novos ajustes são testados com chamadas a `info()` e `error()`. A saída vai exibir uma mensagem colorida com a sequência data/hora para a chamada a `error()`, mas a chamada a `info()` não vai exibir nada, já que não há transporte para o registro de nível info.

Listagem 15-7. Adicionando e removendo transportes usando o `winston`

```
var winston = require("winston");

winston
    .remove(winston.transports.Console)
    .add(winston.transports.Console, {
        level: "error",
        colorize: true,
        timestamp: true
    });

winston.info("test info");
winston.error("test error");
```

Criando Novos Registradores

O registrador omissivo usa o objeto `winston`, como demonstrado nos exemplos anteriores. Também é possível criar novos objetos registradores usando-se o construtor `winston.Logger()`. O exemplo da listagem 15-8 cria um novo registrador com dois transportes. O primeiro transporte imprime saída colorida no console. O segundo, descarrega erros no arquivo `output.log`. Para testar o novo registrador, uma chamada é feita a `info()` e outra a `error()`. Ambas as chamadas de registro vão imprimir no console; contudo, apenas o erro é impresso no arquivo de saída.

Listagem 15-8. Criando um novo registrador usando o `winston`

```
var winston = require("winston");
var logger = new winston.Logger({
    transports: [
        new winston.transports.Console({
            colorize: true
        }),
        new winston.transports.File({
            level: "error",
            filename: "output.log"
        })
    ]
```

```
});

logger.info("foo");
logger.error("bar");
```

Depurando

Depuração é o processo de localização e correção de erros de software (*bugs*). Um depurador é um programa que ajuda a acelerar esse processo. Dentre outras coisas, os depuradores permitem que o desenvolvedor percorra as instruções uma a uma, inspecionando o valor das variáveis ao longo do caminho. Os depuradores são extremamente úteis para diagnosticar quebras de programas e valores inesperados. O V8 vem com um depurador embutido que pode ser acessado por TCP. Isso permite que um aplicativo Node seja depurado pela rede. Infelizmente, o depurador embutido tem uma interface de linha de comando menos que amigável.

Para acessar o depurador, o Node deve ser invocado com o argumento `debug`. Portanto, se seu aplicativo estivesse armazenado em `app.js`, você precisaria executar o comando mostrado na listagem 15-9.

Listagem 15-9. Ativando o depurador do Node durante a execução de um aplicativo
```
node debug app.js
```

> ■ **Nota** Fornecer o argumento `debug` faz com que o Node seja lançado com um depurador interativo. No entanto, você também pode fornecer uma opção `--debug` (note os hifens), que faz com que o depurador escute conexões na porta 5858. Uma terceira opção, `--debug-brk`, faz com que o depurador escute na porta 5858 enquanto também define um ponto de interrupção (breakpoint) na primeira linha.

Você pode, então, percorrer passo a passo o código, como o faria em qualquer outro depurador. Os comandos usados para percorrer o código são mostrados na tabela 15-2.

Tabela 15-2. *Comandos de passagem por instruções, suportados pelo depurador do Node*

Comando	Descrição
`cont` ou `c`	Continua a execução.
`next` ou `n`	Passa para a próxima instrução.
`step` ou `s`	Adentra uma chamada a função.
`out` ou `o`	Sai de uma chamada a função.
`pause`	Pausa a execução do código.

Você provavelmente não vai querer percorrer passo a passo todo o aplicativo. Desta forma, você também deve definir pontos de interrupção (*breakpoints*). A maneira mais simples de adicionar pontos de interrupção é pela adição de sentenças `debugger` ao código fonte. Essas sentenças fazem com que o depurador pare a execução, mas são ignoradas se um depurador não estiver em uso. O exemplo mostrado na listagem 15-10 vai fazer com que o depurador pause antes da segunda atribuição a `foo`.

Listagem 15-10. Um aplicativo de exemplo que inclui uma sentença `debugger`

```
var foo = 2;
var bar = 3;

debugger;
foo = foo + bar;
```

Depois de anexar o depurador, emita o comando `cont` ou `c` para continuar até a sentença debugger. Nesse ponto, o valor de `foo` é 2, e o valor de `bar` é 3. Você pode confirmar isso entrando o comando `repl`, que vai invocar o REPL, que foi visto no capítulo 1. No REPL, digite `foo` ou `bar` para inspecionar o valor da variável. Em seguida, saia do REPL pressionando Control+C. Emita o comando `next` (ou `n`) duas vezes, para passar da segunda sentença de atribuição. Ao lançar novamente o REPL, você pode verificar que o valor foi atualizado para 5.

O exemplo anterior dispôs o fluxo geral de uso do depurador do Node. Como mencionado anteriormente, o depurador não é exatamente amigável. Por sorte, há um módulo de terceiros, chamado `node-inspector`, que permite que o depurador do Node faça interface com as ferramentas do desenvolvedor do Google Chrome de uma maneira amigável. Antes de mergulhar no `node-inspector`, faça uma pausa e reveja alguns dos outros comandos suportados pelo depurador do Node, que são mostrados na tabela 15-3.

Tabela 15-3. Comandos adicionais suportados pelo depurador do Node

Comando	Descrição
`setBreakpoint()` ou `sb()`	Define um ponto de interrupção na linha atual. Como são funções, você também pode passar um argumento para especificar o número de linha em que o ponto de interrupção deve ser definido. Um ponto de interrupção pode ser definido num número de linha de um arquivo específico, usando-se a sintaxe `sb("script.js", line)`.
`clearBreakpoint()` ou `cb()`	Remove um ponto de interrupção da linha atual. Tal como quando usando `sb()`, você pode passar argumentos para remover pontos de interrupção de linhas específicas.

`backtrace` ou `bt`	Imprime o traçado passado do quadro de execução atual.
`watch(expr)`	Adiciona a expressão especificada por `expr` à lista de observação.
`unwatch(expr)`	Remove a expressão especificada por `expr` da lista de observação.
`watchers`	Lista todos os observadores e seus valores.
`run`	Roda o script.
`restart`	Reinicia o script.
`kill`	Mata o script.
`list(n)`	Exibe o código fonte com *n* linhas de contexto (*n* linhas antes e *n* linhas após a linha atual).
`scripts`	Lista todos os scripts carregados.
`version`	Exibe a versão do v8.

O Módulo `node-inspector`

Esta seção não oferece um tutorial sobre o uso das ferramentas do desenvolvedor do Chrome. Por sorte, elas são bastante auto-explicativas e há muito conteúdo disponível online. Esta seção guia você pelo processo de configuração e execução do `node-inspector` em sua máquina. Você precisa ter uma versão recente do Chrome em sua máquina. Você também precisa instalar o `node-inspector` globalmente, usando o comando mostrado na listagem 15-11.

Listagem 15-11. Instalando o módulo `node-inspector` globalmente
```
npm install node-inspector -g
```

Em seguida, inicie o aplicativo (salvo em `app.js`) da listagem 15-10 usando o comando mostrado na listagem 15-12. Note que o sinalizador `--debug-brk` foi usado. Isso porque não queremos usar a interface de linha de comando do depurador interativo.

Listagem 15-12. Lançando um aplicativo usando o sinalizador `--debug-brk`
```
$ node --debug-brk app.js
```

Em seguida, numa janela de terminal separada, lance o `node-inspector` usando o comando mostrado na listagem 15-13.

Listagem 15-13. Lançando o aplicativo `node-inspector`
```
$ node-inspector
```

Depois de iniciar o `node-inspector`, você deve ver alguma saída no terminal. Essa saída vai incluir diretrizes para visitar um URL. O URL muito provavelmente vai ser o que é mostrado na listagem 15-14. Visite esse URL no Chrome. A página deve se parecer com a da figura 15-1.

Listagem 15-14. O URL a ser visitado enquanto o `node-inspector` está rodando
`http://127.0.0.1:8080/debug?port=5858`

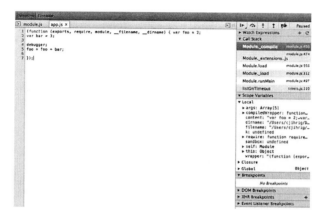

Figura 15-1. Vista do Chrome ao se conectar com o link da listagem 15-14

Ao abrir o Chrome, a execução é interrompida num ponto de interrupção. Retome a execução pressionando o pequeno botão Play no painel do lado direito da janela. Isso vai fazer com que o aplicativo seja executado até o próximo ponto de interrupção ser atingido, no que o Chrome vai se parecer com a figura 15-2. Note a seção Scope Variables (variáveis em escopo), do lado direito da imagem. Essa seção permite que você visualize as variáveis que estão atualmente no escopo, bem como seus valores. Na figura 15-2, você pode ver que `foo` é igual a 2 e `bar` é igual a 3.

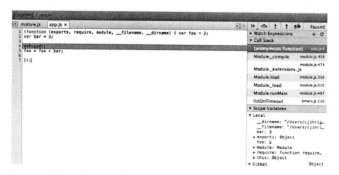

Figura 15-2. Vista do Chrome parado numa sentença do depurador

Você pode, então, usar os controles para entrar, pular e sair de instruções e funções, enquanto observa a atualização das variáveis. Adicionalmente, você pode clicar na aba Console para apresentar um console interativo para inspecionar valores e código em execução.

Testando

Testes são uma parte crucial do processo de desenvolvimento de software. É tão importante que as empresas de software têm departamentos inteiros dedicados a testes. O objetivo dessa seção não é oferecer uma abordagem abrangente do teste de software. Há muitos livros dedicados às várias metodologias de teste de software. Ao invés, esta seção ensina a escrever testes de unidade usando o módulo central `assert` bem como o Mocha, uma estrutura flexível de testes do JavaScript.

O Módulo `assert`

`assert` é um módulo central que é usado para se escrever testes de unidade simples. `assert` fornece métodos de conveniência que comparam um valor calculado (chamado de valor real) com um valor esperado, e emite uma exceção se o resultado não for o que é esperado. Uma asserção de exemplo é mostrada na listagem 15-15. Neste exemplo, um valor é computado e armazenado na variável `actual`. O valor esperado também é armazenado na variável `expected`. Os valores são então passados como primeiro e segundo argumentos para o método `assert.strictEqual()`. Como o nome do método indica, os dois valores são comparados usando igualdade estrita (o operador `===`). Nesse caso, o teste da asserção passa, de modo que nada acontece.

Listagem 15-15. Um teste de exemplo usando uma asserção de igualdade estrita
```
var assert = require("assert");
var actual = 2 + 3;
var expected = 5;

assert.strictEqual(actual, expected);
```

A listagem 15-16 examina o caso em que a asserção falha. Nesse exemplo, o valor real é a soma dos números de ponto flutuante `0.1` e `0.2`, enquanto o valor esperado é `0.3`. A matemática básica leva você a crer que a asserção vai passar. No entanto, em virtude da forma como a matemática de ponto flutuante funciona, a soma não é exatamente `0.3`. Isso faz com que a asserção falhe e a exceção mostrada na listagem 15-17 é emitida.

Listagem 15-16. Um exemplo de asserção falha
```
var assert = require("assert");
var actual = 0.1 + 0.2;
var expected = 0.3;

assert.strictEqual(actual, expected);
```

Pelo exame da mensagem de erro na listagem 15-17, você pode ver que o valor real contém uma quantidade de erro extremamente pequena. Isso é algo que deve ser levado em conta sempre que um cálculo for realizado no JavaScript.

Listagem 15-17. A exceção que resulta do código da listagem 15-16
```
AssertionError: 0.30000000000000004 === 0.3
```

Os métodos de asserção básica também recebem um terceiro argumento opcional que é usado para especificar uma mensagem de erro personalizada. A listagem 15-16 foi reescrita na listagem 15-18 para incluir uma mensagem personalizada. Quando esse código for executado, você vai ver a mensagem de erro "`AssertionError: a matemática no JavaScript é peculiar`".

Listagem 15-18. Criando uma asserção com uma mensagem de erro personalizada
```
var assert = require("assert");
var actual = 0.1 + 0.2;
var expected = 0.3;

assert.strictEqual(actual, expected, "a matemática no JavaScript é
peculiar");
```

Além de `strictEqual()`, o módulo `assert` possui uma série de outros métodos que são usados para criar vários tipos de asserções. Esses métodos, que são usados como `strictEqual()`, estão resumidos na tabela 15-4.

Tabela 15-4. Métodos adicionais de asserção

Método	Descrição
`equal()`	Realiza uma verificação rasa da igualdade, usando o operador de comparação `==`. Usando uma verificação rasa, dois objetos não vão ser avaliados como iguais a menos que eles sejam, de fato, o mesmo objeto.
`notEqual()`	Realiza uma verificação rasa da não igualdade, usando o operador de comparação `!=`.
`deepEqual()`	Realiza uma verificação profunda da igualdade. Pelo uso de uma verificação profunda, a igualdade é determinada pela comparação das chaves e valores armazenados num objeto.
`notDeepEqual()`	Realiza uma verificação profunda da não igualdade.
`notStrictEqual()`	Realiza uma verificação da desigualdade estrita usando o operador de comparação `!==`.
`ok()`	`ok()` recebe apenas dois argumentos – `value` e uma `message` opcional. Esse método funciona como atalho para `assert.equal(true, !!value, message)`. Em outras palavras, esse método testa se o valor fornecido é verdadeiro.

assert()	Essa função é usada exatamente como ok(). Todavia, ela não é um método do módulo assert, mas o próprio módulo assert. Essa função é o valor retornado por require("assert").

O Método throws()

O módulo assert também fornece o método throws() para verificar se uma dada função emite uma exceção conforme esperado. Um exemplo de throws() é mostrado na listagem 15-19. O argumento block é a função sob teste, e espera-se que emita uma exceção. Se uma exceção não é emitida por block, a asserção falha. O argumento error vai ser revisitado em instantes. O argumento opcional message se comporta da mesma forma que com os métodos de asserção discutidos anteriormente.

Listagem 15-19. Usando assert.throws()
```
assert.throws(block, [error], [message])
```

O argumento opcional error é usado para verificar se a exceção correta foi emitida. Esse argumento pode ser uma função construtora, um objeto de expressão regular ou uma função de validação definida pelo usuário. Se error for uma função construtora, então o objeto da exceção é validado usando-se o operador instanceof. Se error for uma expressão regular, então a validação é realizada testando-se uma correspondência. Se error for uma função não construtora, então a função deve retornar true se error for validada.

Como exemplo, suponha que você esteja tentando testar uma função que realiza divisão. Se ocorrer uma divisão por zero, então a função sob teste deve emitir uma exceção. Do contrário, a função deve retornar o quociente da operação de divisão. A listagem 15-20 mostra a definição dessa função de divisão, bem como vários testes de asserção de sucesso usando throws(). O método bind() cria cópias do método divide() cujos argumentos numerator e denominator estão ligados a valores específicos. Em cada um dos exemplos de caso de teste, o denominador está ligado a zero para assegurar que uma exceção é emitida.

Listagem 15-20. Testando uma função de divisão usando assert.throws()
```
var assert = require("assert");

function divide(numerator, denominator) {
    if (!denominator) {
        throw new RangeError("Divisão por zero");
    }

    return numerator / denominator;
}
```

```
assert.throws(divide.bind(null, 1, 0));
assert.throws(divide.bind(null, 2, 0), RangeError);
assert.throws(divide.bind(null, 3, 0), Error);
assert.throws(divide.bind(null, 4, 0), /Divisão por zero/);
assert.throws(divide.bind(null, 5, 0), function(error) {
    return error instanceof Error && /zero/.test(error.message);
});
```

Na listagem 15-20, todas as asserções foram bem sucedidas. A listagem 15-21 inclui uma série de exemplos de asserção que emitiriam exceções. A primeira asserção falha porque o denominador não é zero, de modo que uma exceção não é emitida. A segunda asserção falha porque um `RangeError` é emitido, mas o construtor de `TypeError` é fornecido. A terceira asserção falha porque a expressão regular `/foo/` não corresponde à exceção emitida. A quarta asserção falha porque a função de validação retorna `false`.

Listagem 15-21. Asserções inválidas usando o método `assert.throws()`

```
var assert = require("assert");

function divide(numerator, denominator) {
    if (!denominator) {
        throw new RangeError("Divisão por zero");
    }

    return numerator / denominator;
}

assert.throws(divide.bind(null, 1, 1));
assert.throws(divide.bind(null, 2, 0), TypeError);
assert.throws(divide.bind(null, 3, 0), /foo/);
assert.throws(divide.bind(null, 4, 0), function(error) {
    return false;
});
```

O Método `doesNotThrow()`

A função inversa de `throws()` é `doesNotThrow()`, que espera que uma função não emita uma exceção. A função `doesNotThrow()` é mostrada na listagem 15-22. O argumento `block` é a função sob teste. Se `block` emitir uma exceção, então a asserção falha. O argumento opcional `message` se comporta como nos métodos de asserção previamente discutidos.

Listagem 15-22. Usando `assert.doesNotThrow()`

```
assert.doesNotThrow(block, [message])
```

O Método `ifError()`

O método `ifError()` é útil para testar o primeiro `argument` de funções de rechamada, que convencionadamente é usado para passagem de condições de erro. Como argumentos de erro são normalmente `null` ou `undefined`, o método `ifError()` verifica se o valor é `false`. Se um valor verdadeiro for detectado, então a asserção falha. Por exemplo, a asserção mostrada na listagem 15-23 passa, enquanto a asserção da listagem 15-24 falha.

Listagem 15-23. Asserção bem sucedida usando `assert.ifError()`

```
var assert = require("assert");

assert.ifError(null);
```

Listagem 15-24. Asserção falha usando `assert.ifError()`

```
var assert = require("assert");

assert.ifError(new Error("error"));
```

A Estrutura de Testes Mocha

O módulo `assert` é útil para se escrever pequenos e simples testes de unidade. Entretanto, programas de complexidade séria tipicamente têm grandes suítes de teste para validação de cada funcionalidade de um aplicativo. Rodar suítes de testes abrangentes também ajuda nos *testes de regressão* – o teste de funcionalidades existentes para assegurar que a adição de novo código não prejudica o código existente. Além do mais, à medida que novos bugs são encontrados, um teste de unidade pode ser criado para eles e adicionado à suíte de testes. Para administrar e rodar uma grande suíte de testes, você deve se voltar para uma estrutura de testes. Há muitas estruturas de testes disponíveis, mas esta seção foca no Mocha. O Mocha foi criado por TJ Holowaychuk, o criador do Express, e se anuncia como uma "estrutura de testes simples, flexível e divertida do JavaScript para o Node.js e o navegador".

Rodando o Mocha

O Mocha deve ser instalado antes de poder ser usado. Embora o Mocha possa ser instalado na base de por projeto, é mais simples instalá-lo globalmente, usando o comando mostrado na listagem 15-25.

Listagem 15-25. Instalando globalmente a estrutura Mocha

```
$ npm install -g mocha
```

Ao instalar o Mocha globalmente, você pode lançá-lo diretamente da linha de comandos usando o comando `mocha`. Por omissão, o `mocha` tenta executar os arquivos fonte JavaScript no subdiretório `test`. Se esse subdiretório não existir, ele vai procurar por um arquivo chamado `test.js` no diretório atual. Alternativamente, você pode especificar um arquivo de teste simplesmente fornecendo o nome desse arquivo na linha de comandos. A listagem 15-26 mostra saída de exemplo da execução do mocha num diretório vazio. A saída mostra o número de testes que rodaram com sucesso e o tempo total que eles levaram. Nesse caso, nenhum teste foi executado, e houve uma sobrecarga de um milissegundo na execução do mocha.

Listagem 15-26. Saída de exemplo da execução do mocha sem nenhum teste
```
$ mocha
0 passing (1ms)
```

Criando Testes

O Mocha permite que múltiplos testes sejam definidos num único arquivo fonte JavaScript. Teoricamente, toda uma suíte de testes de um projeto poderia ser incluída num único arquivo. Porém, a bem da clareza e simplicidade, somente testes relacionados deveriam ser postos no mesmo arquivo. Testes individuais são criados usando-se a função `it()`. `it()` recebe dois argumentos, uma string que descreve o que o teste faz e uma função que implementa a lógica do teste. A listagem 15-27 mostra o teste mais simples possível. Esse, em verdade, não faz nada, ainda que, quando executado com o mocha, ele será reportado como um teste aprovado. A razão desse teste passar, é porque ele não emite uma exceção. No Mocha, um teste é considerado falho se emitir uma exceção.

Listagem 15-27. Um teste trivial do Mocha
```
it("Um exemplo de teste", function() {
});
```

Outra coisa digna de nota, com relação ao caso do teste da listagem 15-27 é que o Mocha nunca foi importado, embora a função `it()` esteja disponível. Se você fosse executar esse teste diretamente no Node, veria um erro, porque `it()` não estaria definida. Mas, pela execução do teste através do mocha, `it()` e outras funções do Mocha são trazidas para o escopo.

Criando Suítes de Testes

O Mocha agrupa testes em suítes, usando o método `describe()`. `describe()` recebe dois argumentos. O primeiro é uma string que fornece uma descrição da suíte de testes. O segundo é uma função contendo zero ou mais testes. Um exemplo de suíte de testes contendo dois testes é mostrado na listagem 15-28.

Listagem 15-28. Uma suíte de teste simples, contendo dois testes
```
describe("Suite de testes 1", function() {
    it("Teste 1", function() {
    });

    it("Teste 2", function() {
    });
});
```

■ **Nota** Embora suítes de testes sejam úteis para agrupar testes relacionados, elas não são essenciais. Se nenhuma suíte de testes for especificada, todos os testes vão ser colocados na suíte global de testes, preexistente e anônima, do Mocha.

O Mocha também suporta o aninhamento de suítes de testes. Por exemplo, suponha que você esteja criando testes para múltiplas classes numa estrutura. Cada classe precisa de sua própria suíte de testes. No entanto, se uma classe for bastante complexa, você pode querer criar suítes de testes para porções individuais de funcionalidade, tais como métodos. A listagem 15-29 fornece um exemplo de como você pode estruturar suas suítes de testes. Note que o exemplo faz uso de suítes aninhadas.

Listagem 15-29. Um exemplo de suítes de testes aninhadas

```
describe("Suíte de testes de classes", function() {
    describe("Suíte de testes de métodos", function() {
        it("Teste 1 de método", function() {
        });

        it("Teste 2 de método", function() {
        });
    });
});
```

Testando Código Assíncrono

O Mocha também torna extremamente fácil o teste de código assíncrono, que é absolutamente necessário para se trabalhar com o Node. Para criar um teste assíncrono, simplesmente passe uma função de rechamada para `it()`. Convencionalmente, essa função de rechamada é nomeada como `done()`, e é passada como argumento para a função passada a `it()`. Quando o teste é finalizado, simplesmente invoca-se `done()`, como mostrado na listagem 15-30.

Listagem 15-30. O teste do Mocha, da listagem 15-27, reescrito para ser assíncrono

```
it("Um exemplo de teste assíncrono", function(done) {
    done();
});
```

Definindo uma Falha

Se um teste não produz os resultados esperados, ele é considerado uma falha. O Mocha define uma falha como qualquer teste que emita uma exceção. Isso torna o Mocha compatível com o módulo `assert` discutido anteriormente, neste capítulo. A listagem 15-31 mostra um teste de exemplo que exercita o método `indexOf()` de strings. Esse teste simples verifica se `indexOf()` retorna -1 quando a string pesquisada não é encontrada. Como as strings "Mundo" e "Adeus" não são encontradas na string "Olá, Mocha!", ambas as asserções vão passar. Contudo, se o valor de str fosse mudado para "Olá, Mundo!", então a primeira asserção emitiria uma exceção, fazendo com que o teste falhasse.

Listagem 15-31. Um teste de exemplo com asserções

```
var assert = require("assert");

it("Deve retornar -1 se não encontrado", function() {
    var str = "Olá, Mocha!";

    assert.strictEqual(str.indexOf("Mundo"), -1);
    assert.strictEqual(str.indexOf("Adeus"), -1);
});
```

Um exemplo de teste assíncrono que inclui uma asserção é mostrado na listagem 15-32. Nesse exemplo, o método fs.exists() determina se um arquivo existe. Nesse caso, estamos supondo que o arquivo existe, então o teste vai passar.

Listagem 15-32. Um teste assíncrono incluindo uma asserção

```
var assert = require("assert");
var fs = require("fs");

it("Deve retornar true se o arquivo existir", function(done) {
    var filename = "foo.txt";

    fs.exists(filename, function(exists) {
        assert(exists);
        done();
    });
});
```

■ **Nota** Objetos Error podem ser passados diretamente para done() em testes assíncronos. Ao fazê-lo, o teste falha como se uma exceção tivesse sido emitida.

Ganchos de Testes

O Mocha suporta ganchos opcionais que são chamados antes e depois dos testes serem executados. Esses ganchos são usados para configurar dados de testes antes de um teste rodar, e para limpar dados após o teste terminar. Esses ganchos de antes e depois se apresentam de duas formas. A primeira é executada antes, e a segunda depois de toda a suíte de testes ser executada. Esses ganchos são implementados usando-se as funções before() e after(). A segunda variedade de ganchos é executada antes e depois de cada teste individual. Para implementar esse tipo de gancho, use as funções beforeEach() e afterEach(). Todas as quatro funções recebem uma função de gancho como único argumento. Se o gancho executar código assíncrono, então uma rechamada done() deve ser fornecida, da mesma forma que para a função it().

A listagem 15-33 demonstra como os ganchos são usados nas suítes de testes do Mocha. Esse exemplo inclui todos os quatro tipos de gancho. Para ilustrar o fluxo de execução, a saída da execução dessa suíte de testes é mostrada na listagem 15-34. Note que a primeira e última coisas a serem executadas são os ganchos fornecidos através de before() e after(). Além disso, note que o gancho after() foi implementado usando-se o estilo assíncrono, muito embora a função de gancho seja síncrona. Em seguida, note que cada teste individual é rodado entre as chamadas aos ganchos beforeEach() e afterEach().

Listagem 15-33. Uma suíte de testes contendo ganchos de teste e dois testes

```
describe("Suíte de Testes", function() {
    before(function() {
        console.log("Configurando a suíte de testes");
    });

    beforeEach(function()
        console.log("Configurando um teste individual");
    });

    afterEach(function() {
        console.log("Desmontando um teste individual");
    });

    after(function(done) {
        console.log("Desmontando a suíte de testes");
        done();
    });

    it("Teste 1", function() {
        console.log("Rodando o Teste 1");
    });

    it("Teste 2", function() {
        console.log("Rodando o Teste 2");
    });
});
```

Listagem 15-34. Saída no console da execução da suíte de testes da listagem 15-33
```
$ mocha

  Configurando a suíte de testes
Configurando um teste individual
Rodando o Teste 1
  Desmontando um teste individual
Configurando um teste individual
Rodando o Teste 2
  Desmontando um teste individual
Desmontando a suíte de testes

  2 passing (5ms)
```

Desativando Testes

Testes individuais ou suítes de testes podem ser desativados usando-se o método `skip()`. A listagem 15-35 mostra como testes individuais são desativados. Note que `skip()` foi aplicado ao segundo teste. Se essa coleção de testes fosse executada com o mocha, apenas o primeiro teste seria executado. Similarmente, suítes inteiras de testes podem ser puladas, usando-se `describe.skip()`.

Listagem 15-35. Desativando um teste usando o método `skip()`
```
it("Teste 1", function() {
    console.log("Teste 1");
});

it.skip("Test 2", function() {
    console.log("Teste 2");
});
```

Rodando uma única Suíte de Testes

O método `only()` é usado para se rodar uma única suíte ou teste. Isso elimina a necessidade de se comentar grandes grupos de testes quando você quer rodar apenas um. Usar `only()` é idêntico a usar `skip()`, embora as semânticas sejam diferentes. Quando o exemplo mostrado na listagem 15-36 é rodado, apenas o segundo teste é executado.

Listagem 15-36. Rodando um único teste usando `only()`
```
it("Teste 1", function() {
    console.log("Teste 1");
});

it.only("Teste 2", function() {
```

```
    console.log("Teste 2");
});
```

Resumo

Esse capítulo apresentou os tópicos de registro, depuração e testes da forma como participam do Node.js. Todos os três tópicos são críticos no diagnóstico e na resolução de bugs. Depurar e testar são partes importantes do processo de desenvolvimento, porque ajudam a evitar que bugs passem para o código de produção. O registro, por outro lado, ajuda a rastrear bugs que se imiscuem nas brechas e alcançam a produção. Pela implementação de registro, depuração e testes você assegura que seu código vai ter o polimento necessário para passar para a produção. O próximo capítulo explora como o código de produção pode ser distribuído e escalonado.

Capítulo 16

Escalonamento de Aplicativos

Escalonar aplicativos Node.js pode ser um desafio. A natureza monossegmentada do JavaScript impede que o Node tire vantagem dos hardwares multinúcleos modernos. Para serem efetivamente escalonados, os aplicativos Node devem encontrar uma maneira de tirar vantagem de todos os recursos a sua disposição. O módulo central `cluster` serve a esse propósito, permitindo que um único aplicativo lance uma coleção de processos Node que compartilham recursos, ao mesmo tempo que distribuem a carga.

Outra maneira de escalonar um aplicativo Node é reduzir a quantidade de trabalho que o aplicativo deve completar. Um perfeito exemplo disso é um servidor web que sirva tanto conteúdo estático quanto dinâmico. Como o conteúdo estático não muda (ou muda menos frequentemente), um servidor separado ou mesmo uma *rede de entrega de conteúdo* (CDN, na abreviação em inglês), pode ser usada para tratar requisições estáticas, deixando o Node tratar apenas de conteúdo dinâmico. A vantagem dessa estratégia é dupla. Primeiro, a carga no único segmento do Node é significativamente reduzida. Segundo, o conteúdo estático pode ser afunilado através de uma CDN ou de um servidor que seja especificamente otimizado para dados estáticos. Uma maneira comum de distribuir carga entre múltiplos servidores é empregar um servidor de proxy reverse.

Talvez o melhor exemplo de escalonamento de aplicativos na computação moderna seja a *nuvem*. A computação na nuvem oferece escalonamento de aplicativos sob demanda, ao mesmo tempo que distribui um aplicativo para múltiplas localizações ao redor do mundo. Duas das mais populares plataformas de computação na nuvem para o Node.js são o Heroku e o Nodejitsu. Ambas essas plataformas permitem que você distribua aplicativos Node para a nuvem, enquanto especifica o número de processos usados para tratar o tráfego.

Este capítulo explora várias técnicas para escalonamento de aplicativos Node. O capítulo começa pelo exame do módulo `cluster` para escalonamento numa única máquina. Daí, o capítulo passa para o escalonamento através do uso de um servidor de proxy reverso. Por fim, o capítulo conclui mostrando como os aplicativos podem ser distribuídos para a nuvem usando-se o Heroku e o Nodejitsu.

O Módulo `cluster`

O módulo central `cluster` permite que um único aplicativo seja bifurcado como múltiplos processos. Esses processos rodam independentes uns dos outros, mas podem compartilhar portas para balancear a carga de conexões que chegam. Para demonstrar como `cluster` funciona, vamos começar examinando um servidor HTTP trivial, mostrado na listagem 16-1. Para qualquer requisição, o servidor exibe a ID de seu processo e o URL requisitado, antes de retornar um código de status 200 e a mensagem "Olá, Mundo!".

Listagem 16-1. Um servidor HTTP muito simples de Olá, Mundo!

```
var http = require("http");

http.createServer(function(request, response) {
    console.log(process.pid + ": requisitou " + request.url);
    response.writeHead(200);
    response.end("Olá, Mundo!");
}).listen(8000);
```

O servidor da listagem 16-1 sempre vai rodar num único processo, num único núcleo do processador, não importa qual. Dado que a maioria das máquinas modernas tem ao menos dois processadores, seria ótimo se uma instância do servidor pudesse rodar em cada núcleo disponível. Note que nós não queremos rodar múltiplas instâncias num único núcleo, já que isso pode afetar indesejadamente o desempenho, pela exigência de constante alternação de contexto. A listagem 16-2 mostra exatamente como isso é feito usando-se o módulo `cluster`.

Listagem 16-2. O servidor da listagem 16-1 implementado usando-se o módulo `cluster`

```
var http = require("http");
var cluster = require("cluster");
var numCPUs = require("os").cpus().length;

if (cluster.isMaster) {
    for (var i = 0; i < numCPUs; i++) {
        console.log("Bifurcando filho");
        cluster.fork();
    }
} else {
    http.createServer(function(request, response) {
        console.log(process.pid + ": requisitou " + request.url);
        response.writeHead(200);
        response.end("Olá, Mundo!");
    }).listen(8000);
}
```

Capítulo 16 - Escalonamento de Aplicativos ■ 309

A listagem 16-2 importa os módulos `cluster` e `os`, bem como o módulo `http` usado no servidor original. O método `cpus()` do módulo `os` retorna uma matriz contendo os detalhes de cada núcleo da máquina atual. A propriedade `length` dessa matriz determina o número de núcleos disponíveis para o aplicativo.

A sentença `if` subsequente, que verifica o valor de `cluster.isMaster`, é a coisa mais importante a se entender quando trabalhando com o módulo `cluster`. O processo mestre é usado para bifurcar processos filhos, também conhecidos como *trabalhadores* (*workers*, em inglês). Os processos filhos são, então, usados para implementar a funcionalidade real do aplicativo. No entanto, cada processo filho bifurcado executa o mesmo código que o processo mestre original. Sem essa sentença `if`, os processos filhos tentariam bifurcar processos adicionais. Pela adição da sentença `if`, o processo mestre pode bifurcar um processo filho para cada núcleo, enquanto os processos bifurcados (que executam o ramo `else`) implementam o servidor HTTP na porta compartilhada 8000.

■ **Nota** Tal como `cluster.isMaster` identifica o processo mestre, `cluster.isWorker` identifica um processo filho.

O Método `fork()`

A bifurcação real de processos é feita usando-se o método `fork()` do módulo `cluster`. Nos bastidores, o método `child_process.fork()`, do capítulo 9, é chamado. Isso significa que os processos mestre e trabalhador podem se comunicar através do canal IPC embutido. O método `cluster.fork()` só pode ser chamado a partir do processo mestre. Embora não mostrado na listagem 16-2, `fork()` recebe um objeto opcional como único argumento; esse objeto representa o ambiente do processo filho. `fork()` também retorna um objeto `cluster.Worker`, que pode ser usado para interagir com o processo filho.

Quando o processo mestre tenta bifurcar um novo trabalhador, um evento `fork` é emitido. Uma vez que o trabalhador seja bifurcado com sucesso, ele envia uma mensagem `online` ao processo mestre. Depois de receber essa mensagem, o mestre emite um evento `online`. O exemplo da listagem 16-3 mostra como os eventos `fork` e `online` são tratados num aplicativo `cluster`. Note que os tratadores de eventos foram adicionados apenas ao processo mestre. Embora os tratadores pudessem ter sido adicionados aos processos trabalhadores, também, isso teria sido redundante, já que os eventos são emitidos somente no mestre. Você vai aprender a escutar eventos similares nos processos trabalhadores posteriormente, neste capítulo.

Listagem 16-3. Um exemplo de `cluster` incluindo um tratador do evento `fork`

```
var http = require("http");
var cluster = require("cluster");
var numCPUs = require("os").cpus().length;
```

```
if (cluster.isMaster) {
    cluster.on("fork", function(worker) {
        console.log("Tentando bifurcar o trabalhador");
    });

    cluster.on("online", function(worker) {
        console.log("Trabalhador bifurcado com sucesso");
    });

    for (var i = 0; i < numCPUs; i++) {
        cluster.fork();
    }
} else {
    // implementa o código do trabalhador
}
```

Mudando o Comportamento Omissivo de fork()

Por omissão, chamar fork() faz com que o aplicativo atual seja bifurcado. Porém, esse comportamento pode ser alterado usando-se o método cluster.setupMaster(). setupMaster() recebe um objeto de ajustes como único argumento. Os possíveis ajustes são descritos na tabela 16-1. Um exemplo de setupMaster() é mostrado na listagem 16-4. Nesse exemplo, os valores passados a setupMaster() são os omissivos, e portanto, o comportamento omissivo ainda é observado.

Tabela 16-1. Os vários ajustes suportados por setupMaster()

Ajuste	Descrição
exec	Uma string representando o arquivo do trabalhador a ser bifurcado. O valor omissivo é __filename.
args	Uma matriz de argumentos string passada ao trabalhador. O valor omissivo é a variável process.argv atual, menos os dois primeiros argumentos (o aplicativo node e o script).
silent	Um valor booleano que, por omissão, é false. Quando false, a saída do trabalhador é enviada para os fluxos padrões do mestre. Quando true, a saída do trabalhador é silenciada.

Listagem 16-4. Um exemplo de cluster que usa setupMaster() para ajustar os valores omissivos

```
var http = require("http");
var cluster = require("cluster");
var numCPUs = require("os").cpus().length;
```

```
if (cluster.isMaster) {
    cluster.setupMaster({
        exec: __filename,
        args: process.argv.slice(2),
        silent: false
    });

    for (var i = 0; i < numCPUs; i++) {
        cluster.fork();
    }
} else {
    // implementa o código do trabalhador
}
```

O Método `disconnect()`

O método `disconnect()` faz com que todos os processos trabalhadores terminem graciosamente. Depois que todos os trabalhadores tiverem terminado, o processo mestre também pode terminar se não houver nenhum outro evento no laço de eventos. `disconnect()` recebe uma função de rechamada opcional como único argumento. Ela é chamada após todos os trabalhadores terem morrido. Um exemplo que bifurca e depois imediatamente termina os trabalhadores usando `disconnect()` é mostrado na listagem 16-5.

Listagem 16-5. Um exemplo de `cluster` que termina todos os trabalhadores usando `disconnect()`

```
var http = require("http");
var cluster = require("cluster");
var numCPUs = require("os").cpus().length;

if (cluster.isMaster) {
    for (var i = 0; i < numCPUs; i++) {
        cluster.fork();
    }

    cluster.disconnect(function() {
        console.log("Todos os trabalhadores foram desconectados");
    });
} else {
    // implementa o código do trabalhador
}
```

Quando um processo filho termina, ele fecha seu canal de IPC. Isso faz com que um evento `disconnect` seja emitido no processo mestre. Depois que o filho termina por completo, um evento `exit` é emitido no mestre. A listagem 16-6 mostra como esses eventos são tratados no processo mestre. Ambos os tratadores de eventos recebem o trabalhador em questão como argumento. Note que o tratador de `exit` também recebe os argumentos `code` e `signal`. Esses são o código de saída e o nome do sinal que mataram o processo. Contudo, eles podem não estar definidos se o trabalhador saiu anormalmente. Portanto, o código de saída do trabalhador foi obtido do próprio objeto `worker`.

Listagem 16-6. Um exemplo que trata os eventos `disconnect` e `exit`

```
var http = require("http");
var cluster = require("cluster");
var numCPUs = require("os").cpus().length;

if (cluster.isMaster) {
    cluster.on("disconnect", function(worker) {
        console.log("Trabalhador " + worker.id + " desconectado");
    });

    cluster.on("exit", function(worker, code, signal) {
        var exitCode = worker.process.exitCode;

        console.log("Trabalhador " + worker.id + " saiu com código " + exitCode);
    });

    for (var i = 0; i < numCPUs; i++) {
        cluster.fork();
    }

    cluster.disconnect();
} else {
    // implementa o código do trabalhador
}
```

O evento `exit` é extremamente útil para se reiniciar um trabalhador em seguida a uma quebra. Por exemplo, na listagem 16-7, quando um evento `exit` é emitido, o mestre tenta determinar se ocorreu uma quebra. Nesse exemplo, nós supomos que todas as saídas de trabalhadores são quebras. Quando uma quebra é detectada, `fork()` é novamente chamado para substituir o trabalhador que quebrou.

Listagem 16-7. Um exemplo que reinicia processos de trabalhadores quebrados

```
var http = require("http");
var cluster = require("cluster");
var numCPUs = require("os").cpus().length;
```

```
if (cluster.isMaster) {
    cluster.on("exit", function(worker, code, signal) {
        // determina se ocorreu uma quebra
        var crash = true;

        if (crash) {
            console.log("Reiniciando o trabalhador");
            cluster.fork();
        }
    });

    for (var i = 0; i < numCPUs; i++) {
        cluster.fork();
    }
} else {
    // implementa o código do trabalhador
}
```

O Objeto workers

O processo mestre pode percorrer todos os seus trabalhadores iterando pelo objeto workers, uma propriedade do módulo cluster. A listagem 16-8 mostra como todos os trabalhadores bifurcados são iterados usando-se um laço for...in e o objeto cluster.workers. Nesse exemplo, os trabalhadores bifurcados são imediatamente terminados por uma chamada ao método kill() de cada trabalhador.

Listagem 16-8. Um exemplo que itera por todos os trabalhadores bifurcados e os mata

```
var http = require("http");
var cluster = require("cluster");
var numCPUs = require("os").cpus().length;

if (cluster.isMaster) {
    for (var i = 0; i < numCPUs; i++) {
        cluster.fork();
    }

    for (var id in cluster.workers) {
        console.log("Matando " + id);
        cluster.workers[id].kill();
    }
}
```

> **Nota** `cluster.workers` só está disponível no processo mestre. Mas, cada processo trabalhador pode referenciar seu próprio objeto `worker` através da propriedade `cluster.worker`.

A Classe `Worker`

A classe `Worker` é usada para interagir com processos bifurcados. No processo mestre, trabalhadores individuais podem ser acessados através de `cluster.workers`. A partir dos trabalhadores individuais, a classe `Worker` pode ser referenciada através de `cluster.worker`. Cada processo trabalhador recebe uma ID única (diferente da ID de seu processo), que está disponível através da propriedade `id` de `Worker`. O objeto `ChildProcess` criado por `child_process.fork()` também está disponível através da propriedade `process` de `Worker`. Para mais informações sobre a classe `ChildProcess`, veja o capítulo 9. A classe `Worker` também contém um método `send()`, usado para comunicação interprocessos, que é idêntico a `ChildProcess.send()` (`process.send()` também pode ser usado de dentro do processo trabalhador). Como você já viu, na listagem 16-8, a classe `Worker` também contém um método `kill()`, que é usado para enviar sinais a um processo trabalhador. Por omissão, o nome do sinal é ajustado para a string `SIGTERM`, mas qualquer outro nome de sinal pode ser passado como argumento.

A classe `Worker` também contém alguns dos mesmos métodos e eventos que o módulo `cluster`. Por exemplo, o método `disconnect()` e vários eventos são mostrados na listagem 16-9. Esse exemplo anexa escutadores de eventos para cada trabalhador individual, e depois chama o método `disconnect()` de `Worker`. Vale destacar que há algumas ligeiras diferenças com essas funcionalidades no nível de `Worker`. Por exemplo, o método `disconnect()` desconecta apenas o trabalhador atual, em vez de todos os trabalhadores. Além disso, os tratadores de eventos não recebem um `Worker` como argumento, como acontece no nível de `cluster`.

Listagem 16-9. Eventos em nível de `Worker` e o método `disconnect()`

```
var http = require("http");
var cluster = require("cluster");
var numCPUs = require("os").cpus().length;
var worker;

if (cluster.isMaster) {
    for (var i = 0; i < numCPUs; i++) {
        worker = cluster.fork();

        worker.on("online", function() {
            console.log("Trabalhador " + worker.id + " está online");
        });
```

```
        worker.on("disconnect", function() {
            console.log("Trabalhador " + worker.id + " desconectado");
        });

        worker.on("exit", function(code, signal) {
            console.log("Trabalhador " + worker.id + " saiu");
        });

        worker.disconnect();
    }
} else {
    // implementa o código do trabalhador
}
```

Escalonando entre, Máquinas

Usando o módulo `cluster`, você pode mais eficientemente tirar vantagem de hardware moderno. Todavia, você ainda está limitado pelos recursos de uma única máquina. Se seu aplicativo receber tráfego significativo, eventualmente você vai precisar fazer um escalonamento para múltiplas máquinas. Isso pode ser feito usando-se um servidor de proxy reverso que balanceie a carga de requisições de chegada entre múltiplos servidores. Um proxy reverso recupera recursos de um ou mais servidores em favor do cliente. Ao empregar um proxy reverso e múltiplos servidores de aplicativos, a quantidade de tráfego que um aplicativo pode tratar é aumentada. Há muitos proxies reversos disponíveis, mas esta seção foca em dois específicos – o `http-proxy` e o `nginx`.

O `http-proxy`

A Nodejitsu, que vamos discutir depois, desenvolveu o `http-proxy`, um módulo de código aberto para implementação de servidores de proxy e servidores de proxy reverso em aplicativos Node. O `http-proxy` suporta WebSockets e HTTPS, dentre outras coisas, e é exaustivamente testado através de distribuição de produção na `nodejitsu.com`. Escolher o `http-proxy` também permite que você mantenha toda a pilha de seu servidor escrita em JavaScript, se preferir.

Para demonstrar uma solução envolvendo um proxy reverso de balanceamento de carga, nós devemos primeiro criar os servidores de aplicativos, que são mostrados na listagem 16-10. Esses servidores de aplicativos são responsáveis por servir o conteúdo requisitado pelo proxy reverso. Esse é o mesmo servidor HTTP básico da listagem 16-1, adaptado para ler um número de porta da linha de comando.

Listagem 16-10. Um simples servidor web de Olá, Mundo que lê uma porta da linha de comandos

```
var http = require("http");
var port = ~~process.argv[2];

http.createServer(function(request, response) {
    console.log(process.pid + ": requisitou " + request.url);
    response.writeHead(200);
    response.end("Olá, Mundo!");
}).listen(port);
```

Rode duas instâncias separadas do servidor HTTP, com uma escutando na porta 8001 e a outra na porta 8002. Em seguida, crie o proxy reverso, mostrado na listagem 16-11. Comece por instalar o módulo `http-proxy`. A primeira linha da listagem 16-11 importa o módulo `http-proxy`. A segunda linha define uma matriz de servidores para os quais as requisições podem ser delegadas. Num aplicativo real, essa informação provavelmente viria de um arquivo de configuração, em vez de ser fixada ao código. Em seguida, o método `createServer()`, que já deve ser familiar do trabalho com HTTP, é usado para definir o comportamento do proxy reverso. O servidor do exemplo delega requisições de uma forma cíclica, pela manutenção de uma matriz de servidores. Conforme as requisições chegam, elas são delegadas ao primeiro servidor na matriz. Esse servidor é, então, empurrado para o final da matriz, para permitir que o próximo servidor trate uma requisição.

Listagem 16-11. Um servidor de proxy reverso baseado no módulo `http-proxy`

```
var proxyServer = require("http-proxy");
var servers = [
    {
        host: "localhost",
        port: 8001
    },
    {
        host: "localhost",
        port: 8002
    }
];

proxyServer.createServer(function (req, res, proxy) {
    var target = servers.shift();

    console.log("delegando a " + JSON.stringify(target));
    proxy.proxyRequest(req, res, target);
    servers.push(target);
}).listen(8000);
```

Capítulo 16 - Escalonamento de Aplicativos ■ 317

É claro que o exemplo anterior usa apenas uma máquina. Entretanto, se você tiver acesso a múltiplas máquinas, pode rodar o proxy reverso numa máquina, enquanto uma outra ou mais máquinas rodam os servidores HTTP. Você pode também querer adicionar código que trate recursos estáticos, tais como imagens e folhas de estilo, no servidor de proxy, ou mesmo adicionar outro servidor completo.

O `nginx`

Usar um proxy reverso do Node é bom, porque ele mantém sua pilha de software na mesma tecnologia. Porém, em sistemas de produção, é mais comum usar-se o `nginx` para tratar do balanceamento de carga e do conteúdo estático. O `nginx` é um servidor HTTP e de proxy reverso de código aberto que é extremamente bom em servir dados estáticos. Assim, o `nginx` pode ser usado para tratar tarefas como cachear e servir arquivos estáticos, enquanto encaminha requisições de conteúdo dinâmico para os servidores Node.

Para implementar o balanceamento de carga, você simplesmente precisa instalar o `nginx`, e depois adicionar os servidores Node como recursos primários no arquivo de configuração dos servidores. O arquivo de configuração está localizado em `{nginx-root}/conf/nginx.conf`, onde `{nginx-root}` é o diretório raiz da instalação do `nginx`. O arquivo de configuração completo é mostrado na listagem 16-12; mas, estamos interessados em apenas algumas porções chaves.

Listagem 16-12. Um arquivo de configuração do `nginx` com servidores Node listados como recursos primários

```
#user  nobody;
worker_processes  1;

#error_log  logs/error.log;
#error_log  logs/error.log  notice;
#error_log  logs/error.log  info;

#pid        logs/nginx.pid;

events {
    worker_connections  1024;
}

http {
    include       mime.types;
    default_type  application/octet-stream;

    #log_format  main  '$remote_addr - $remote_user [$time_local] "$request" '
    #                  '$status $body_bytes_sent "$http_referer" '
```

```
    #                       '"$http_user_agent" "$http_x_forwarded_for"';

    #access_log  logs/access.log

    sendfile        on;
    #tcp_nopush     on;

    #keepalive_timeout  0;
    keepalive_timeout  65;

    #gzip  on;

    upstream node_app {
        server 127.0.0.1:8001;
        server 127.0.0.1:8002;
    }

    server {
        listen       80;
        server_name  localhost;

        #charset koi8-r;

        #access_log  logs/host.access.log  main;

        location / {
            root   html;
            index  index.html index.htm;
        }

        location /foo {
            proxy_redirect      off;
            proxy_set_header    X-Real-IP           $remote_addr;
            proxy_set_header    X-Forwarded-For     $proxy_add_x_forwarded_for;
            proxy_set_header    X-Forwarded-Proto   $scheme;
            proxy_set_header    Host                $http_host;
            proxy_set_header    X-NginX-Proxy       true;
            proxy_set_header    Connection          "";
            proxy_http_version  1.1;
            proxy_pass          http://node_app;
        }

        #error_page  404              /404.html;

        # redirect server error pages to the static page /50x.html
```

```nginx
        #
        error_page   500 502 503 504  /50x.html;
        location = /50x.html {
            root   html;
        }

        # proxy the PHP scripts to Apache listening on 127.0.0.1:80
        #
        #location ~ \.php$ {
        #    proxy_pass   http://127.0.0.1;
        #}

        # pass the PHP scripts to FastCGI server listening on 127.0.0.1:9000
        #
        #location ~ \.php$ {
        #    root           html;
        #    fastcgi_pass   127.0.0.1:9000;
        #    fastcgi_index  index.php;
        #    fastcgi_param  SCRIPT_FILENAME  /scripts$fastcgi_script_name;
        #    include        fastcgi_params;
        #}

        # deny access to .htaccess files, if Apache's document root
        # concurs with nginx's one
        #
        #location ~ /\.ht {
        #    deny all;
        #}
    }

    # another virtual host using mix of IP-, name-, and port-based configuration
    #
    #server {
    #    listen       8000;
    #    listen       somename:8080;
    #    server_name  somename  alias  another.alias;

    #    location / {
    #        root   html;
    #        index  index.html index.htm;
    #    }
    #}
```

```
# HTTPS server
#
#server {
#     listen       443;
#     server_name  localhost;

#     ssl                  on;
#     ssl_certificate      cert.pem;
#     ssl_certificate_key  cert.key;

#     ssl_session_timeout  5m;

#     ssl_protocols  SSLv2 SSLv3 TLSv1;
#     ssl_ciphers    HIGH:!aNULL:!MD5;
#     ssl_prefer_server_ciphers on;

#     location / {
#         root   html;
#         index  index.html index.htm;
#     }
#}
}
```

Como previamente mencionado, estamos interessados em apenas algumas porções do arquivo de configuração. A primeira porção interessante, que você deve adicionar a seu arquivo de configuração, é mostrada na listagem 16-13 e define um servidor primário chamado node_app, que é balanceado entre dois endereços IP. É claro que esses endereços IP vão variar com base na localização de seus servidores.

Listagem 16-13. Um recurso primário chamado node_app que é balanceado entre dois servidores

```
upstream node_app {
    server 127.0.0.1:8001;
    server 127.0.0.1:8002;
}
```

Simplesmente definir o servidor primário não informa ao nginx como usar o recurso. Desta forma, nós devemos definir uma rota usando as diretrizes mostradas na listagem 16-14. Usando essa rota, quaisquer requisições para /foo são delegadas a um dos servidores Node primários.

Listagem 16-14. Definindo uma rota que é delegada reversamente para servidores primários

```
location /foo {
    proxy_redirect off;
    proxy_set_header   X-Real-IP        $remote_addr;
    proxy_set_header   X-Forwarded-For  $proxy_add_x_forwarded_for;
    proxy_set_header   X-Forwarded-Proto $scheme;
    proxy_set_header   Host             $http_host;
    proxy_set_header   X-NginX-Proxy    true;
    proxy_set_header   Connection       "";
    proxy_http_version 1.1;
    proxy_pass         http://node_app;
}
```

Instalar e configurar o `nginx` está bem fora do escopo deste livro. Na verdade, há livros inteiros dedicados ao `nginx`. Essa introdução extremamente breve é apenas para mostrar a você a direção correta. Você pode encontrar mais informações sobre o `nginx` na página base do projeto, em www.nginx.org.

Escalonando na Nuvem

Recursos computacionais são cada vez mais vistos como commodities. Provedores de computação na nuvem permitem que servidores sejam ativados e desativados em segundos, para acomodar picos no tráfego. Esses servidores podem estar geograficamente distribuídos por todo o mundo e, o melhor de tudo, tipicamente você paga apenas pelo tempo de computação que realmente usa. Há uma série de provedores de nuvem públicos para se escolher, mas esta seção foca especificamente na Nodejitsu e na Heroku. Essa seção introduz os fundamentos da disposição de um aplicativo Node distribuído, usando cada uma dessas plataformas.

A Nodejitsu

A Nodejitsu, fundada em abril de 2010, é uma empresa de plataforma como serviço (PaaS, na abreviação em inglês) baseada na cidade de Nova Iorque. A Nodejitsu fornece uma série de ferramentas de linha de comando que são usadas para distribuir aplicativos na sua nuvem. Para começar a usar a Nodejitsu, você deve, primeiro, registrar uma conta em www.nodejitsu.com. Embora a assinatura seja gratuita, distribuir seu aplicativo não o é. A Nodejitsu vai ceder a você um período de 30 dias gratuitos para avaliação, mas, depois disso, você tem de pagar um mínimo de 9 dólares por mês (quando da escrita deste livro) para hospedar seu aplicativo.

Depois de se registrar, você vai precisar instalar a ferramenta de linha de comando `jitsu`, da Nodejitsu. `jitsu` pode ser instalada usando-se o comando `npm install -g jitsu`. Durante a criação da conta, você vai receber um e-mail com instruções sobre a criação de uma conta `jitsu`. As instruções incluem um comando similar ao que é mostrado na listagem 16-15. Depois de entrar o comando enviado por e-mail para você, sua conta vai ser criada e você vai ser solicitado a criar uma senha para a conta.

Listagem 16-15. Comando genérico que confirma uma conta `jitsu`
```
$ jitsu users confirm username confirmation_code
```

Em seguida, crie um aplicativo Node como normalmente o faria. Para os fins desse exemplo, simplesmente use o servidor HTTP da listagem 16-1. Para distribuir seu projeto na Nodejitsu, ele deve conter um arquivo `package.json`. Se você precisar de uma revisão sobre o arquivo `package.json`, veja o capítulo 2. Em seguida, emita o comando mostrado na listagem 16-16 de dentro do diretório de seu aplicativo.

Listagem 16-16. Distribuindo um projeto usando o `jitsu`
```
$ jitsu deploy
```

Se seu projeto não contiver um arquivo `package.json`, o `jitsu` vai criar um guiando você através de um breve assistente. O arquivo `package.json` deve incluir os campos `name`, `version`, `scripts`, `engines` e `subdomain`. O campo `engines` deve conter um campo `node` para especificar a versão exigida do Node. Similarmente, o campo `scripts` deve conter um script `start` de modo que a Nodejitsu saiba como inicializar seu aplicativo. O `subdomain` vai ser usado no URL de seu aplicativo e deve ser único. Um exemplo de arquivo `package.json` conveniente para distribuição pelo `jitsu` é mostrado na listagem 16-17. Note que o `subdomain` mostrado nesse exemplo inclui um nome de usuário (`cjihrig`) para ajudar a assegurar que a string é única.

Listagem 16-17. Um arquivo `package.json` de exemplo conveniente para distribuição pela Nodejitsu

```
{
    "name": "simple-server",
    "subdomain": "simpleserver.cjihrig",
    "scripts": {
        "start": "simple-server.js"
    },
    "version": "0.0.1",
    "engines": {
        "node": "0.10.x"
    }
}
```

Se tudo for apropriadamente configurado e seu subdomínio desejado estiver disponível, seu aplicativo vai ser distribuído para a nuvem da Nodejitsu. Para acessá-lo, visite `http://subdomínio.jit.su`, onde `subdomínio` é o valor encontrado no arquivo `package.json`.

A Heroku

A Heroku é uma empresa de PaaS fundada em 2007 e adquirida pela `Salesforce.com` em 2010. Diferentemente da Nodejitsu, a Heroku não é estritamente dedicada ao Node. Ela suporta Ruby, Java, Scala e Python, dentre outras linguagens. Para distribuir um aplicativo Node para a Heroku, você precisa de uma conta de usuário da Heroku. O registro é gratuito, e diferentemente da Nodejitsu, a Heroku oferece hospedagem gratuita para aplicativos pequenos, para um só núcleo.

Comece por instalar o Heroku Toolbelt em sua máquina local. Você pode baixar o Toolbelt do site da Heroku, em `www.heroku.com`. Depois que o Toolbelt estiver instalado, logue na Heroku usando o comando mostrado na listagem 16-18. Após entrar o comando de login, você vai ser solicitado a fornecer suas credenciais da Heroku, bem como uma chave de SSH.

Listagem 16-18. Logando na Heroku a partir da linha de comandos
```
$ heroku login
```

Em seguida, escreva seu aplicativo como normalmente o faria. Tal como com a Nodejitsu, seu aplicativo vai precisar de um arquivo `package.json`, uma vez que a Heroku vai usá-lo para instalar seu aplicativo. Um ponto a se notar é que a Heroku vai atribuir um único número de porta para seu aplicativo, independente do que você especificar em seu código. O número da porta vai ser passado pela linha de comando e você deve levar isso em conta. A listagem 16-19 mostra como isso é feito. Note que o operador `||` é usado para selecionar uma porta, se ela não for especificada no ambiente. Isso permite que o código rode localmente, tanto quanto na Heroku.

Listagem 16-19. Selecionando um número de porta através de uma variável ambiental
```
var port = process.env.PORT || 8000;
```

Em seguida, crie um `Procfile`. O `Procfile` é um arquivo texto localizado no diretório raiz de um aplicativo, que inclui o comando usado para iniciar o programa. Considerando que seu programa está armazenado num arquivo chamado `app.js`, a listagem 16-20 mostra um `Procfile` de exemplo. A parte `web` do `Procfile` denota que o aplicativo vai ser anexado à pilha de roteamento HTTP da Heroku e receber tráfego web.

Listagem 16-20. Um `Procfile` de exemplo da Heroku
```
web: node app.js
```

Em seguida, adicione os arquivos de seu aplicativo, `package.json`, `Procfile` e quaisquer outros arquivos necessários a um repositório `git`. Isso é necessário, porque a Heroku usa o `git` para distribuição. Um novo repositório `git` pode ser criado usando-se os comandos mostrados na listagem 16-21. Isso considera que você tem o `git` instalado localmente.

Listagem 16-21. Comandos para criar um repositório `git` para seu aplicativo
```
$ git init
$ git add .
$ git commit -m "init"
```

O próximo passo é criar o aplicativo Heroku. Isso é feito usando-se o comando mostrado na listagem 16-22. Você vai querer substituir `nome_app` pelo nome desejado para seu aplicativo.

Listagem 16-22. O comando usado para criar o aplicativo Heroku
```
$ heroku apps:create nome_app
```

O passo final é distribuir seu aplicativo usando o comando `git` mostrado na listagem 16-23. Esse comando empurra seu código para a Heroku, para distribuição. Depois que seu código for distribuído, você pode acessar seu aplicativo em `http://nome_app.herokuapp.com`, onde `nome_app` é o nome de seu aplicativo.

Listagem 16-23. O comando usado para distribuir um aplicativo Heroku
```
$ git push heroku master
```

Resumo

Esse capítulo introduziu uma variedade de técnicas para escalonamento de aplicativos Node.js. Nós começamos explorando o módulo `cluster`, que permite que um aplicativo tire vantagem de todos os núcleos que as modernas máquinas têm para oferecer, a despeito da natureza monossegmentada do JavaScript. Depois, nós passamos para os servidores de proxy reverso, que permitem que um aplicativo seja escalonado através de múltiplas máquinas. Os proxies reversos discutidos nesse capítulo podem ser combinados com o módulo `cluster` para se tirar vantagem de múltiplos núcleos, bem como de múltiplas máquinas. Por fim, o capítulo concluiu explorando o Node.js na nuvem. Nós examinamos dois provedores populares de PaaS – a Nodejitsu e a Heroku.

Esse capítulo conclui nossa exploração do ecossistema do Node.js. Esperamos sinceramente que você tenha aprendido muito, lendo este livro. Sabemos que nós aprendemos muito em escrevê-lo. O livro não está exatamente terminado, porém, por favor, continue a leitura para ter uma apresentação ou para refrescar a memória a respeito da Notação de Objetos do JavaScript (JSON).

Apêndice A

A Notação de Objeto JavaScript

A Notação de Objeto JavaScript, ou JSON (abreviado em inglês), é um formato de permuta de dados em texto puro baseado num subconjunto da terceira edição do padrão ECMA-262. O JSON é usado como mecanismo para serialização de estruturas de dados em strings. Essas strings são frequentemente enviadas através de redes, escritas em arquivos de saída, ou usadas para depuração. O JSON é frequentemente dito como uma "alternativa enxuta ao XML", porque oferece a mesma funcionalidade que o XML, mas tipicamente requer menos caracteres para fazê-lo. O JSON é também muito mais fácil de processar, em comparação com o XML. Muitos desenvolvedores têm deixado o XML em favor do JSON, devido a sua simplicidade e baixa sobrecarga.

Sintaticamente, o JSON é muito similar à sintaxe de literal de objeto JavaScript. Objetos JSON começam com uma abertura de chaves, {, e terminam com seu fechamento, }. Entre as chaves, estão zero ou mais pares de chave/valor, conhecidos como *membros*. Os membros são delimitados por vírgulas, enquanto dois pontos são usados para separar a chave de um membro de seu valor correspondente. A chave deve ser uma string entre aspas duplas. Essa é a maior diferença para a sintaxe de literal de objeto, que permite aspas duplas, aspas simples ou nenhuma delas. O formato do valor depende de seu tipo de dado. A listagem A-1 mostra uma string JSON genérica.

Listagem A-1. Um exemplo genérico de objeto JSON
```
{"chave1": valor1, "chave2": valor2, ..., "chaveN": valorN}
```

■ **Nota** A raiz de uma porção de JSON é quase sempre um objeto. No entanto, essa não é uma exigência absoluta. O nível superior pode ser também uma matriz.

Tipos de Dados Suportados

O JSON suporta muitos tipos de dados nativos do JavaScript. Especificamente, o JSON suporta números, strings, booleanos, matrizes, objetos e null. Esta seção cobre os detalhes associados a cada um dos tipos de dados suportados.

Números

Os números no JSON não devem ser prefixados com zeros, e devem ter pelo menos um dígito seguindo um ponto decimal, se este estiver presente. Devido à restrição com relação a zeros prefixados, o JSON só suporta números de base 10 (os literais octais e hexadecimais exigem, ambos, um zero prefixado). Se você quiser incluir números em outras bases, eles devem ser convertidos primeiro para a base 10. Na listagem A-2, quatro diferentes strings JSON são criadas. Todas as strings JSON definem um campo chamado foo que guarda o valor decimal 100. Na primeira string, o valor de foo vem da constante inteira 100. Na segunda string, foo recebe seu valor da variável decimal de base 10. A terceira string, json3, recebe seu valor da variável octal de base 8, enquanto json4 recebe seu valor da variável hex de base 16. Todas as strings resultam na mesma string JSON, a despeito do fato de que algumas das variáveis têm uma base diferente. Isso é possível porque as variáveis octal e hex são implicitamente convertidas para números de base 10 durante a concatenação das strings.

Listagem A-2. Um exemplo de números usados em strings JSON

```
var decimal = 100;
var octal = 0144;   // octais JavaScript têm um zero prefixado
var hex = 0x64;     // números hexa JavaScript começam com 0x
var json1 = "{\"foo\":100}";
var json2 = "{\"foo\":" + decimal + "}";
var json3 = "{\"foo\":" + octal + "}";
var json4 = "{\"foo\":" + hex + "}";

// todas as strings JSON são {"foo":100}
```

As strings mostradas na listagem A-3 não são JSON válido porque os números não decimais são construídos diretamente na string. Nesse exemplo, não há oportunidade dos literais octal e hexa serem convertidos nos decimais equivalentes.

Listagem A-3. Um exemplo de valores numéricos inválidos em strings JSON

```
var json1 = "{\"foo\":0144}";
var json2 = "{\"foo\":0x64}";
```

Strings

Strings JSON são muito similares a strings JavaScript normais. Contudo, o JSON exige que as strings sejam envoltas em aspas duplas. Tentar usar aspas simples vai resultar num erro. Na listagem A-4, uma string JSON é criada com um campo chamado foo, cujo valor string é bar.

Listagem A-4. Um exemplo de string JSON contendo dado em string

```
var json = "{\"foo\":\"bar\"}";
```

```
// json é {"foo":"bar"}
```

Booleanos

Os booleanos JSON são idênticos aos booleanos JavaScript normais, e só podem guardar os valores `true` e `false`. O exemplo da listagem A-5 cria uma string JSON com dois campos, `foo` e `bar`, que guardam os valores booleanos `true` e `false`, respectivamente.

Listagem A-5. Um exemplo de string JSON contendo dados booleanos
```
var json = "{\"foo\":true, \"bar\":false}";

// json é {"foo":true, "bar":false}
```

Matrizes

Uma *matriz* é uma sequência ordenada de valores. Matrizes JSON começam com uma abertura de colchete, [, e terminam com seu fechamento,]. Entre os colchetes estão zero ou mais valores, separados por vírgulas. Os valores não têm de ser do mesmo tipo de dado. Matrizes podem conter quaisquer tipos de dados suportados pelo JSON, incluindo matrizes aninhadas. Várias strings JSON contendo matrizes são mostradas na listagem A-6. A matriz `foo` definida em `json1` é vazia, enquanto a definida em `json2` guarda duas strings. A matriz `foo` definida em `json3` é mais complexa – ela guarda um número, um booleano, uma matriz de strings aninhada e um objeto vazio.

Listagem A-6. Exemplos de matrizes com strings JSON
```
var json1 = "{\"foo\":[]}";
var json2 = "{\"foo\":[\"bar\", \"baz\"]}";
var json3 = "{\"foo\":[100, true, [\"bar\", \"baz\"], {}]}";

// json1 é {"foo":[]}
// json2 é {"foo":["bar", "baz"]}
// json3 é {"foo":[100, true, ["bar", "baz"], {}]}
```

Objetos

Um objeto é uma coleção desordenada de pares chave/valor. Tal como com as matrizes, os objetos podem ser compostos de quaisquer tipos de dados suportados pelo JSON. O exemplo da listagem A-7 mostra como objetos JSON podem ser aninhados uns dentro dos outros.

Listagem A-7. Um exemplo de objetos aninhados no JSON
```
var json = "{\"foo\":{\"bar\":{\"baz\":true}}}";

// json é {"foo":{"bar":{"baz":true}}}
```

null

O tipo de dado JavaScript `null` também é suportado no JSON. A listagem A-8 cria uma string JSON com um campo de valor `null` chamado `foo`.

Listagem A-8. Usando o tipo de dado `null` numa string JSON

```
var json = "{\"foo\":null}";

// json é {"foo":null}
```

Tipos de Dados não Suportados

Uma série de tipos de dados embutidos do JavaScript não é suportada pelo JSON. Esses tipos são `undefined` e os objetos `Function`, `Date`, `RegExp`, `Error` e `Math`. Valores `undefined` simplesmente não podem ser representados no JSON, mas os outros tipos não suportados podem ser representados, se você usar um pouco de criatividade. Para serializar um tipo de dado não suportado, ele deve primeiro ser convertido em alguma outra representação que seja compatível com o JSON. Embora não haja maneira padronizada de se fazer isso, muitos desses tipos de dados podem simplesmente ser convertidos numa string usando-se o método `toString()`.

Funções para o Trabalho com JSON

Trabalhar com strings JSON cruas pode ser entediante e tendente a erros, considerando-se todas as chaves e colchetes que devem ser levadas em conta. Para se evitar esse tédio, o JavaScript oferece o objeto global `JSON` para se trabalhar com dados JSON. O objeto `JSON` contém dois métodos – `stringify()` e `parse()` – que são usados para serializar objetos em strings JSON, e desserializar strings JSON em objetos. Esta seção explica em detalhes como esses métodos trabalham.

JSON.stringify()

`JSON.stringify()` é a maneira recomendada de se serializar objetos JavaScript em strings JSON. A sintaxe para `stringify()` é mostrada na listagem A-9. O primeiro argumento, `value`, é o objeto JavaScript sendo transformado em string. Os outros dois argumentos, `replacer` e `space`, são opcionais e podem ser usados para personalizar o processo de transformação. Esses argumentos vão ser revistos em breve.

Listagem A-9. Uso do método `JSON.stringify()`

```
JSON.stringify(value[, replacer[, space]])
```

O Método toJSON()

É possível personalizar o processo de transformação em strings de várias formas. Um exemplo disso é usar o método `toJSON()`. Durante a serialização, o JSON procura nos objetos um método chamado `toJSON()`. Se esse método existir, então ele é chamado por stringify(). Em vez de processar o objeto original, stringify() vai serializar qualquer valor que seja retornado por toJSON(). É assim que objetos Date do JavaScript são serializados. Como o JSON não suporta o tipo Date, os objetos Date vêm equipados com um método toJSON().

A listagem A-10 mostra toJSON() em ação. No exemplo, um objeto chamado obj é criado com os campos foo, bar e baz. Quando obj é transformado em string, seu método toJSON() é chamado. Nesse exemplo, toJSON() retorna uma cópia de obj, menos o campo foo. A cópia de obj é serializada, resultando numa string JSON contendo apenas os campos bar e baz.

Listagem A-10. Um exemplo usando um método toJSON() personalizado

```
var obj = {foo: 0, bar: 1, baz: 2};

obj.toJSON = function() {
    var copy = {};

    for (var key in this) {
        if (key === "foo") {
            continue;
        } else {
            copy[key] = this[key];
        }
    }

    return copy;
};

var json = JSON.stringify(obj);

console.log(json);

//json é {"bar":1,"baz":2}
```

O Argumento `replacer`

O argumento replacer para JSON.stringify() pode ser usado como uma função que recebe dois argumentos representando um par de chave/valor. Primeiro, a função é chamada com uma chave vazia, e o objeto sendo serializado como valor. A função replacer() deve verificar se a chave é a string vazia, para tratar esse caso. Em seguida, cada uma das propriedades do objeto e seus correspondentes valores são passados a replacer(), um a um. O valor retornado por replacer() é usado no processo de transformação em string. Um exemplo de função replacer(), sem comportamento personalizado, é mostrado na listagem A-11.

Listagem A-11. Um exemplo de função `replacer()` sem comportamento personalizado

```
function(key, value) {
    // verifica o objeto de nível superior
    if (key === "") {
        return value;
    } else {
        return value;
    }
}
```

É importante tratar apropriadamente o objeto de nível superior. Tipicamente, é melhor simplesmente retornar o valor do objeto. No exemplo da listagem A-12, o objeto de nível superior retorna a string `foo`. Assim, não importa como as propriedades do objeto sejam tratadas, `stringify()` sempre vai simplesmente retornar `foo`.

Listagem A-12. Uma função `replacer()` que serializa qualquer objeto como a string `foo`

```
function(key, value) {
    if (key === "") {
        return "foo";
    } else {
        // isso, agora, é irrelevante
        return value;
    }
}
```

Na listagem A-13, um objeto é serializado usando-se uma função `replacer()` personalizada, chamada `filter()`. O trabalho da função `filter()` é serializar somente valores numéricos. Todos os campos não numéricos vão retornar um valor `undefined`. Os campos que retornam `undefined` são automaticamente removidos do objeto transformado em string. Nesse exemplo, a função `replacer()` faz com que `baz` seja descartado, porque ele guarda uma string.

Listagem A-13. Um exemplo de função `replacer()` que só serializa números

```
function filter(key, value) {
    // verifica o objeto de nível superior
    if (key === "") {
        return value;
    } else if (typeof value === "number") {
        return value;
    }
}
```

```
var obj = {foo: 0, bar: 1, baz: "x"};
var json = JSON.stringify(obj, filter);

console.log(json);
// json é {"foo":0,"bar":1}
```

A Forma de Matriz de `replacer`

O argumento `replacer` também pode guardar uma matriz de strings. Cada string representa o nome de um campo que deve ser serializado. Qualquer campo que não esteja incluído na matriz `replacer` não é incluído na string JSON. No exemplo da listagem A-14, um objeto é definido com campos chamados `foo` e `bar`. Uma matriz também é definida, contendo as strings `foo` e `baz`. Durante a transformação em string, o campo `bar` é descartado, porque não é parte da matriz `replacer`. Note que um campo `baz` não é criado, porque, embora esteja definido na matriz `replacer`, ele não está definido no objeto original. Isso deixa `foo` como único campo no objeto transformado em string.

Listagem A-14. Um exemplo do argumento `replacer` como matriz

```
var obj = {foo: 0, bar: 1};
var arr = ["foo", "baz"];
var json = JSON.stringify(obj, arr);

console.log(json);
// json é {"foo":0}
```

O Argumento `space`

As strings JSON são comumente consideradas para fins de registro e depuração. Para ajudar a legibilidade, a função `stringify()` suporta um terceiro argumento, chamado `space`, que permite que o desenvolvedor formate espaço em branco na string JSON resultante. Esse argumento pode ser um número ou uma string. Se `space` for um número, então até 10 caracteres de espaço podem ser usados como espaço em branco. Se o valor for menor que um, então nenhum espaço é usado. Se o valor exceder 10, então o valor máximo de 10 é usado. Se `space` for uma string, então essa string é usada como espaço em branco. Se o comprimento da string for maior que 10, então apenas os 10 primeiros caracteres são usados. Se `space` for omitido ou for `null`, então nenhum espaço em branco é usado. A listagem A-15 mostra como o argumento `space` é usado.

Listagem A-15. Um exemplo de transformação em string usando o argumento `space`

```
var obj = {
    foo: 0,
    bar: [null, true, false],
    baz: {
        bizz: "boff"
```

```
    }
};
var json1 = JSON.stringify(obj, null, "  ");
var json2 = JSON.stringify(obj, null, 2);

console.log(json1);
console.log(json2);
```

Na listagem A-15, as strings JSON em `json1` e `json2` terminam sendo idênticas. O JSON resultante é mostrado na listagem A-16. Note que a string agora se expande por múltiplas linhas, e as propriedades são indentadas por dois espaços adicionais, à medida que o aninhamento aumenta. Para objetos não triviais, essa formatação melhora muito a legibilidade.

Listagem A-16. A string JSON formatada, gerada na listagem A-15

```
{
  "foo": 0,
  "bar": [
    null,
    true,
    false
  ],
  "baz": {
    "bizz": "boff"
  }
}
```

JSON.parse()

Para construir um objeto JavaScript a partir de uma string formatada como JSON, você usa o método `JSON.parse()`. `parse()` fornece a funcionalidade inversa de `stringify()`. Ele é usado como alternativa mais segura que `eval()`, porque enquanto `eval()` vai executar código JavaScript arbitrariamente, `parse()` foi desenhado para tratar apenas strings JSON válidas.

A sintaxe do método `parse()` é mostrada na listagem A-17. O primeiro argumento, `text`, é uma string formatada como JSON. Se `text` não for uma string JSON válida, uma exceção `SyntaxError` é emitida. Essa exceção é emitida sincronamente, o que significa que sentenças `try...catch...finally` podem ser usadas com `parse()`. Se nenhum problema for encontrado, `parse()` retorna um objeto JavaScript correspondente à string JSON. `parse()` também recebe um segundo argumento opcional, chamado `reviver`, que vai ser visto em breve.

Listagem A-17. Uso do método `JSON.parse()`

```
JSON.parse(text[, reviver])
```

Na listagem A-18, o método `parse()` é usado para construir um objeto a partir de uma string JSON. O objeto resultante, armazenado em `obj`, tem duas propriedades – `foo` e `bar` – que guardam os valores numéricos 10 e 20.

Listagem A-18. Um exemplo de uso de `JSON.parse()` para desserializar uma string JSON

```
var string = "{\"foo\":10, \"bar\":20}";
var obj = JSON.parse(string);

console.log(obj.foo);
console.log(obj.bar);
// obj.foo é igual a 10
// obj.bar é igual a 20
```

O Argumento `reviver()`

O segundo argumento para `parse()`, `reviver()`, é uma função que permite que um objeto seja transformado durante o processamento. Conforme cada propriedade é processada a partir da string JSON, ela é submetida à função `reviver()`. O valor retornado por `reviver()` é usado como valor da propriedade no objeto construído. Se um valor undefined for retornado por `reviver()`, então a propriedade é removida do objeto.

A função `reviver()` recebe dois argumentos, o nome da propriedade (`key`) e seu valor processado (`value`). `reviver()` deve sempre verificar se o argumento `key` é uma string vazia. A razão é que, depois de `reviver()` ser chamada para cada propriedade individual, ela é chamada para o objeto construído. Na última chamada a `reviver()`, a string vazia é passada como argumento `key`, e o objeto construído é passado como valor. Depois de levar esse caso em consideração, um exemplo da função `reviver()` sem nenhuma personalização é mostrada na listagem A-19.

Listagem A-19. Um exemplo da função `reviver()`

```
function(key, value) {
    // verifica o objeto de nível superior
    if (key === "") {
        // certifica-se de retornar o objeto de nível superior
        // do contrário, o objeto construído vai ser undefined
        return value;
    } else {
        // retorna o valor original destransformado
        return value;
    }
}
```

Na listagem A-20, um objeto é construído a partir de uma string JSON usando uma função `reviver()` personalizada, chamada `square()`. Como o nome indica, `square()` eleva ao quadrado o valor de cada propriedade encontrada durante o processamento. Isso faz com que os valores das propriedades `foo` e `bar` se tornem 100 e 400 após o processamento.

Listagem A-20. Um exemplo usando `JSON.parse()` e uma função `reviver()` personalizada

```
function square(key, value) {
    if (key === "") {
        return value;
    } else {
        return value * value;
    }
}

var string = "{\"foo\":10, \"bar\":20}";
var obj = JSON.parse(string, square);

console.log(obj.foo);
console.log(obj.bar);
// obj.foo é 100
// obj.bar é 400
```

■ **Nota** Tanto `JSON.parse()` quanto `JSON.stringify()` são métodos síncronos que podem emitir exceções. Portanto, qualquer uso desses métodos deve ser embutido numa sentença `try...catch`.

Resumo

O JSON é amplamente usado no ecossistema Node, como você sem dúvida já viu. Por exemplo, qualquer pacote que valha a pena usar vai conter um arquivo `package.json`. De fato, um `package.json` é exigido para que um módulo seja usado com o npm. Quase todas as APIs de dados são construídas usando-se JSON, também, já que a comunidade Node tem uma forte preferência pelo JSON, em lugar do XML. Assim, entender o JSON é crítico para se usar o Node eficientemente. Por sorte, o JSON é simples de se ler, escrever e entender. Depois de ler este apêndice, você deve entender o JSON suficientemente bem para usá-lo em seus próprios aplicativos ou para interfacear com outros aplicativos que o façam (por exemplo, serviços web RESTful).

Índice

Símbolos

.break 8
.clear 9
--debug-brk 292
__dirname 95
.exit 8
__filename 95
-h 77
--help 77
.help 7
.load nome_do_arquivo 9
.save 8
.save nome_do_arquivo 8
_stdout 83

A

A API de WebSockets 254
Abrindo arquivos 105
Abrindo um WebSocket 254
Accept 209
Accept-Encoding 209
A classe ChildProcess 167
A classe net.Socket 193
A classe Worker 314
add() 290
addEventListener() 257
addListener() 56
address() 187
Advanced Packaging Tool 4
A especificação de matriz tipificada 138
A estrutura de testes Mocha 300
A forma de matriz de replacer 331
after() 304
afterEach() 304
A função require() 16
Agendamento com process.nextTick() 68
Agrupamento de conexões 271
A Heroku 323
A Interface TTY 90
Ajuda Gerada Automaticamente 77
ajustar a codificação 79
ajuste view engine 242
ajuste views 242
allowHalfOpen 185, 192, 194
ambiente de execução personalizado 9
ambiente do JavaScript. 174
aninhamento de suítes de testes 302
A Nodejitsu 321
A opção stdio 166
Apache 2
apelido para console.log() 85
API de fluxos 223
appendFile() 109
appendFileSync() 109
app.js 247
Apple 1
application/octet-stream 235
app.router 240
A propriedade bytesWritten 131
A propriedade pid 169
APT 4
args 310

argumento backlog 186
argumento debug 292
argumento host 187
argumento modulePath 170
argumento response 212
Argumentos de Linha de Comandos 73
Argumentos de Linha de Comandos no Commander 76
argumentos para send() 199
argv 73
arquivo app.js 238
arquivo de configuração 20
arquivos de Notação de Objeto JavaScript 10
arquivos .js 18
arquivos .json 18
arquivos .node 18
ArrayBuffer 158
ArrayBuffer() 139
ArrayBuffers 139
A Saída Padrão 82
ASCII 79
assert 296
assert() 244, 298
assinatura request-response-next 235
assíncrono 53
async 44
async.waterfall() 250
Atualizando dados 284
Atualizando Pacotes 16
aumentar a profundidade da recursão 86
auth 219, 290
Autor e Contribuintes 22
Autoria de Módulos 31
Autoridade Certificadora 229

B

backlog 186
backtrace 294
Bad Request 210
balanceamento de carga 317

basename() 99
Bases de dados NoSQL 276
Bases de dados relacionais 267
Basic 212
biblioteca de WebSockets, 254
big-endian 137
bind() 43
Blobs 258
body 226, 243
BodyParser 240
breakpoints 293
Brendan Eich 1
BSON 277
bt 294
Buffer 83
Buffer.byteLength() 153
Buffer.concat() 158
Buffer.isBuffer() 153
Buffer.isEncoding() 153
Buffers 79
busca DNS 200
byteLength 140, 147
byteLength() 153
byteOffset 148
bytesWritten 131

C

C++ 2
cabeçalho Accept 208
cabeçalho Authorization. 219
cabeçalho Content-Type 235
cabeçalhos de requisição 206
Cabeçalhos de requisição 208
cabeçalhos de requisição Cookie 215
Cabeçalhos de resposta 211
Cacheamento de Módulos 20
Cache-Control 211
caixa de areia 177
callback hell 37
Camada de Soquete Seguro 228
caminho para o recurso 219
campo author 22

Índice ■ 337

campo dependencies 23, 24
campo description 21
campo devDependencies 24
campo engines 25
campo homepage 26
campo keywords 21
campo license 26
campo main 23
campo optionalDependencies 24
campo preferGlobal 23
campo readmeFilename 28
campo repository 26
Campos Adicionais 26
campo scripts 25
campo version 21
cancelar o temporizador 65
canos 124
caracteres Unicode 136
Cascatas 50
cb() 293
CDN 307
certificado 229
change 115
chave criptográfica pública 229
chaves externas 268
child_process 161
ChildProcess.send() 314
choose() 82
Chrome 2, 294
classe EventEmitter 58
classe http.IncomingMessage 208
classe net.Socket 185, 193
clearBreakpoint() 293
clearInterval() 66
clientes 183
close 118
close() 109, 255
closeSync() 109
cluster.isMaster 309
cluster.isWorker 309
cluster.workers. 314
cmd 172

cmd: "NODE_foo" 172
codificação de caracteres 170
codificação UTF-8 79, 152
código de status 207
código não confiável 161, 176
códigos de cor ANSI 87
Códigos de resposta 209
colorize 290
colors 29, 87
columns 91
comando 8, 9
comando ls 162, 163
comando npm install 23
comando npm link 15
comando npm ls 14
comando npm publish 33
comando npm unlink, 15
comando npm update 16
comando pwd 96
comando repl 293
Comandos do REPL 7
comando search do npm 11
comandos install e postinstall 26
comando start 25
comando test 25
Compatibilidade com matrizes tipificadas 158
Compressão usando o módulo zlib 131
computação na nuvem 307
comunicação interprocessos 166
Conectando-se ao MySQL 270
Conectando-se com o MongoDB 277
conexão WebSocket 260
Configurar o Jade 242
confirm() 81
connect() 191
Connect 217
CONNECT 208
Connecting 256
connectionLimit 272
Console 289
console.dir() 85

console.log() 83, 126
console.trace() 88
console.warn() 88
Construindo a Partir do Fonte 4
construtor de FileReader 63
construtor Schema() 278
construtor Server() 260
construtor Stream 118
construtor winston.Logger() 291
Consultando dados 281
consultas mais complexas 282
cont 292
contains() 245
Content-Encoding 211
Content-Length 209, 211
Content-Type 211
conteúdo estático 317
continuação 36
Controlando fluxos de leitura 120
Cookie 209
Cookies em request 227
copy() 158
coração de um aplicativo Express 238
Craigslist 277
createConnection 272
createConnection( ) 270
createConnection() 191
Created 210
createDeflate() 133
createInflate() 133
createPool( ) 271
createReadStream() 126, 127
createScript() 179
createServer() 185, 189
createUnzip() 133
createWriteStream() 126, 129
criação de APIs. 246
Criando diretórios 111
Criando novos registradores 291
Criando soquetes UDP 197
Criando suítes de testes 301
Criando testes 301

Criando uma vista a partir de outra 146
Criando uma vista vazia 146
Criando um cliente Socket.IO 265
Criando um cliente TCP 191
Criando um servidor Socket.IO 264
Criando um servidor TCP 185
criar objetos personalizados 61
criar processos Node 170
criar um objeto connection 270
CRUD 246
customInspect 87
cwd 165

D

Dados de formulários 222
dados de Markdown 28
data 118
Date 328
deepEqual() 297
Definindo uma falha 302
definir pontos de interrupção 293
deflate() 133
Deflate 131
Deflate/Inflate e DeflateRaw/InflateRaw 133
deflateRaw() 133
delete() 235
DELETE 208
delimiter 98
Dependências 23
Dependências de Desenvolvimento 24
Dependências Opcionais 24
Depurando 292
describe() 301
describe.skip() 305
Descrição e Palavras-Chave 21
descritor de arquivo IPC 166
Descritores de arquivos 105
descritores relacionais de faixas de versão 12
Desinstalando Pacotes 16
destroy() 273

detached 166
Detectando Potenciais Vazamentos de Memória 61
Detectando um endereço IP válido 203
Determinando a terminação 138
Determinando o Tamanho do Terminal 91
Determinando se um arquivo existe 102
De volta ao exemplo do fluxo de escrita 125
diferença entre runInThisContext() 174
Diferenças entre plataformas 97
dir() 85
diretório lib 17
diretório node_modules 17
diretório routes 238
dirname() 99
disconnect() 173, 311
Dividindo Tarefas de Execução Demorada 67
DNS 200
dns.resolveCname() 201
DOCTYPE 243
documento Mongo 278
doesNotThrow() 299
Domain 215
Domínios 41
done() 302
doUntil() 53
doWhilst() 53
drain() 52

E

EACCES 191
each() 54
eBay 277
ECMA-262 1
Ecma International 1
EJS 242
Embedded JavaScript 242
Emitindo requisições HTTP 219
emitir um sinal 169

empty() 52
Encerrando o servidor 189
end 118
end() 120, 193
endereço IP 181
endereço IP 127.0.0.1 184
endereços IPv4 181
endereços IP válido 203
Endereços locais e remotos 194
endianness() 138
ENOENT 200
env 93, 165
Enviando dados 199, 259
equal() 297
erro de lógica 61
erro EADDRINUSE 190
error 118
error() 291
Error 162, 328
error.code 200
errorHandler 241
erro uncaughtException 40
Escalonando entre máquinas 315
Escalonando na nuvem 321
Escrevendo dados em arquivos 108
Escrevendo dados numéricos 155
Escutando conexões 185
Escutando Eventos 56
esquema 267
esquema de versionamento 12
Esquemas 278
estado da janela do terminal 90
estilo de nomeação camelCase 55
estilo de passagem de continuação 36
estrita 296
estrutura de testes 24
estrutura Sinatra 233
eval() 161, 173, 174
EventEmitter 61, 117, 167
evento close 190, 199, 255
evento connection 189, 264
evento data 79, 193

evento disconnect 173, 312
evento drain 121, 194
evento end 124
evento end. 194
evento error 194
evento exit 312
evento finish 131
evento fork 309
evento message 171, 172, 198, 264
evento online 309
evento open 277
evento read 64
evento rename 115
evento request 206
evento resize 92
Eventos data 118
Eventos de Sinais 92
Eventos error 120, 190
eventos listening 186
eventos message 197
evento stats 64
evento timeout 195
evento uncaughtException 40
every() 54
Examinando a conexão WebSocket 263
Examinando o aplicativo esqueleto 238
exceção RangeError 145
Exceções síncronas 40
Excluindo arquivos 111
Excluindo dados 285
exec 310
exec() 161, 283
execFile() 163
Executando consultas 274
Executando Programas Node 10
exists() 102
existsSync() 102
Expiração 195
expirações 263
Expires 215
exports 31
expressão regular 235

extensão .json 10
extname() 99
Extraindo componentes do caminho 99

F

família de endereços 187
favicon 240
favicon.ico 240
Fazendo buscas 200
Fechando arquivos 109
Fechando uma conexão 273
Fechando um soquete 194
Fechando WebSockets 255
fechar o canal IPC 173
ferramentas do desenvolvedor 293, 294
File 289
filename 290
fill() 154
filter() 54
Float32Array 142
Float64Array 142
fluxo de compressão Gzip 132
Fluxos de arquivos 125
Fluxos de escrita 120
Fluxos de leitura 118
fluxo stdin 78, 166
followAllRedirects 226
followRedirect 226
fonte JSON 18
fork() 170
form 226
Foursquar 277
frase de motivo 207
fs.FSWatcher. 115
fs.Stats 103
fstat() 102
fstatSync() 102
FSWatcher 115
função choose() 82
função clearImmediate() 67
função clearTimeout() 65
função construtora WebSocket() 254

função de rechamada 36, 197
função eval() 173
função express() 234, 238
função parseArgs() 74
função printf() 85
função require() 24, 29, 31
função require.resolve() 19
função reviver() 333
função saturated() 52
função setImmediate() 66
função setTimeout() 65
Funcionalidades do REPL 7
funções before() 304
funções beforeEach() 304
Function 328

G

Gabaritagem 242
gancho after() 304
ganchos 26
Ganchos de testes 303
Gerando um Arquivo package.json 27
gerenciador de pacotes do Node 11
get() 148, 235
GET 206, 207
gid 166
git checkout 13
GitHub 13
Google 1
Google Chrome 293
gunzip() 133
Gunzip 132
gzip() 133
Gzip 131

H

Handlebars 242
handshake 184
HATEOAS 246
HEAD 207
headers 219, 226
help() 78

herança prototípica 62
Herdando de Emissores de Eventos 61
Heroku Toolbelt 323
home.jade 243
host 192, 290
Host 209
hostname 219
html 243
HTML5 243
HTTP 17
HTTP Basic 212
http.ClientRequest 219
http.IncomingMessage 206, 219, 227
HttpOnly 216
HTTPS 228
HTTP seguro 182
http.ServerResponse 206

I

ifError() 300
ignore 166, 167
I'm a Teapot 210
Imediatas 66
Implementando Funções Assíncronas de Rechamada 69
index.js 238
inferno da rechamada 37, 63, 250
inflate() 133
Inflate 132
inflateRaw() 133
InflateRaw 132
info() 85, 291
Informação do construtor 145
inha de status 207
inherit 167
inicialização básica de uma fila 51
Inserindo dados 280
Inspecionando Escutadores de Eventos 57
Instalando Através de Gerenciadores de Pacotes 4
Instalando o Node 3

Instalando Pacotes 11
instalar o Python 4
Int8Array 142
Int16Array 142
Int32Array 142
intercept() 44
internalMessage 172
Internal Server Error 210
Intervalos 65
IP 181
ipc 166
IPC 166
IPv6 181
is() 245
isAlpha() 244
isBuffer() 153
isEncoding() 153
isIP() 203
isIPv4() 203
isIPv6() 203
isTTY 90
it() 301

J

Jade 242
James Halliday 122
janela de terminal 78
jar 226
JavaScript 18
JScript 1
json 290
JSON 10
JSON.parse() 332
JSON.stringify() 84, 153, 328

K

kill 294
kill() 169

L

laço de eventos 35

laço for 6
laço Ler-Avaliar-Imprimir 6
laço while 53
LAMP 2
len() 244
Lendo dados numéricos 156
Lendo o conteúdo de um diretório 112
Lendo stdin com commander 80
length 147, 153
ler e escrever em arquivos 125
level 290
Ligando Pacotes 15
Ligando-se a uma porta 198
limit() 283
linguagem de gabaritagem Jade 240
linha de requisição 206
linha em branco 206
linhas de montagem 50
LinkedIn 3
Linux 2
listen() 185, 205
listening 186
list(n) 294
little-endian 137
LiveScript 1
localAddress 192, 194
localhost 184
localhost no IPv6 187
Localizações de Pacotes 14
Localizando o executável node 97
localizar módulos 19
localPort 194
Location 212
log() 288
logger 240
lookup() 200
lstat() 102
lstatSync() 102

M

Mantendo Comportamento Consistente 70

Índice ■ 343

map() 54
mapeamento de comandos npm 25
máquina virtua 173
marca 243
marca de pós-liberação 21
marca <script> 265
máscara x 12, 23
Math 328
Math.floor() 123
Math.random() 123
matrizes tipificadas 150
Max-Age 216
maxFiles 290
maxRedirects 226
maxsize 290
mecanismo de agendamento eficiente 68
mecanismos de gabaritagem 242
members 43
mensagem online 309
mensagem server 196
mensagens JSON 170
method 219, 226
methodOverride 240
método add() 227, 290
método addEventListener() 257
método address() 187, 194
método Array.isArray() 153
método assert() 244
método assert.strictEqual() 296
método basename() 99
método bind() 43, 198, 298
método chdir() 96
método child_process.fork() 309
método close() 189, 255
método cluster.setupMaster() 310
método confirm() 81
método connect( ) 271
método copy() 158
método cpus() 309
método createConnection( ) 270
método createConnection() 277
método createContext() 178

método createPool( ) 271
método createScript() 179
método createServer() 185, 205, 316
método createSocket() 197
método cwd() 96
método de classe, 58
método de classe concat() 158
método describe() 301
método destroy() 194, 273, 274
método dirname() 99
método disconnect() 173, 314
método dispose() 41
método emit() 55, 63, 265
método end() 194, 273
método endianness() 138
método error() 88
método estático 58
método exec() 161
método execFile() 163
método exists() 64
método extname() 99
método find() 281
método forEach() 58, 73
método fork() 196, 309
método fs.readFile() 249
método fstat() 128
método fs.unlink() 250
método fs.writeFile() 248
método get() 148, 221, 235, 241
método getConnection() 272
método getWindowSize() 91
método http.createServer() 234
método info() 85
método inherits() 61
método io.connect() 265
método is() 245
método isEncoding() 153
método isFile() 104
método isFinite() 75
método join() 100
método kill() 313
método length() 52

método listen() 185, 205
método listeners() 58
método log() 85
método lookup() 200
método model() 279
método normalize() 100
método on() 40, 56, 187
método once() 57
método only() 305
método parallel() 48, 49
método parallelLimit() 49
método password() 81
método path.relative() 101
método pause() 78, 120
método process.exit() 92
método process.stdout.write() 82
método queue() 51
método readdirSync() 112
método readFile() 36
método release() 274
método remove() 285, 290
método removeAllListeners() 60
método removeListener() 60
método render() 241, 242
método request() 230
método request.cookie() 227
método request.jar() 227
método response.removeHeader() 213
método response.send() 235
método resume() 78, 120
método reverse() 203
método runInContext() 178
método runInThisContext() 174
método sanitize() 245
métodos assert() 244
métodos auxiliares 282
Métodos construtores de consultas 282
Métodos de conveniência 133
Métodos de requisição 207
Métodos de transformação em string 152
métodos de verificação de dados 244

método send() 171, 199, 260, 314
método series() 44
método set() 239
método setEncoding() 79
método setHeader() 212
método setMaxListeners() 61
método setTimeout() 195
método skip() 305
método slice() 140, 144, 157
métodos memoize() 54
métodos open() 105
métodos option() 76
métodos pause() 193
métodos readFile() 125
métodos ref() e unref() 194
método stat() 103
método stringify() 222
método toJSON() 153
método toString() 152
método unlink() 111
método update() 284
método util.format() 83
método util.inspect() 85
método validationErrors() 245
método watch() 115
método waterfall() 50
método winston.log() 288
método write() 88, 108, 154, 193
método writeHead() 214
método zlib.createGunzip() 132
método zlib.creatGzip() 132
Middleware 216
middleware bodyParser() 224
middleware cookieParser() 227
middleware personalizado 218
middleware query() 217
middleware static 243, 259
Mikeal Rogers 225
mkdir() 111
mkdirSync() 111
Mocha 1
modelo cascata 50

Índice 345

modificação interruptiva 12
modo dev 240
module 31
módulo assert 303
módulo async 63, 113, 250
módulo central 101
módulo central assert 296
módulo central cluster 307
módulo central dgram 197
módulo central dns. 200
módulo central events 55
módulo central fs 36
módulo central http 205
módulo central https 229
módulo central net 184
módulo central os 138
módulo central querystring 222
módulo central stream 117
módulo central util 61, 83
módulo central zlib 131
módulo Connect 217
módulo domain 41
módulo fs 63, 248
módulo http 210, 219
módulo mongoose 277
módulo mysql 270
módulo optimist 94
módulos compilados 17
Módulos reutilizáveis 25
módulo util 63
módulo ws 260
Mongoose 277, 278
monossegmentado 101
motor V8 2
mount() 247
Moved Permanently 210
Mudando o comportamento omissivo de fork() 310
Mudando o diretório atual de trabalho 96
multi 284
Mustache 242

MySQL 270

N

Netscape 1
newListener 59
next 292
nextTick() 68
nível de paralelismo da fila 52
node-inspector 293
Nodejitsu 315
nodejitsu.com. 315
Node.js 2
node_modules 14
nome do arquivo sem a extensão 99
normalização 268
Normalização de caminhos 100
notação hexadecimal 136
notDeepEqual() 297
notEmpty() 244
notEqual() 297
Not Found 210
Not Modified 210
notStrictEqual() 297
nova instância de Node 170
npm 11
npm init 27
npm install 11, 26
npm outdated 16
npm rm 16
npm root 14
npm uninstall 16
null 167, 328
Number() 83
número de construção 21
número de elementos de dados na vista. 147
número de elementos na fila 52
número de porta 181
nuvem 307

O

O Ajuste preferGlobal 23

O argumento options 128
O argumento replacer 329
O argumento reviver() 333
O argumento space 331
O arquivo package.json 20
objeto 172
objeto Buffer 79, 80, 152
objeto caixa de areia 178
objeto ChildProcess 166, 167, 168, 314
objeto console 85
objeto env 93
objeto Error 201
objeto event 257
objeto FileReader 63
objeto fluxo 166
objeto fs.Stats 103, 104
objeto global 40
objeto global JSON 328
objeto global process 73, 78
objeto net.Socket 189
objeto process 68, 93, 96, 97, 171
objeto queue 51
objeto req.params 236
objeto require.cache 20
Objetos aninhados 224
objetos binários grandes 258
objeto util 83
objeto vm.Script 179
Observação sobre dimensionamento de vistas 145
O construtor de Buffer 151
O diretório atual de trabalho 96
O evento close 119, 169, 258
O evento drain 122
O evento end 118
O evento error 258
O evento exit 168
O evento finish 122
O evento message 257
O evento newListener 59
O evento open 257
O evento open de ReadStream 127

O evento open de WriteStream 130
O express-validator 244
O http-proxy 315
ok() 297
O Laço Ler-Avaliar-Imprimir 6
O método disconnect() 311
O método doesNotThrow() 299
O método end() 121
O método fork() 309
O método ifError() 300
O método pipe() 124
O método throws() 298
O método toJSON() 328
O método write() 120
O módulo assert 296
O módulo child_process 161
O módulo cluster 308
O módulo fs 101
O módulo node-inspector 294
O módulo path 97
O módulo request 225
O módulo vm 173
O módulo winston 288
O MongoDB 277
O MySQL 270
on() 56
once() 57
O nginx 317
only() 305
onmessage 257
O Objeto module 31
O objeto workers 313
opção cwd 162
opção depth 86
opção jar 227
Open 256
OpenSSL 228
openSync() 105
operação de leitura 207
operação JOIN 269
operações atômicas 276
operador 296

Índice ■ 347

operador de pipe 124
O Ponto de Entrada Principal 22
O Protocolo de Controle de Transmissão 184
O Protocolo de Datagrama de Usuário 197
option() 76
OPTIONS 208
Os buffers de Node 150
os.endianness() 138
Os eventos close e error 122
Os Fluxos Padrões 78
O Sistema de Nomes de Domínio 200
Os métodos readFile() e readFileSync() 107
Os Métodos ref() e unref() 66
Os métodos writeFile() e writeFileSync() 109
out 292
outputHelp() 78
Outras Funções de Impressão 85
Outras variações de stat() 105

P

PaaS 321
package.json 20
pacote mocha 24
pacotes 184
parallelLimit() 49
Parâmetros de rota 235
parse() 76, 328, 332
passar mensagens JSON 171
Passos Finais da Instalação 5
password() 81
PATCH 208
path 192, 219, 290
Path 215
path.sep 98
pause 292
persistent 115
pilha de software 2
pilha MEAN 277

pipe 166, 167
pipe nomeado 188
Pipes 123
plataforma como serviço 321
ponto de entrada 238
ponto de interrupção 292
port 192, 219, 240, 290
porta 80 182
porta 443 182
portas bem conhecidas 182
portas reservadas 182
post() 235
POST 207
problemas do tipo produtor-consumidor 51
process 40
Processamento de Extensões de Arquivo 18
Processando Valores de Argumentos 74
process.env 165
process.execPath 97
processo retornado por fork() 170
process.send() 171
process.stderr.write() 88
process.stdin.resume() 92
process.stdout.write() 83
Procfile 323
Programação cliente-servidor 183
programação defensiva 24
prompt() 80
propriedade affectedRows 276
propriedade binaryType 257
propriedade buffer 147
propriedade buffer. 144
propriedade byteLength 140
propriedade byteOffset 147, 148
propriedade BYTES_PER_ELEMENT 147
propriedade BYTES_PER_ELEMENT. 143
propriedade cluster.worker 314
propriedade concurrency 52

propriedade delimiter 98
propriedade headers 209
propriedade id 314
propriedade isTTY 90
propriedade length 58, 140, 147, 154
propriedade matriz argv 73
propriedade path.sep 98
propriedade port 187
propriedade process 314
propriedade process.execPath 97
propriedade readable 118
propriedade readyState 256
propriedade response.headersSent 214
Propriedades das vistas 147
propriedades rows 91
propriedade statusCode 211
propriedade STATUS_CODES 210
propriedade stdio 168
propriedade url 254
propriedade writable 120
protocol HTTPS 182
Protocolo de Transferência de Hipertexto 17
protocolo orientado por conexão 184
protocolo sem estado 214
protocolo SSL 228
protocolo ws 254
protocolo wss 254
Publicando no npm 33
pulsos 263
push() 51
put() 235
PUT 208

Q

qs 226
quatro construtores 145
query() 217
querystring.stringify() 223, 224
queueLimit 272

R

readdir() 112
readdirSync() 112
readFile() 107
readFileSync() 107
ReadStream 126
readSync() 107
Recebendo dados 198
Recuperando estatísticas de arquivos 102
rede de entrega de conteúdo 307
reduce() 54
ref() 66
ReferenceError 175, 177
ref() e unref() 190
RegExp 328
Registrando 287
registro passado 186
registro público do npm 15
registros A 201
registros de DNS 201
relacionamento de chave externa 269
relative() 101
remoção de redundâncias 268
remoteAddress 194
remotePort 194
remove() 42, 285
removeAllListeners() 60
removeHeader() 213
Removendo diretórios 112
Removendo Ligações de Pacotes 15
Removendo Tratadores de Eventos 60
rename 115
rename() 110
renameSync() 110
render() 242
REPL 6
request 225
request() 219, 230
require() 16, 31
requisição POST 222
resolve() 201
resolve4() 202

Índice ■ 349

resolve6() 202
resolveCname() 202
resolveMx() 202
Resolvendo um caminho relativo entre diretórios 101
resolveNs() 202
resolveSrv() 202
resolveTxt() 202
REST 246
restart 294
resume() 120, 193
reviver() 333
risco de segurança 174
rmdir() 112
rmdirSync() 112
Rodando o Mocha 300
Rodando uma única suíte de testes 305
rota 241
rotas 234
Rotas do Express 233
routes.js 247
routes.mount() 247
Roy Fielding 246
Ruby 233
run 294
runInContext() 178
runInNewContext() 176
runInThisContext() 174, 176
Ryan Dahl 2

S

safe 284
sanitize() 76
saturated() 52
saudação 184
sb() 293
scripts 294
seção Scope Variables 295
Secure 216
See Other 210
Segurança de Camada de Transporte 228

select() 283
send() 171, 235
sentenças debugger 293
sentença SQL CREATE 267
sentença SQL SELECT 269
sentenças SQL INSERT 268
sentenças try...catch 24
sentenças try ... catch ... finally 39
Separando stderr e stdout 89
server 187
servidor de proxy reverse 307
servidores 183
Servidores TCP 185
servidores web 131
servidor web 2
set() 148
setBreakpoint() 293
Set-Cookie 212
setImmediate() 67, 68
setInterval() 35, 65
setTimeout() 65
setupMaster() 310
showHidden 87
shrinkwrap 30
SIGINT 92
SIGTERM 314
silent 290, 310
Sinais 92
sinal de igual 74
sinal de interrupção 92
sinalizador --debug-brk 294
sinalizador --save 23
sinal SIGINT 93, 172
sinal SIGTERM 169
sintaxe CPS 37
sistema de gabaritagem 240
skip() 305
slice() 140, 157
Socket.IO 254, 263
Socket.IO e Express 266
socketPath 220
some() 54

Soquetes 181
Soquetes, servidores e processos filhos 196
sort() 283
spawn() 165, 167
ssl 290
standard input 78
stat() 102
static 241
statSync() 102
STATUS_CODES 210
stderr 78, 88
stdin 78
stdio 165
stdout 78, 82
step 292
stream 290
streaming de áudio e vídeo 197
strict 284
String() 83
string "BE". 138
string começando com "NODE_" 172
string de consulta 218
string de formatação 83
stringify() 222, 328
subarray() 150
sufixo Sync. 101
suítes aninhadas 302

T

tamanho do ArrayBuffer 140
tamanho do terminal. 91
TCP 184
tecnologia pull 253
telnet 189, 206
Temporizadores e Agendamento 65
teorema de Pitágoras 50
Terminação 137
Testando 296
Testando a API 250
Testando código assíncrono 302
teste de validação síncrono 53

testes de regressão 300
text/html 235
this 63
throws() 298
timeout 226
timestamp 290
tipo MIME 211
Tipos de dados não suportados 328
TJ Holowaychuk 233, 300
toJSON() 153, 328
Toolbelt 323
toString() 152
trabalhadores 309
Trabalhando com cookies 214
Trabalhando com fluxos 117
trabalhar com o sistema de arquivos 36
traçado da pilha 88
traçados de pilha 174
trace() 88
TRACE 208
transações 276
Transferência de Estado Representacional, 246
transmitir dados simultaneamente 254
Transportes 289
tratador de eventos global 40
tratador de tarefa 51
tratador do evento disconnect 173
tratador do evento error 168
tratador do evento exit 169
tratador do evento message 197
tratador genérico do evento close 169
tratador genérico do evento exit 168
tratamento de requisições GET 235
Tratando conexões 189
tubos 124
tuplas 267

U

uid 166
Uint8Array 142
Uint8ClampedArray 142

Índice   351

Uint16Array 142
Uint32Array 142
Uma API RESTful de exemplo 246
Um cliente de WebSockets 260
Um cliente HTML 261
Um exemplo completo 29
Um servidor básico 205
Unauthorized 210
unção it() 301
undefined 167, 328
Unicode 136
unlink() 111
unlinkSync() 111
unmemoize() 54
unref() 66
unshift() 51
until() 53
unzip() 133
upsert 284
uri 226
url 226
URL MongoDB 277
URLs git 13
Usando Eventos para Evitar o Inferno da Rechamada 63
use() 240
User-Agent 209
user.js 238
users 241
uso de write() 88
UTF-8 79
util.format() 84, 289
util.inspect() 85
utilitário shrinkwrap 30

V

V8 2
validationErrors() 244
valor de exports 31
valor NaN 75
Variações de listen() 187
Variações de Repetição 53

Variáveis Ambientais do Usuário 93
variável ambiental 240
variável ambiental PATH 14, 98
variável livre 31
variável privada _self 63
variável this 63
variável user.list 241
Vary 212
verbo HTTP 207
Verificando o estado de um WebSocket 256
versão de um pacote 21
version 294
versionamento 25
view engine 242
Vigiando arquivos 115
Visão geral de dados binários 135
vistas 242
Vistas de ArrayBuffer 142
vm.Script 179

W

waitForConnections 272
Walmart 3
watch() 115
watchers 294
watch(expr) 294
WebSockets 254
WebSockets no Node 259
WebSockets seguros 254
where() 283
whilst() 53
winston 288
winston.Logger() 291
workers 309
write() 82, 108, 120, 154, 193
writeFile() 109, 125
writeFileSync() 109
writeHead() 214
WriteStream 129
writeSync() 108
ws 254

wss 254
WWW-Authenticate 212

Y

Yahoo 3

ANOTAÇÕES

Impressão e acabamento
Gráfica da Editora Ciência Moderna Ltda.
Tel: (21) 2201-6662